Rédaction :
Claude Clément *(Histoires d'éléments, contes de la mer)*,
Valérie Guidoux *(Contes de lacs et de rivières, histoires d'animaux)*,
Gérard Moncomble *(Histoires de montagnes, histoires d'étoiles)*.

Dans la même collection :

Mille ans de contes, tome 1
Mille ans de contes, tome 2
Mille ans de contes d'animaux
Mille ans de contes de mer
Mille ans de théâtre

Ouvrage publié avec le concours du Centre régional des Lettres de Midi-Pyrénées.

© 2ᵉ trimestre 1992 – Éditions Milan
ISBN 2.86726.782.X

Composition : Libris (38170 Seyssinet)
Impression : S.E.P.C. (St-Amand-Montrond)
N° d'imp. 2249. — Dépôt légal : septembre 1994

Imprimé en France

mille ans de contes

nature

Illustrations de
Jean-Louis Henriot

MILAN

Sommaire

Avant tout	6
Promenons-nous dans le bois (contes de la forêt)	11
Gros-Yeux	12
Le vieil homme de la forêt	20
L'arbre creux	23
Baba Yaga et la belle-fille	30
Dans les bois	37
Contre vagues et marées (contes de la mer)	39
Les trois noeuds	40
Le pêcheur et le dauphin	45
La jeune fille au portrait	53
La nymphe de la mer	57
Les trois vagues	63
La voix de Tombelaine	67
Le garçon-poisson de Naples	73
Le roi des mers et la belle Thérèse	76
La ville qui disparut	84
Marine	88
Monts et merveilles (histoires de montagnes)	89
Les colères d'Encelade	90
La fille au cœur de glace	93
Le rocher du diable	98
L'île d'Orado	103
Popocatepelt et Citlaltepelt	107
Entre chien et loup (histoires d'animaux)	113
Pourquoi les chouettes font elles : "Hou... hou... hou..."	114
Comment Balu-le-poisson pensa	117
Le requin-roi	123
Pourquoi les hirondelles font le printemps ?	127
Les cornes d'abondance	132
Le paon	137
Petite Ombre et les poneys	139
Comment rater la soupe à la crevette	145
Le rhinocéros et sa peau	150
Antilope trompée par Escargot	154
La loutre et les Indiens	159
L'énorme ver	166
Île était une fois (histoires d'îles)	173
La pêche de Maui	174
L'île disparue	181
L'île magique	185
Les îles englouties	193
Les Tongans aux îles Fidji	197
L'air du temps (histoires d'éléments)	205
Le serpent arc-en-ciel	206

Le soleil, le froid et le vent	208
Le feu et le léopard	212
Le faiseur de pluie	214
Chinguebis et le vent du nord	217
Le petit nuage qui ne fait pas la pluie	221
Vent, ouragan et vent glacé	224
Les fiançailles du gel	228
Les géants de la terre	234
Le Géant de Feu, Nuage Blanc et Neige	240
Après la pluie	244
Rondeau	245
L'hiver et l'été	246
Chanson d'automne	247

Histoires filantes (histoires d'étoiles)   249

La lune dans le puits	250
Le prince soleil	253
Phaéton, tête brûlée	259
Gougourhgah, l'oiseau qui appelle le soleil	265
Le lait d'Héra	269
La lune perfide	273
Le berger et la fileuse de nuages	277
Nana et le dieu des serpents	284
Sept enfants oubliés	289
J'ai un peu de soleil	294

J'ai descendu dans mon jardin (histoires de flore)   295

Le pissenlit	296
Les fraises	300
Le frêne	305
Un tout petit jardin secret	308
D'où viennent les noix de coco ?	313

Pour les malins d'eau douce (contes de lacs et de rivières)   319

Le roi du lac	320
Le fleuve amoureux	330
Les voués au fier	333
Le seigneur des sources	337
Le rocher de la Lorelei	347
Histoire du Niagara	351
La fontaine de l'oubli	356
Le pont de Chuichui	363
Ondine et le prince	366
Flocons d'étoiles	375

Compte et raconte (index alphabétique des titres)	376
Par ordre d'apparition (index des personnages)	379
Montre en main (index en fonction des temps de lecture)	387
Du plus petit au plus grand (index en fonction de l'âge)	390
Liste des contes publiés dans *Mille ans de contes* Tome I	393
Liste des contes publiés dans *Mille ans de contes* Tome II	396
Bibliographie	399
Musicographie	400

Avant tout

« Dis, tu me racontes une histoire ? »

Une histoire à raconter tous les soirs pendant des années, cela fait beaucoup d'histoires. Une histoire gaie pour les jours de pluie, une histoire de loup pour le plaisir d'avoir peur bien au chaud dans son lit, une histoire courte quand maman est pressée, une histoire longue parce qu'on a été très sage... cela fait beaucoup d'histoires différentes.
Pour répondre à la demande des enfants quels que soient leur âge, leur goût ou leur humeur, nous avons composé deux recueils de contes, *Mille ans de contes* tomes 1 et 2, extrêmement variés. On y trouve de grands contes classiques *(Peau d'Âne, Cendrillon, Le Petit Chaperon Rouge, Le Petit Poucet)*, des contes moins connus et des histoires d'auteurs contemporains.
La classification de *Mille ans de Contes Nature* est nouvelle : histoires de mers, de forêts, d'îles, de montagnes et d'étoiles, contes de rivières, d'animaux ou de flore, contes mettant en scène les éléments : le vent, la pluie ou la neige. *Mille ans de Contes Nature* comprend aussi des comptines et des poésies. Le recueil propose des légendes *(Le rocher de la Loreleï)*, des récits mythologiques *(Le fleuve amoureux, Phaéton, tête brûlée)*, des histoires moins connues appartenant à la tradition orale et se rattachant à un pays en particulier *(Petite Ombre et les poneys, la pêche de Maui)*, des textes littéraires classiques comme *Le paon* de Jules Renard, et des histoires écrites par quelques-uns des meilleurs auteurs de jeunesse contemporains.
Les textes anciens (ceux tirés de la mythologie), certains contes très longs *(Le pêcheur et le dauphin)* ont été soigneusement adaptés pour faciliter leur lecture à haute voix.
Le texte d'origine, qui a servi de base de réécriture, a été modernisé et condensé.
D'autres contes, issus directement de la tradition orale, ont été au contraire étoffés par l'adjonction de dialogues, par exemple.
Notre but est d'offrir aux jeunes auditeurs des histoires drôles ou émouvantes selon le cas, mais toujours agréables à écouter.

Pourquoi conter ?

Ce n'est pas un hasard si l'enfant est tellement avide d'histoires. Pour lui, l'heure du conte est un moment de tendresse, de plaisir et de connaissance : il s'en passe des choses dans les contes ! Parfois, on a même l'impression qu'ils contiennent trop de violence ou d'absurdités. Mais ce n'est là qu'une opinion du vingtième siècle. Depuis toujours, on considère au contraire que les contes sont la base de l'éducation morale.

De nos jours, les psychologues affirment que les contes aident l'enfant à résoudre les conflits affectifs : s'il se sent mal aimé comme le héros des *Cornes d'Abondance*, ce conte le consolera en lui montrant que, finalement, il rencontrera quelqu'un qui l'aimera.

Il prendra confiance en lui-même en voyant que la belle-fille ou l'escargot, malgré leur faiblesse, arrivent à vaincre la sorcière ou l'antilope. Certains parents voudraient bannir les personnages qui, selon eux, font peur aux enfants. En fait, ces personnages sont très utiles. Ils permettent de donner un visage à l'angoisse qui étreint parfois les jeunes enfants. Comment dire la peur d'être abandonné, la peur de ne pas être aimé ? Une peur qu'on ne peut pas exprimer, c'est de l'angoisse. La sorcière, dans *Baba Yaga et la belle-fille* arrive à point pour permettre d'extérioriser cette angoisse. C'est d'elle qu'on a peur, bien sûr ! Alors on va la fuir, la battre, la punir de cent façons. Et quand on s'en est débarrassé, on a le cœur soulagé. Parce que la sorcière a disparu ? Non, parce que toutes ces grandes manœuvres prouvent à l'enfant que l'adulte tient à lui, qu'il le protège de tous les dangers, en un mot qu'il l'aime.

Les histoires sont aussi, pour l'enfant, un moyen d'exercer son intelligence. En les écoutant, il développe sa mémoire auditive et s'entraîne à retenir la structure d'un récit, premier pas vers la lecture intelligente, celle qui consiste à déchiffrer non seulement des signes mais surtout le sens d'un récit.

Chaque type de texte aide au développement de l'enfant :
– la comptine, *(J'ai un peu de soleil)* et la poésie *(Chanson d'automne, l'Hiver)* initient le tout-petit au rythme et à la sonorité des mots, tout en lui offrant des images poétiques qui enrichissent son imaginaire.
– les contes merveilleux et les légendes développent l'imagination, la créativité et la logique.
– les histoires écrites par les auteurs contemporains, qui mêlent des thèmes éternels à des situations d'aujourd'hui, incitent le jeune auditeur à créer lui aussi des histoires où les ogres, les sorcières et les princesses vivent en pleine actualité.

Pour permettre à l'adulte de mieux connaître le conte qu'il va lire, une introduction indique l'origine de chaque texte : texte d'auteur, conte folklorique, récit de magazine... Quand il s'agit d'un conte folklorique, nous précisons sa répartition géographique et les plus anciennes attestations connues. Les contes se sont transmis oralement pendant des siècles avant d'être mis par écrit. Les premières personnes qui s'intéressèrent aux contes les utilisèrent comme matière première de leurs œuvres : les auteurs de fabliaux au Moyen-Âge, Rabelais, Perrault ont directement puisé dans la tradition orale et l'ont adaptée. Les frères Jacob et Wilhelm Grimm furent les premiers à rechercher systématiquement les contes et à les publier sans adaptation littéraire (1812-1815). À leur suite, des folkloristes notèrent les contes dans tous les pays d'Europe. En France, ce fut seulement vers 1870 que commencèrent les collectes sérieuses et les publications. Aujourd'hui, un catalogue international et des catalogues nationaux régulièrement mis à jour font l'inventaire de tous les contes recueillis et les classent par thèmes. On s'aperçoit ainsi que le même conte peut être raconté dans de nombreux pays, avec des variantes.

Pour les textes les plus importants, l'introduction indique quelques-unes de ces variantes d'après le *Catalogue du conte populaire français*. Les éducateurs trouveront là des pistes pour inviter les enfants à créer leur propre version des contes, comme le font les conteurs et les écrivains. Ce patrimoine est universel. Chacun peut raconter les contes à sa guise, avec toutes les variations que lui inspire sa fantaisie, le seul critère étant la satisfaction de l'auditoire.

Quel conte choisir ?

La présentation du recueil est également conçue pour aider l'adulte dans son rôle de conteur. Les textes sont classés par thème (histoires de forêts, de mers, de montagnes, d'animaux, etc.). Chaque texte est précédé de renseignements pratiques symbolisés par un dessin :

Âge minimum conseillé pour écouter cette histoire. Il n'y a pas d'âge maximum !

Durée moyenne en lecture continue, c'est-à-dire sans s'interrompre pour donner éventuellement des explications. Libre à l'adulte de jouer avec l'histoire, de la rallonger, de la mimer, d'expliquer...

Lieux où se déroule l'histoire.

Personnages principaux.

Ainsi, d'un coup d'œil, l'adulte peut visualiser si ce conte est adapté à l'âge de l'enfant, et si sa durée correspond au temps dont il dispose. Il peut proposer à l'enfant . « Veux-tu une histoire qui se passe dans la mer, avec un dauphin ? » ou bien « Veux-tu une histoire qui se passe dans une forêt, avec une jeune fille et une sorcière ?» ou encore « Veux-tu une histoire qui se passe au Mexique, avec des volcans ? » En fin de livre, différents index lui faciliteront le choix.

Les illustrations aideront l'enfant et quelquefois l'adulte à comprendre certains passages en lui montrant ce que sont une bachotte ou une barbacane, ou d'autres objets étrangers à notre époque ; elles lui suggéreront certaines situations (un requin pris dans les tentacules d'une pieuvre ou un crabe en train de servir un repas somptueux) mais nous avons voulu qu'elles restent discrètes, pour ne pas bloquer l'imagination créatrice de l'enfant : les mots, laissés libres de parler à son cœur, lui suggéreront ses images à lui, correspondant à son humeur, à sa personnalité.

Comment conter ?

L'heure du conte, ce n'est pas seulement une histoire que l'on raconte. C'est aussi toute une ambiance que le conteur va créer autour d'une histoire en particulier. Pour aider l'adulte à raconter d'une manière vivante et expressive, nous lui proposons en marge des changements de voix, de rythme, de ton, qui animeront le récit.

Mais les enfants adorent les rituels et sont toujours ravis par un peu de mise en scène. Pourquoi s'en priver ?

Les éducateurs peuvent par exemple installer un coin spécial avec des coussins et une lumière atténuée. À la maison, aussi, pensez à l'éclairage : un feu de cheminée ou des bougies créent immédiatement une ambiance magique. Pour jouer le jeu jusqu'au bout, le conteur ou la conteuse peut porter un vêtement particulier, un accessoire (châle, chapeau) et s'installer dans un siège réservé à ce moment.

« Tric, trac, un conte dans mon sac. » Vous pouvez utiliser des formulettes de ce genre qui marquent l'entrée dans l'histoire. À partir de cet instant, l'auditeur et le conteur sont complices dans le monde du conte, dans une parole à la fois simple (par la structure des phrases, par le vocabulaire) et solennelle. Le ton sera différent selon qu'il s'agit d'une histoire d'animaux, d'une légende, d'un conte merveilleux, mais la façon de dire est toujours importante : il faut veiller à parler lentement et clairement, en ménageant des temps de repos, de silence, qui permettent à l'enfant de « digérer » les événements qu'il vient d'apprendre. Pour l'enfant, ce ne sont pas des moments de vide mais d'activité mentale : il réfléchit à ce qu'il vient d'entendre, imagine la suite, savoure telle ou telle situation qui l'intéresse particulièrement.

Si vous souhaitez en savoir plus, la biographie en fin de livre vous propose un choix de titres de référence. Nous avons ajouté à ces titres une musicographie qui répertorie les contes en musique. C'est aussi une façon différente de « raconter » une histoire. Il existe d'autre part de nombreux fonds musicaux qui n'ont pas été créés pour illustrer des contes mais qui peuvent tout à fait servir de fond d'ambiance.
Toujours en fin de livre, vous trouverez enfin la liste des contes publiés dans *Mille ans de Contes* tome 1 et *Mille ans de Contes* tome 2.

Le plaisir de conter nous a guidés tout au long de notre travail. Nous souhaitons qu'au fil des années, adultes et enfants ne cessent de partager ce plaisir.

CONTES DE LA FORÊT

promenons~nous dans le bois

Gros-Yeux

Adapté d'un conte celte.

Ce conte s'inspire de plusieurs éléments de la tradition orale : « Le voyage pour chercher fortune » et « L'aide surnaturelle » : trois frères rencontrent à tour de rôle un être surnaturel qui leur demande de lui donner à boire ou à manger. Les deux premiers refusent ; le troisième accepte. Comme récompense, il obtient des pouvoirs ou un anneau magique.

Ce conte est répandu dans toute la zone indo-européenne, en Inde, aux Philippines, en Indonésie, en Afrique et dans les deux Amériques.

À partir de
5 ans

7 min
+ 5 min

Forêt
Château
Chalet

Frères
Rois
Princesse

Il était une fois une veuve qui vivait avec ses trois fils dans un chalet, au pied d'une haute montagne.

Un jour d'hiver, alors que la neige tombait à gros flocons, la vieille femme voulut faire cuire du pain. Mais elle s'aperçut qu'il ne lui restait presque plus de bois pour alimenter son four. Alors, elle demanda à son fils aîné d'aller lui ramasser quelques branches mortes dans la forêt toute proche.

— Va vite, et ne te retarde pas, ou tu pourrais bien rester bloqué par la neige.

Le jeune homme, qui sculptait du bois au coin de la cheminée, n'avait guère envie d'affronter le froid et le vent. Il se leva en ronchonnant, mais sa mère le força à sortir.

À quelques mètres du chalet, aveuglé par la neige, il tomba dans un grand trou. Il s'était enfoncé jusqu'à la ceinture, et il eut beaucoup de mal à sortir du fossé. Quand il y parvint, après de nombreux efforts, il était épuisé et il rentra chez lui. Il retourna s'asseoir près du feu. Dans sa hâte, il avait complètement oublié de rapporter du bois.

Les quelques bûches qui restaient furent vite brûlées. Le feu n'allait pas tarder à s'éteindre, quand le fils cadet s'en aperçut. La neige continuait à tomber, mais il enfila malgré tout son manteau et partit pour la forêt ramasser du bois mort.

Il eut vite fait, car il marchait d'un bon pas. En revenant vers son chalet, il aperçut une tour en bois. Cela l'étonna fort, car il ne l'avait jamais vue auparavant. Il en fit le tour, pour trouver l'entrée et voir qui habitait là, quand il fut plus étonné encore : il n'y avait pas de porte. De plus en plus surpris, il en refit le tour et aperçut enfin une lucarne, tout près du toit. Au même instant, la petite fenêtre s'ouvrit et une tête apparut, avec des yeux gigantesques, grands comme des soucoupes.

Voix suppliante

— Hé, mon garçon ! cria Gros-Yeux, je t'en prie, viens à mon secours ! J'ai très très soif, et je voudrais boire un peu d'eau. Il y a une fontaine tout près d'ici. Tu y trouveras une cruche. S'il te plaît, remplis-la et apporte-la-moi. Moi, je suis enfermé et je ne ne peux pas sortir.

Le jeune homme réfléchit, puis il demanda :

— Et que me donnerez-vous en échange ?

Une tête apparut.

— Je suis pauvre, et ne puis rien te donner, répondit le vieil homme, mais je te gratifierai d'un bon mot.

Ricaner — Que ferais-je d'un bon mot ? Vous n'avez qu'à vous débrouiller tout seul ! répondit le jeune homme dépité, en *Hausser les épaules* haussant les épaules. Ce n'est pas ça qui réchauffera notre maison !

Il ramassa son sac rempli de branches, puis il reprit le chemin de sa maison. Soudain, il trébucha sur une racine cachée par la neige. Il tomba sur un buisson de ronces et se piqua aux mains, au visage, aux genoux. Il se releva en hurlant de douleur, et s'enfuit en courant, abandonnant là son sac. Il se réfugia dans les bras de sa mère.

Surprise — Mais qu'est-ce qui s'est passé ? lui demanda la veuve, en apercevant ses blessures.

— Ce sont des gardes-chasse, lui répondit son fils, qui s'en voulait d'avoir abandonné le sac. Ils étaient dans la forêt, et ils n'ont pas voulu que je ramasse la moindre branche. Ils m'ont même battu...

Voix désolée — Qu'allons-nous devenir ? se lamenta la pauvre femme. Nous n'avons plus de bois, et presque rien à manger... Quelle misère !

C'est alors que le plus jeune des trois fils, Oscar, se leva :

— C'est mon tour, maintenant, d'aller chercher du bois. J'espère que j'aurai plus de chance que mes frères.

Alors Oscar prit un grand sac, il enfila ses bottes et un lourd pardessus, et il se dirigea vers la forêt. Il marchait avec peine, car la neige était épaisse. Soudain, il aperçut la haute tour de bois. À son tour, il fut très étonné, car il connaissait bien la forêt et parce qu'il n'avait aucun souvenir de cette étrange construction.

Au même moment, la lucarne s'ouvrit, et la tête aux yeux grands comme des soucoupes apparut dans l'ouverture.

Voix suppliante

— Hé, mon garçon, cria Gros-Yeux, je t'en prie, viens à mon secours ! Je suis enfermé, je ne peux pas sortir d'ici et j'ai très soif. Voudrais-tu m'apporter un peu d'eau ? Il y a une fontaine tout près d'ici, où tu trouveras une cruche. Tu serais gentil de me l'apporter, bien remplie. Je meurs de soif !

— Attendez-moi, dit Oscar, j'en ai pour une minute, je reviens.

Oscar posa son sac et se dirigea vers la fontaine qui était à deux pas. Il revint en tenant une cruche pleine à ras-bord.

Gros-Yeux lança une corde par la fenêtre, au bout de laquelle était accroché un panier. Oscar y déposa la cruche, et le vieil homme, avec mille précautions, remonta le tout. Puis il remercia chaleureusement Oscar et referma la petite fenêtre.

La cruche.

Oscar reprit son sac et se mit à ramasser du bois. Il avait réuni un fagot, lorsqu'il releva tout à coup la tête : la tour de bois avait disparu ! Aussitôt, il prit peur et il allait s'enfuir en courant, lorsqu'il entendit une voix :

— Oscar ?

Le jeune homme se retourna. Derrière lui se trouvait un petit homme, qui portait une couronne et des habits de roi.

— N'aie pas peur, Oscar, je suis le roi de la forêt, dit Gros-Yeux (car c'était lui). Une sorcière me retenait prisonnier dans la tour, mais tu as déjoué le sortilège en me portant de l'eau. Grâce à toi, j'ai recouvré ma liberté. Aussi, pour te récompenser, je te donne cette bague.

Oscar prit l'anneau que lui tendait le roi de la forêt et l'enferma dans une petite bourse de cuir.

La bague.

— Ce n'est pas une bague ordinaire, continua Gros-Yeux. Elle est magique et pourra exaucer chacun de tes vœux.

— Je vous remercie, Majesté. Merci infiniment, dit Oscar, émerveillé.

Le roi de la forêt disparut sur ces paroles, et Oscar se dirigea vers son fagot. Quelle ne fut pas sa surprise de le voir se lier tout seul, et entrer dans son sac ! Le sac vint ensuite de lui-même se placer sur son épaule. Oscar le transporta chez lui, comme s'il avait la légéreté d'un papillon.

Sa mère fut très heureuse de voir revenir son jeune fils avec autant de branches et de brindilles.

— Merci, mon grand. Il peut faire froid, nous aurons de quoi nous chauffer.

Elle rajouta quelques bûches dans la cheminée et bientôt, la bonne odeur du pain en train de cuire se répandit dans le chalet.

Fin de la première partie.

Résumé
Oscar est allé ramasser du bois. Dans la forêt, il a donné de l'eau à un vieil homme enfermé dans une tour. Pour le remercier, le vieil homme, qui est en fait le roi de la forêt, lui donne une bague magique.

Deuxième partie.

À quelque distance du chalet de la veuve, par-delà la forêt, se trouvait un château dans lequel vivaient un roi et sa famille. Mais la tristesse régnait en ce palais, car une méchante sorcière en avait emporté toutes les richesses. Plus de vaisselle d'or ni d'argent, plus de bijoux, plus de tableaux : tous ces trésors avaient été mis dans un grand sac et cachés dans une grotte qui se trouvait non loin du château.

Puis la sorcière avait allumé à l'entrée de cette grotte un grand feu dont les flammes s'élevaient jusqu'au ciel. Personne n'avait jamais pu s'en approcher sans se brûler gravement et l'entrée de la grotte demeurait interdite à tous.

Le roi avait fait savoir à travers tout son royaume qu'il donnerait sa fille aînée en mariage et la moitié du trésor retrouvé à celui qui lui rapporterait sa vaisselle, les joyaux de la couronne, ses tableaux.

Des jeunes gens accoururent des quatre coins du royaume pour tenter de braver les flammes et de ramener le trésor. Ils furent nombreux, car la princesse était très belle, et qu'il s'agissait d'une immense fortune. Mais ce fut en vain. Aucun ne put éteindre les flammes. Quant à ceux qui essayèrent de les traverser, ils périrent brûlés.

Les frères d'Oscar voulurent tenter leur chance. À leur tour, ils s'approchèrent de la grotte, mais ils furent effrayés par la hauteur des flammes et l'ampleur du foyer.

– Et si j'essayais ? déclara, un jour, Oscar.

– D'autres ont essayé, et sans succès. Ne te rends pas ridicule. Tu risques de mourir brûlé, c'est tout ce que tu y gagneras, lui dit son frère aîné.

Mais Oscar était obstiné et il ne voulut pas écouter ses frères. Aussi, un beau matin, il alla jusqu'à la grotte. Quand il se trouva devant les flammes, il passa à son doigt la bague du roi de la forêt et il lui demanda de faire en sorte que les flammes ne brûlent pas. Il put alors traverser l'immense brasier sans même éprouver la moindre sensation de chaleur.

Il entra dans la grotte et s'empara du sac. Mais il était si lourd qu'il dut demander à sa bague de l'aider à le porter. Quand il le jeta sur son épaule, le sac était aussi léger qu'une plume. Puis, il retraversa les flammes avec toujours autant de facilité.

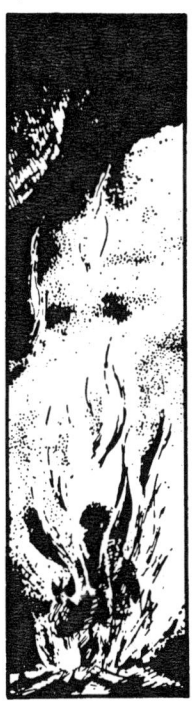

Il traversa le brasier.

Il reprit ensuite le chemin de son chalet, non sans passer d'abord par le château. Là, il entra dans la cour, au milieu de laquelle il déposa son sac. Puis il fila en courant.

Mais le roi et ses filles étaient justement à la fenêtre, et tous quatre le virent très distinctement.

– Pourquoi donc cet homme a-t-il laissé un sac dans la cour ? Serait-ce un mauvais plaisant qui voudrait nous jouer un tour ? demanda le roi, surpris.

Comme aucune de ses filles ne pouvait lui répondre, il envoya un serviteur voir de quoi il retournait. Celui-ci poussa un cri en ouvrant le sac.

Surprise

— Majesté, Majesté ! C'est le trésor de la couronne, les joyaux, les tableaux, les plats d'or et d'argent !

— Ce n'est pas possible ! Quel bonheur ! s'exclamait le roi ému jusqu'aux larmes ! Quelle chance !

Entre temps, Oscar était rentré chez lui. Il serrait très fort la bague du roi des forêts dans sa main, car il savait combien elle lui serait précieuse. Il se disait qu'il serait bien agréable d'habiter dans une maison de pierre bien chauffée au lieu de vivre dans un misérable chalet. Et qu'il serait plus agréable encore de se trouver devant une grande table chargée de mets fumants et appétissants. Aussitôt, son souhait fut réalisé, à la grande surprise de la mère et des frères d'Oscar. Toutefois, ce dernier ne leur dit rien : il ne leur parla ni de la bague, ni du roi de la forêt, ni du trésor retrouvé.

Alors, ils s'assirent autour de la table de fête et ils entamèrent un festin dont ils se souvinrent longtemps.

Pendant ce temps, le roi avait dépêché par tout son royaume des serviteurs, chargés de retrouver et de ramener le jeune homme au sac. Ils frappaient aux portes des maisons, des chalets, des chaumières, des palais. Enfin ils arrivèrent chez la veuve et l'un d'entre eux reconnut Oscar. Alors ce dernier fut emmené au château royal dans un beau carosse portant les armes du roi.

Le souverain l'attendait. Il l'accueillit avec chaleur.

Ton grave

— Merci, mon fils. Grâce à toi, ce château a retrouvé sa splendeur.

Et il invita Oscar à se reposer et à se désaltérer.

— Bonjour, Oscar, l'accueillirent aimablement les trois princesses.

Oscar trouvait que la sœur cadette était la plus belle de toutes

Il murmura à sa bague :

Chuchoter

— J'aimerais que cette jeune fille soit amoureuse de moi.

À partir de ce moment, la jeune princesse tomba follement amoureuse d'Oscar. Et le roi tint sa promesse : il donna sa main à Oscar qui l'aimait de tout son cœur. Le lendemain, les jeunes gens se marièrent. Les fêtes du mariage durèrent plus d'une semaine. Puis les jeunes mariés s'installèrent dans un autre château, où ils firent venir la mère et les frères d'Oscar. Et tous vécurent très heureux.

Le Vieil Homme de la forêt

Texte de Claude Clément, publié dans le magazine Toboggan, *n°14 (janvier 1982).*

À partir de 3 ans

4 min

Forêt

Vieil homme Chasseur Animaux

Il était une fois un vieil homme qui habitait au fond d'une forêt si profonde que personne, jamais, ne venait lui rendre visite. Mais le vieil homme n'était pas triste car il avait un grand secret. Le matin, il allait dans une clairière retrouver quatre bêtes des bois qui étaient ses amis : un lapin, un sanglier, un renard et une chouette. Il s'asseyait sous un grand arbre, frappait deux fois dans ses mains… et la clairière devenait une piste de cirque ! Le lapin se changeait en magicien et faisait sortir des douzaines de petits lapins de ses grandes oreilles. Le sanglier soulevait des troncs d'arbres de plus en plus gros, bien plus fort qu'un hercule de foire. Le renard jonglait habilement avec des pommes de pin et la chouette chantait de grands airs d'opéra comme une vraie cantatrice.

Ébloui, le vieil homme applaudissait longtemps. Puis les animaux saluaient et disparaissaient derrière le rideau d'arbres de la forêt.

Le vieil homme avait un autre grand secret : les champignons étaient aussi ses amis ! L'après-midi, il allait se promener dans les sentiers et cherchait des champignons. Mais il ne les cueillait pas. Quand il en avait trouvé beaucoup dans la mousse, et de toutes les couleurs, il se mettait au milieu d'eux et sifflait tout doucement. Alors tous les champignons se transformaient en une foule de petits lutins. Il y en avait de toutes sortes : avec des bonnets bleus, rouges, jaunes ou de grandes barbes blanches.

Les lutins.

Ils sautaient dans les broussailles, grimpaient sur les branches basses ou se cachaient derrière une touffe d'herbe.

Quand la nuit venait, les lutins se blottissaient dans la mousse, le vieil homme leur souhaitait bonne nuit et les lutins redevenaient des champignons.

Un jour, pour la première fois depuis très, très longtemps, le vieil homme reçut une visite. Armé d'un grand fusil, un chasseur égaré lui demanda un peu d'eau. Tout en buvant un grand bol d'eau fraîche, le chasseur demanda au vieil homme s'il ne s'ennuyait pas dans sa forêt.

– Moi, mais pas du tout, répondit le vieil homme, j'ai mes secrets... Venez, je vais vous les montrer !

Et il emmena le chasseur dans la clairière. Mais là, il avait beau frapper dans ses mains, pas de lapin-magicien, pas de sanglier-hercule de foire, pas de renard-jongleur et de chouette-cantatrice. Alors il entraîna le chasseur dans les sentiers. Il siffla doucement, longtemps, mais les champignons restèrent des champignons... Et le chasseur reprit sa route en pensant qu'il ne faisait pas bon vivre tout seul dans la forêt. On finissait par voir un lapin-magicien et des champignons-lutins !

Mais le vieil homme avait été très accueillant. Aussi le chasseur décida, un dimanche, de retourner dans la forêt. Il s'habilla donc en dimanche : costume clair et chapeau de paille. Il retrouva le vieil homme et insista pour revenir dans la clairière. À peine étaient-ils installés sous un grand arbre, et à peine le vieil homme avait-il frappé deux fois dans ses mains que le chasseur endimanché assista à un curieux spectacle de cirque ! Pensez donc : un lapin-magicien, un sanglier-hercule de foire, un renard-jongleur et une chouette-cantatrice !

Et quand tout fut fini, les deux hommes gagnèrent les sentiers. Là, le vieil homme siffla doucement et les champignons se changèrent en petits lutins bondissants ! Que c'était drôle cette petite troupe au milieu de laquelle les deux messieurs dansaient en riant ! Et d'entendre le chasseur dire au vieil homme :

– Vous aviez raison ! Quand on va dans la forêt, il ne faut pas s'habiller en chasseur...

CONTES DE LA FORÊT

L'Arbre creux

Texte de Béatrix Beck, extrait des Contes à l'enfant né coiffé *, © Éditions Gallimard.*

À partir de
5 ans

11 min

Arbre
Forêt

Fillette
Écureuil
Sorcier

Aveline s'était égarée dans la forêt en cherchant des champignons. Elle commençait à s'effrayer vraiment, quand elle aperçut un écriteau sur un arbre. « Voilà qui va me remettre sur le bon chemin », se dit-elle. Mais l'écorce avait presque recouvert l'écriteau ; les lettres qu'elle n'avait pas cachées, les pluies les avaient effacées. L'arbre lui-même était bizarre. Ce n'était ni un chêne, ni un frêne, ni un châtaignier, ni rien qu'on pût nommer. Et il était creux. Aveline entra dedans. Avec un claquement sec, l'arbre se referma sur elle. La petite fille, cognant sa tête contre le bois, cherchant avec ses mains un trou pour se sauver, affolée, se mit à tourner dans le tronc. Elle recevait une faible lumière par le haut de l'arbre. Elle regarda autour d'elle, les yeux tout brouillés de larmes, et ne vit que le bois sombre. Elle essaya de gratter, ses ongles se cassèrent. Elle appela :

— Au secours, au secours, je suis enfermée !

Mais personne n'était là pour lui répondre. Elle tapa des poings et des pieds. Elle poussa encore un cri et se recroquevilla par terre en suffoquant. L'humidité devenait glaciale et noire. Aveline s'assit, gémissant quand le bois craquait et frissonnant quand le vent agitait les feuilles. Elle s'endormait et s'éveillait à chaque instant. Vers l'aube, elle sursauta en sentant un petit objet dur tomber sur son dos. Elle n'eut pas le temps de lever la tête, qu'un second suivait. C'étaient des noisettes. Elle poussa un gémissement de plaisir, les cassa entre ses dents et commença à croquer. Quand elle les eut mangées, elle se demanda d'où lui venait ce cadeau et aperçut un écureuil, perché sur l'arbre, très haut au-dessus d'elle :

— Bonjour, cria-t-il, que fais-tu là ?

Aveline lui raconta son malheur et demanda :

— Mais qu'est-ce que cet arbre extraordinaire ?

L'écureuil prit un air mal à l'aise et, au lieu de répondre, s'écria :

— Je voudrais bien te tirer de là ! Mais c'est difficile. Enfin on y arrivera. Ne te fais pas trop de chagrin en attendant.

Aveline soupira :

— Je ne vois plus la lumière.

L'écureuil ne répondit pas. Il disparut. Aveline s'accroupit, jouant à ne rien faire et essayant de toutes ses forces de ne pas être triste.

Au bout d'un moment, elle entendit la voix flûtée de l'écureuil qui lui criait :

Crier — Attrape !

Elle tendit les mains et reçut au vol une minuscule lampe de poche. Elle l'alluma. Sa pénombre se changea en aurore. Elle put examiner les parois brunâtres et fibreuses de sa prison et la terre séchée, où traînaient une feuille morte et un cadavre de fourmi.

— Alors, tu es contente ? demanda l'écureuil, perché au sommet de l'arbre creux.

Sanglotant — Merci, répondit Aveline en pleurant. Mais je m'ennuie trop.

L'écureuil fila. Après quelques minutes, il réapparut sur la maîtresse branche de l'arbre, tenant un petit paquet qu'il laissa tomber jusqu'à sa protégée. Celle-ci dénoua impatiemment les herbes qui le retenaient : c'était un livre. La petite fille tourna précipitamment les pages.

— Tu es heureuse, maintenant ? s'informa l'écureuil.

La feuille morte et le cadavre de fourmi.

Aveline était trop absorbée pour répondre. Le livre était l'œuvre des habitants de la forêt, chacun y avait écrit une histoire. Les oiseaux, de leurs pattes fines, y avaient noté leurs chansons, les cerfs y racontaient leurs duels et les poursuites des chasseurs, les fées donnaient des conseils sur la manière de laver le linge dans une goutte de pluie et de faire cuire la soupe sur un feu follet, les loups décrivaient dans un style pittoresque les victimes qu'ils avaient dévorées.

Les dernières pages étaient blanches, mais quand Aveline les tourna, elle entendit la voix du vent chuchoter des contes qu'il avait rapportés d'au-delà des mers. Le livre était illustré en couleurs faites de jus de plantes et de sang de bêtes. Aveline lisait, lisait. Mais quand elle eut tant lu que ses yeux papillotaient et que sa tête bourdonnait, elle laissa glisser le livre et appela :

Voix suppliante — Écureuil, écureuil, je voudrais bien m'en aller d'ici.

— Oui, justement, ne t'impatiente pas, tout à l'heure je suis allé trouver un ami à moi, un renard. Je lui ai demandé de creuser une galerie jusqu'à toi, il a déjà commencé. Alors, tu vois.

<small>Ton joyeux</small>

– Oh, merci, mon petit écureuil chéri, je voudrais embrasser tes joues de fourrure.

Fou de joie, l'écureuil répondit à la déclaration d'Aveline en lui jetant des châtaignes. Puis, pour la désaltérer, il alla lui chercher des herbes humides.

D'heure en heure, Aveline demandait :

– La galerie avance ?

Son ami partait aux nouvelles et revenait en annonçant que tout marchait à souhait. Une fois, il fut long à réapparaître. Enfin, Aveline vit l'ombre du petit animal se profiler près d'elle. Elle sentit tomber sur sa main une goutte d'eau :

<small>Surprise</small>

– Quoi, tu pleures ? Les écureuils pleurent ?

<small>Voix désolée</small>

– Mon ami le renard est mort, répondit l'écureuil entre deux hoquets de désespoir. Un chasseur vient de le tuer. Si fort, si jeune ! Et la galerie était presque finie.

Aveline sentit un grand froid l'envahir. Elle dit d'une voix blanche :

– Alors, moi aussi, je vais mourir ?

– Non, je ne veux pas. Attends.

Et d'arbre en arbre, l'écureuil partit par toute la forêt à la recherche d'une échelle. Personne n'avait cela. Un vieil ermite possédait bien un escabeau, mais beaucoup trop court. Un merle conseilla à l'écureuil de fabriquer une échelle de corde.

– Comment ? demanda l'écureuil.

– Ah, cherche, débrouille-toi, siffla le merle.

Une fée consentit à donner à l'écureuil un de ses cheveux d'or. Il l'enroula précieusement autour de lui, comme une corde d'alpiniste, et continua sa course.

Par la fenêtre ouverte d'une cabane de bûcheron, il vit une

L'ARBRE CREUX

femme qui cousait une chemise. Il sauta sur ses genoux, elle essaya de le prendre, il lui mordit la main et se sauva avec un long fil. Une jument gambadait dans une clairière. Il bondit sur son dos, lui arracha un crin de la queue et disparut dans le taillis. Triomphant, il regagna l'arbre creux, montra son butin à Aveline et commença à tresser une échelle. La prisonnière ne le quittait pas du regard, elle suppliait sans cesse :

Voix suppliante

– Plus vite ! Plus vite !

Cette impatience agaçait l'écureuil, il faisait des nœuds, il emmêlait le cheveu de la fée, le fil de la bûcheronne et le crin de la jument. Pourtant l'échelle s'allongeait, elle se balançait au-dessus d'Aveline qui se haussait sur la pointe des pieds pour la saisir. Enfin, elle l'attrapa et s'agrippa aux échelons étroits. Elle commença à grimper. Heureusement, le cheveu de la fée, bien que fin comme un fil de la Vierge, était solide comme un nerf de bœuf.

Tout chantait dans la tête d'Aveline. À mi-chemin, elle dut s'arrêter sur l'échelle tremblante, elle avait le vertige. L'écureuil l'encourageait par de petits cris. Aveline voulut continuer son ascension, mais elle s'évanouit et glissa le long de l'échelle jusqu'au fond de l'arbre.

Le choc lui fit reprendre connaissance. L'écureuil était perché au bord de sa branche et criait d'une voix angoissée :

Crier

– Vite, vite, Aveline, remonte, il faut que tu te sauves. La première feuille morte est tombée aujourd'hui, c'est signe que le propriétaire va venir toucher son terme et s'il te voit dans son arbre, je ne donnerais pas une noisette creuse de ta vie.

Au même instant, on entendit un bruit de pas. Les moustaches de l'écureuil se hérissèrent, il chuchota :

Chuchoter

– Chut !

Un homme à la mine de sorcier s'approchait, portant en bandoulière les clés de tous ses domaines. Il s'arrêta au pied de l'arbre et cria :

Crier

— Loyer !

Une pie, qui avait construit son nid à côté de celui de l'écureuil, vola jusqu'au sorcier et déposa dans sa main un collier de grenats qu'elle avait dérobé au Mont de Piété.

— C'est bien, tu paies toujours exactement, fit le sorcier en la flattant de la main. Et vous, les abeilles, qu'attendez-vous ? ajouta-t-il en sortant de sa gibecière un grand pot.

Aussitôt, les petites bêtes, qui avaient construit leur ruche sur une des branches de l'arbre, firent couler le miel à pleins bords dans le pot du sorcier.

Mais l'écureuil ne bougeait pas.

Ton menaçant

— J'attends, fit le sorcier d'un ton menaçant.

— Voici, voici, répondit l'écureuil en dégringolant le long du tronc. Je ne peux vous donner qu'un cent de faines cette fois-ci ; la récolte a été mauvaise, mais dès qu'il aura gelé, les baies seront bonnes et alors...

Ton autoritaire

— Suffit. C'est chaque année la même chanson. Je trouverai un locataire plus satisfaisant. Je te donne congé, prends tes cliques et tes claques et fiche-moi le camp. Je déchire ton bail.

Et le sorcier sortit de sa poche une grande feuille de chêne cachetée à la résine et la mit en pièces.

Voix suppliante

— Oh M'sieu, ne me chassez pas de chez moi, supplia l'écureuil en joignant ses petites pattes rousses.

Crier

— Chez toi ! Chez toi ! hurla le sorcier.

Mais il s'arrêta court : Aveline, impressionnée par cette scène, qu'elle avait pu entendre du fond de l'arbre, avait remué et le bois avait craqué.

Souffler

— Hou ! souffla le sorcier, dans un tel état de surexcitation qu'il ne pouvait plus parler.

Frappé par le bruit, il venait seulement de s'apercevoir que son arbre s'était refermé. Claquant des dents de joie à l'idée d'avoir capturé une proie, il décrocha une de ses clés et la fit tourner dans une petite fente de l'arbre. Aveline n'eut que le temps de s'aplatir contre le bois et l'arbre s'ouvrit en grinçant. Le sorcier se jeta sur Aveline, mais les abeilles se précipitèrent sur lui et chacune le piqua. Éperdu de douleur, il laissa tomber ses clés et se sauva dans les profondeurs de la forêt.

En sifflant de bonheur, l'écureuil sauta sur l'épaule de son amie. Les cheveux de la petite fille et les poils rutilants de l'écureuil se mêlèrent. Après cette nuit passée dans l'arbre, Aveline en avait pris la forme élancée. Elle était ravissante et l'écureuil lui demanda :

– Dis, tu restes ici toujours, avec moi ?

– Il faut que je rentre à la maison, on m'attend là-bas, on doit être inquiet, répondit Aveline.

– C'est vrai.

Le gentil animal lui tendit la patte en étouffant un soupir. Aveline prit son panier de champignons, sa lampe et son livre et s'éloigna. L'écureuil agita une feuille d'arbre pour lui dire adieu et un essaim d'abeilles la reconduisit jusqu'à la lisière de la forêt.

L'écureuil put continuer à habiter en paix son arbre, car jamais le sorcier ne se risqua à revenir. Et, de temps en temps, un oiseau ou l'autre lui donnait des nouvelles d'Aveline.

L'écureuil sauta sur son épaule.

CONTES DE LA FORÊT

Baba Yaga et la Belle-fille

Adapté d'un conte russe.

Le conte, également intitulé "La fille du diable" ou "La fuite magique", est répandu en Europe, en Asie occidentale jusqu'à l'Inde incluse, en Afrique, dans les anciennes colonies françaises, portugaises et espagnoles d'Amérique.

Pour fuir le diable (ou un sorcier, un géant ou un magicien), le héros jette des objets (brosse, bouchon de paille, éponge, peigne) qui créent des obstacles : une haute montagne, une forêt impénétrable, une rivière... Dans certaines versions, les fugitifs ont la possibilité de se métamorphoser : par exemple la jeune fille se change en jardin et le garçon, en jardinier. Le poursuivant ne peut atteindre le ou les fugitifs.

La fuite protégée par des moyens magiques est un épisode qu'on retrouve dans tous les pays et dans les temps les plus reculés.

Le personnage de la sorcière Baba Yaga est typique de la tradition russe.

À partir de 4 ans | 11 min | Forêt | Jeune fille, Sorcière, Marâtre

Il était une fois une jeune paysanne, Natacha. Elle avait perdu sa mère, et son père s'était remarié, mais sa nouvelle femme détestait la jeune fille. Elle la chargeait de toutes les basses besognes, des tâches ménagères, de la cuisine, de la lessive et la pauvre fille ne s'arrêtait jamais.

Un jour où son père était allé rendre visite à des amis, sa belle-mère se dit : « Voici l'occasion rêvée de me débarrasser de Natacha. Montrons-nous rusée ! »

Alors, elle s'adressa en souriant à la jeune fille :

Ton mielleux

— Voudrais-tu me rendre un service ?

Comme Natacha acquiesçait, sa belle-mère continua :

— Il faudrait que tu ailles voir ma sœur, qui est à présent ta tante Héléna. Demande-lui de me prêter du fil et une aiguille pour faire une chemise

Mais au lieu de montrer à Natacha la route qui menait jusqu'à la datcha d'Héléna, sa belle-mère lui indiqua le chemin qui conduisait à la chaumière de Baba Yaga, la sorcière.

Et en elle-même, la méchante femme se félicitait pour sa fourberie.

Mais Natacha avait de bonnes raisons de se méfier de sa belle-mère. Flairant un piège, elle se rendit chez la sœur de sa mère, sa bonne tante Noushka.

— Bonjour, ma belle Natacha, lui dit cette dernière en souriant, quelle bonne idée de venir me voir !... Mais tu as l'air toute drôle ? Quelque chose ne va pas ?

— Ma belle-mère m'a envoyée chez sa sœur, Héléna, lui demander une aiguille et du fil pour coudre une chemise, mais j'ai peur qu'il ne m'arrive un accident ou que je me perde...

Sa tante demanda à Natacha dans quelle direction l'avait envoyée sa belle-mère. Quand elle l'apprit, elle déclara :

— Ma chère petite nièce, tu es obligée d'y aller car autrement tu serais punie ; ta belle-mère est la plus forte. Mais avant, écoute-moi bien. Dans cet endroit redoutable, les branches d'un bouleau te fouetteront le visage, voici un ruban pour les retenir. Tu trouveras aussi une grille dont les gonds grinceront à ton passage ; voici de l'huile pour les graisser. Et puis il y aura des chiens qui chercheront à te mordre, voici du pain que tu pourras leur donner. Enfin, un chat essayera de te griffer. Il faudra lui donner ce jambon.

— Merci, ma tante, dit Natacha, merci beaucoup.

Puis elle partit en direction de ce qu'elle croyait être la maison d'Héléna. À tort, puisqu'elle se dirigeait vers l'antre de la Baba Yaga.

— Bonjour, ma tante, dit Natacha, à la petite femme maigre qu'elle trouva à l'intérieur de la cabane. Ma belle-mère, votre sœur, m'envoie vous demander une aiguille et du fil pour coudre une chemise.

Baba Yaga, apercevant une jeune fille rondelette, aux bonnes joues pleines, qui serait délicieuse à croquer pour son dîner, fit tout pour la retenir.

— Ah oui ? Ta belle-mère t'envoie ? Eh bien écoute, entre et assieds-toi un moment. Je vais te donner du fil et des aiguilles, mais avant, il faut que tu fasses quelque chose pour moi.

Et elle demanda à Natacha de lui tisser un peu de laine. Obéissante, la jeune fille, qui croyait s'adresser à sa tante par alliance, s'assit devant le métier et commença à travailler.

Pendant ce temps, Baba Yaga s'empressa d'aller voir sa servante qui s'affairait à la cuisine.

Voix autoritaire

— Vite, fais chauffer de l'eau et fais prendre un bain à ma nièce qui vient d'arriver. Lave-la bien, parce que je veux la manger demain matin à mon petit déjeuner.

Natacha avait l'oreille fine : elle entendit tout ce que dit la

BABA YAGA ET LA BELLE-FILLE

Baba Yaga. Cela l'effraya tout d'abord, mais elle reprit vite ses esprits et décida de déjouer les plans de sa prétendue tante. Quand Baba Yaga sortit pour aller ramasser des herbes, Natacha alla voir la servante et lui dit :

Voix douce — Vous brûlez beaucoup trop de bois, et vous étouffez le foyer. Versez un peu d'eau dessus, pour que cela brûle moins. Mais attention, versez l'eau doucement, ou sinon tout s'éteindra.

Puis Natacha enleva son foulard et l'offrit à la servante. Comme celle-ci n'avait jamais reçu aucun cadeau, elle se prit d'une grande affection pour la jeune fille et elle fit tout ce que Natacha lui ordonna. Elle se remit au travail avec lenteur ; elle ne voulait plus suivre les ordres de Baba Yaga.

À ce moment là, un chat entra dans la cuisine. Il avait l'air méchant et il fit le gros dos en apercevant Natacha. Mais la jeune fille lui donna le jambon en lui parlant avec douceur :

Voix douce — Tiens, le chat, tiens, c'est pour toi.

Puis elle demanda :

— Y a-t-il un moyen de s'échapper d'ici ?

Le chat tendit à Natacha un peigne et une serviette.

— Enfuis-toi. Cours à toute vitesse, car tu es chez la Baba Yaga et non chez la sœur de ta belle-mère. Baba Yaga va certainement te poursuivre. Alors de temps en temps, mets ton oreille sur le sol et écoute. Lorsque tu entendras que les pas de Baba Yaga se rapprochent, jette la serviette par terre : une large rivière apparaîtra. Si vraiment Baba Yaga a très faim, elle traversera la rivière et continuera à te poursuivre. De ton côté, n'oublie pas de t'arrêter pour poser ton oreille sur le sol pour écouter les pas de la sorcière. Dès que tu sentiras qu'elle se rapproche, jette le peigne entre vous deux. Une forêt épaisse et impénétrable jaillira. Alors Baba Yaga cessera de te poursuivre et rentrera chez elle.

Natacha remercia le chat et, prenant la serviette et le peigne,

La serviette et le peigne.

elle quitta la maison en courant. Les chiens aboyèrent lorsqu'elle traversa la cour. Ils tiraient la langue et leurs yeux lançaient des éclairs. Natacha leur jeta le pain que lui avait donné sa tante. Aussitôt ils se calmèrent, et la laissèrent passer. Puis elle arriva à la grille de fer qui délimitait le jardin de la sorcière. Elle était fermée et ne voulait pas s'ouvrir. Alors, Natacha versa un peu d'huile sur leurs gonds : les battants s'écartèrent, et la jeune fille put avancer. Mais devant elle, sur le petit chemin, il y avait un bouleau dont les branches la fouettaient avec vigueur. Natacha prit le ruban qu'elle avait apporté et lia les branches autour du tronc. Ayant triomphé de toutes les embûches, elle put reprendre sa route.

Pendant ce temps, Baba Yaga était revenue chez elle. Sur le pas de la porte, elle appela Natacha.

Ton mielleux

— Ma chère petite nièce, avez-vous tissé beaucoup de laine ?

Le chat, qui s'était régalé avec le jambon, entreprit d'aider Natacha. Il actionna le métier à tisser et répondit :

Imiter la voix de Natacha

— Oui, ma tante. Je tisse, je tisse.

Mais on ne trompe pas Baba Yaga aussi facilement. Le métier ne faisait pas le bruit habituel et la voix du chat n'avait pas la douceur de celle de Natacha. Aussi, Baba Yaga se précipita-t-elle dans la pièce. Lorsqu'elle s'aperçut que Natacha n'était pas là, elle poursuivit le chat pour le battre en criant :

En colère

— Pourquoi m'as-tu trahi ? Qu'est-ce que je t'ai fait ?

— Justement, tu n'as rien fait, vilaine femme ! Pendant toutes ces années où j'ai vécu près de toi, en te servant, tu ne m'as jamais donné de jambon. Mais Natacha l'a fait, elle, alors je l'ai aidée. Tout simplement.

Haussant les épaules, Baba Yaga tourna les talons et alla voir ses chiens. Elle croyait qu'ils auraient dévoré Natacha. Mais ils étaient couchés, calmes et la sorcière comprit qu'ils avaient laissé échapper la jeune fille. Elle se saisit d'un fouet qu'elle fit siffler dans l'air et en menaça les chiens, en hurlant :

En colère
— Pourquoi avez-vous laissé partir cette fille ? Il fallait la retenir, la mordre...

— Nous te protégeons fidèlement depuis toujours, et pour nous remercier, tu ne nous donnes jamais que des croutons moisis, aboyèrent les chiens. Natacha, elle, nous a donné du pain frais, alors nous l'avons aidée.

De plus en plus furieuse, Baba Yaga alla donner un coup de pied à la grille :

En colère
— Tu as laissé filer mon petit déjeuner de demain matin, gronda-t-elle. Pourquoi as-tu laissé partir la fille ?

Les deux battants tournèrent sur leurs gonds bien huilés :

— Tu me laissais me rouiller, alors que Natacha m'a donné de l'huile. Alors, je l'ai aidée, murmura la grille.

Baba Yaga franchit les grilles et aperçut le bouleau, qui s'enorgueillissait de son joli ruban.

Ton hargneux
— Comme tu es vaniteux, lança Baba Yaga d'un ton hargneux. Je présume que c'est cette fille qui te l'a donné ?

Elle menaça les chiens

— Oui, c'est elle, répondit l'arbre. Il est joli, n'est-ce pas ? Tu ne m'as jamais rien donné pour retenir mes branches, même pas le moindre bout de ficelle. Alors j'ai laissé passer Natacha quand elle m'a donné ce joli ruban.

Au même moment, la servante apparut à la fenêtre :

Et à moi, elle m'a donné ce foulard. Alors, je l'ai aidée moi aussi. Il fallait mieux nous traiter, si vous vouliez que nous vous soyons fidèles.

En colère
— Une jolie fautrice de troubles, c'est tout ce qu'elle est, cette prétendue nièce ! tempêta Baba Yaga. Elle ne mérite pas de vivre un jour de plus ! Si je l'attrape, je lui tords le cou.

Baba Yaga se lança sur les traces de Natacha. Tout en ayant une bonne longueur d'avance, Natacha pouvait suivre la progression de la sorcière en posant son oreille sur le sol. Comme elle entendait les pas qui se rapprochaient, elle jeta derrière elle la serviette que lui avait donnée le chat. Aussitôt, une large rivière coula en travers du chemin.

Natacha continua à courir, loin devant elle, espérant ne plus entendre les pas de Baba Yaga, mais la fureur de la sorcière était telle, que ce n'était pas une rivière qui allait la retenir. Elle sauta dans l'eau, traversa à la nage, et émergea sur la rive opposée, plus décidée que jamais à en finir avec Natacha.

Posant encore une fois son oreille sur le sol, la jeune fille entendit le son mat des pas de la sorcière qui la poursuivait inlassablement.

Alors, elle jeta le peigne par-dessus son épaule, et, au même instant, comme le lui avait annoncé le chat, une sombre et épaisse forêt surgit derrière elle. Cette fois-ci, Natacha eut tout loisir de se mettre à l'abri, car Baba Yaga passa tellement de temps à essayer d'avancer à travers les ronces, les buissons et les enchevêtrements de branches, que lorsqu'elle parvint à faire un pas, elle avait absolument oublié qui elle poursuivait et pourquoi elle était si en colère. Après plusieurs heures d'un vain combat contre une forêt si touffue, elle revint dans sa cabane et oublia toute cette histoire.

Cependant Natacha était rentrée chez elle. Son père venait tout juste de rentrer de son voyage, et la jeune fille lui raconta son aventure et combien sa belle-mère avait été méchante avec elle. Fou de rage, le père de Natacha chassa sa seconde femme. La jeune fille n'entendit plus jamais parler ni de sa belle-mère ni de Baba Yaga.

Peu de temps après, elle épousa le jeune homme qu'elle aimait, et ils s'installèrent non loin de la chaumière de son père, à qui ils rendaient très souvent visite.

Dans les Bois

Au printemps l'Oiseau naît et chante :
N'avez-vous pas ouï sa voix ?...
Elle est pure, simple et touchante,
La voix de l'Oiseau - dans les bois !

L'été, l'Oiseau cherche l'Oiselle ;
Il aime - et n'aime qu'une fois !
Qu'il est doux, paisible et fidèle,
Le nid de l'Oiseau - dans les bois !

Puis quand vient l'automne brumeuse,
Il se tait... avant les temps froids.
Hélas ! qu'elle doit être heureuse
La mort de l'Oiseau - dans les bois !

Gérard de Nerval

CONTES DE LA MER

contre vagues et marées

Les Trois Nœuds

Adapté d'un conte balte.
Le motif des nœuds magiques qui, défaits, produisent des enchantements se retrouve dans plusieurs contes.
Ainsi, au Danemark et en Écosse, il existe des contes dans lesquels le vent se lève lorsqu'on défait un nœud. En Inde, on a recensé des versions où un mouchoir avec trois nœuds peut se transformer en motte de terre, en terre glaise et en charbon, ou bien en léopard doré, en serpent doré et en singe doré.

À partir de 4 ans

9 min

Village
Mer
Royaume sous-marin

Pêcheurs
Roi
Reine

Il était une fois, sur les rives de la mer Baltique, un petit village de pêcheurs où régnaient la paix et le bonheur. Chaque année, au début de l'été, des vents doux et puissants se levaient. Ils gonflaient les voiles des bateaux et les marins s'éloignaient sur l'eau pour aller jeter leurs filets. Quand ceux-

ci s'étalaient et flottaient sur les vagues qui les balançaient, des poissons d'argent arrivaient. Ils se prenaient dans les mailles. Les pêcheurs les ramenaient et les amoncelaient dans leurs cales. Quand la pêche était terminée, les marins rentraient au village où leurs familles les attendaient… Ensemble, ils allaient au marché où venaient des gens de tous les horizons qui achetaient les poissons. Ainsi les pêcheurs gagnaient-ils leur vie et nourrissaient-ils leurs enfants qui étaient gais et bien portants. Une année pourtant, les vents oublièrent de souffler et les bateaux restèrent à quai. Les filets demeurèrent pliés et personne ne vit passer le moindre poisson d'argent. Le temps coula et la misère s'installa. Personne n'avait plus rien à manger et les enfants dépérissaient. Quelqu'un fit une suggestion :
– Si nous allions demander conseil à Karel ? Peut-être trouvera-t-il une solution ?

L'assemblée fut parcourue de frissons… Karel était un vieux pêcheur dont tout le monde avait un peu peur. Il vivait en solitaire dans une petite chaumière tout près du bord de la mer. Il semblait tellement âgé que personne ne se souvenait de l'époque où il était né. Quand les enfants se montraient turbulents, on les menaçait souvent de les envoyer chez lui. On leur disait aussi que Karel les mangerait rôtis dans sa cheminée dont on voyait s'échapper la fumée, en hiver comme en été. On disait encore dans le village qu'il était une sorte de mage et connaissait des secrets que tout le monde avait oubliés. Et, chuchotaient les commères, un lointain soir d'hiver, sa fille unique adorée avait épousé le roi des mers.

Elle avait disparu et n'était jamais revenue. Depuis ce temps, le vieux pêcheur avait fermé les portes de son cœur et celle de sa chaumière sur sa tristesse et ses mystères.

Les villageois hésitèrent, puis ils finirent par se décider à aller le consulter. Ensemble, ils lui expliquèrent comment s'était abattue la misère sur leurs foyers et leurs enfants. Karel les écouta attentivement. Quand il eut tout entendu, il sortit un joli mouchoir du fond d'une vieille armoire. Il le montra aux marins en leur disant :

Voix solennelle

— J'ai porté ce foulard toute ma vie et la chance m'a souri. Regardez : il possède trois nœuds... Lorsque vous déferez le premier, le vent commencera à souffler et vous pourrez naviguer. Lorsque vous déferez le second, vos filets s'empliront de poissons. Mais ne défaites pas le troisième ! Il ne vous apporterait que du malheur...

Les pêcheurs le remercièrent de tout cœur. Dès le lendemain, très tôt, ils partirent en bateau. Ils s'éloignèrent du village à la rame. Puis il défirent le premier nœud. Et le vent se mit à souffler, à gonfler leurs voiles et à les emmener, loin vers le large où la pêcher est bonne... Les marins se mirent à chanter et défirent le second nœud tout en jetant leurs filets. Aussitôt, ils virent arriver des milliers de poissons d'argent agiles et frétillants qui se prirent dans les mailles et qu'ils ramenèrent dans leurs cales.

Ton insistant

— Défaisons le troisième nœud ! Nous prendrons encore plus de poissons... Nous les salerons et les fumerons pour en faire des provisions !

Certains pêcheurs protestèrent et dirent que Karel leur avait prédit bien du malheur s'ils dénouaient le nœud maudit. Mais les autres insistèrent et, sans réfléchir, démêlèrent les méandres du troisième nœud. Aussitôt, une vague énorme surgit devant eux. Un vent violent se leva et la tempête se déchaîna. Les filets se déchirèrent. Les voiles en lambeaux s'envolèrent. Les mâts se brisèrent...

Un poisson énorme apparut, plus grand, plus gros et plus puissant qu'aucun pêcheur n'en avait jamais vu. Il passa la queue dans un cordage du bateau et l'entraîna sur les flots. Ils navi-

LES TROIS NŒUDS

guèrent ainsi longtemps, dans la tourmente et dans le vent. Les marins criaient et suppliaient le poisson de s'arrêter, mais celui-ci continuait sa course sans les écouter. Ils finirent par arriver devant un tourbillon géant qui les aspira au fond de l'océan. Les pêcheurs crurent leur dernière heure arrivée, mais ils furent étonnés de se retrouver dans un château sous-marin plein de coquillages d'or, d'algues de satin et d'oursins de diamants. Là, trônait le roi des mers qui leur demanda d'un ton sévère :
— Pourquoi mon poisson fidèle vous a-t-il amenés ici ? Et pourquoi tenez-vous en main le foulard de mon ami Karel ?
Les pêcheurs, terrorisés, préférèrent tout avouer. Et le roi leur expliqua :
— J'ai offert ce foulard ensorcelé au père de ma fiancée afin de le consoler de lui enlever sa fille adorée. Les deux premiers nœuds étaient destinés à ce que Karel ne manque de rien, à ce qu'il pêche et se nourrisse bien. Le troisième nœud ne devait être utilisé qu'en cas de très grand danger, afin que le père de ma bien-aimée puisse parvenir jusqu'ici et ne se fasse plus de soucis. Quiconque le déferait à sa place serait englouti aussitôt dans les eaux et emprisonné dans ce château sans avoir la possibilité de jamais remonter sur Terre.

Les marins se lamentèrent et se mirent à pleurer en pensant à leurs enfants…
C'est alors qu'ils virent arriver une femme dont la beauté ne pouvait à nulle autre être comparée. Ils comprirent qu'il s'agissait de la fille adorée de Karel et ils s'agenouillèrent devant elle afin de la supplier d'intervenir auprès du roi pour être pardonnés. Elle les regarda gentiment et leur proposa tout doucement :

Voix douce

— Si vous promettez d'aller voir mon père et de lui dire de défaire tous les nœuds que je vais refaire à ce foulard ensorcelé, je demanderai au roi de vous délivrer.

Un poisson énorme entraîna le bateau

Des crabes servent un somptueux repas.

Les marins promirent... Alors, le roi et la reine des mers les invitèrent à partager leur festin. Ils les emmenèrent dans une salle décorée de coquillages d'or, d'algues de satin, d'oursins de diamants, de coraux aux reflets scintillants... Là, une armée de crabes et de pieuvres étaient à l'œuvre pour servir un repas somptueux. Les marins ne purent en croire leurs yeux. Ensuite, ils se régalèrent, burent, mangèrent et chantèrent. Puis ils allèrent dormir sur des lits d'éponges douillets... Au matin, ils furent réveillés par des petits poissons argentés qui les ramenèrent à la surface où, à la place de leur modeste bateau, voguait un merveilleux vaisseau plein d'or et de pierreries, d'objets précieux et de soieries...

Quand ils revinrent chez eux, leurs familles poussèrent des cris joyeux. Mais, avant de retourner dans leurs chaumières, ils s'en furent trouver le vieux Karel, dans sa maisonnette au bord de la mer. Ils lui rendirent le foulard enchanté en prenant soin de lui recommander d'en défaire tous les nœuds car tel était le vœu de sa fille bien-aimée. Alors, sans se faire prier, le vieux pêcheur commença à les dénouer...

Avant qu'il n'eût terminé, les marins s'en furent retrouver leurs familles qui les attendaient. Dans la nuit, ils entendirent le vent qui se mettait à souffler et les vagues qui cognaient contre les rochers...

Au matin, quand ils se rendirent dans la petite maison isolée, au bord de la mer déchaînée, ils la trouvèrent abandonnée. Le feu était éteint dans la cheminée... Et Karel avait disparu. Il n'est jamais revenu et personne n'a jamais revu son foulard ensorcelé. Le village de pêcheurs a retrouvé le bonheur. Les enfants y mangent à leur faim et savent faire de leurs mains les plus beaux nœuds de marin qu'on puisse faire dans le monde entier !

CONTES DE LA MER

Le Pêcheur et le Dauphin

Adapté d'un conte espagnol.
On retrouve dans ce conte un thème de la tradition orale : celui des « animaux reconnaissants ». Le héros rencontre un animal qui lui promet son aide. Pour obtenir la main d'une princesse, trois tâches sont imposées au héros qui réussit grâce à l'aide de l'animal.
Ce conte est répandu dans toute l'Europe et en Asie. Il apparaît dans une version écrite au quatorzième siècle, en Perse. Le petit poisson qui permet d'enfanter se retrouve dans un conte que les folkloristes ont appelé « Le roi des poissons ».

À partir de 6 ans

8 min + 4 min

Espagne
Mer
Palais

Dauphin
Roi
Princesse
Pêcheur

Un pauvre pêcheur espagnol se désolait amèrement de ne pas avoir d'enfant. Avec sa femme, ils avaient consulté des docteurs et des sorciers, des magiciens et des fées, mais… rien n'y avait fait ! Pas le moindre bébé n'était né. Désespéré, un

LE PÊCHEUR ET LE DAUPHIN

jour, il s'en fut naviguer plus loin qu'il n'avait jamais été. Des courants le poussèrent vers un rocher où habitait un vieil homme à la longue barbe blanche et frisée, dans une cabane isolée. Ce vieil homme lui demanda :

– Qu'est-ce qui t'amène là ?

Et le pêcheur répondit :

– Le vent et les courants m'ont conduit jusqu'ici…

– Cet endroit est dangereux pour un homme seul, même s'il est courageux… N'as-tu pas un fils pour t'accompagner et pour te seconder ?

Le marin baissa le nez :

Voix désolée — C'est bien mon plus grand regret ! Ma femme et moi nous avons consulté tous les docteurs, tous les sorciers, tous les magiciens, toutes les fées mais sans aucun succès…. Et nous sommes désespérés !

Le vieillard le regarda gentiment et lui dit aimablement :

– Tu devrais faire goûter à ton épouse un poisson des abysses. Je suis sûr, alors, que tu aurais un fils !

Le pêcheur écarquilla les yeux :

– Et où trouverais-je ce poisson précieux ?

– Dans le trou le plus profond de la mer, répondit le vieil homme. Mais je ne sais pas où il se trouve. Tu n'as qu'à le chercher…

Alors, le pêcheur se mit à naviguer sans presque jamais s'arrêter. Il fit le tour de l'Espagne et de toutes ses îles sans voir ne serait-ce que l'ombre de ce poisson extraordinaire. Il aurait fait ainsi tout le tour de la Terre dans l'espoir d'avoir un fils, lorsqu'il rencontra un dauphin qui revenait des fonds marins.

– As-tu vu le poisson des abysses ? lui demanda le pêcheur.

– Je l'ai aperçu, dans les eaux sombres des grandes profondeurs.

Ton pressant — Peux-tu me le rapporter ? questionna le pêcheur.

– Bien sûr ! répondit le dauphin. Mais à une condition : lorsque, grâce à ce poisson, il te naîtra un fils, tu me choisiras comme parrain.

Le pêcheur rit de bon cœur et lui donna sa parole d'honneur.

Alors le dauphin replongea dans les eaux et disparut bientôt. Il demeura absent plusieurs jours et plusieurs nuits durant. Enfin, un matin, il revint à la surface avec un petit poisson noir. Il dit au pêcheur plein d'espoir :

– Dis à ta femme de le frire. Si elle mange la queue, elle aura une fille aux yeux bleus. Si elle mange la tête du poisson, elle aura un beau garçon et c'est moi qui en serai le parrain !

– Adieu, dauphin ! lança le pêcheur avant de s'en retourner chez lui.

Là, il expliqua à son épouse la recette que le dauphin lui avait donnée : si elle mangeait la queue, elle aurait une fille aux yeux bleus, mais si elle mangeait la tête du poisson, elle aurait un petit garçon.

La femme écouta la recette qu'avait décrite le dauphin, mais comme elle avait très faim, elle dévora la tête, la queue, et puis le poisson tout entier sans en laisser la moindre arête. C'est ainsi qu'au bout de huit mois et demi, elle mit au monde des jumeaux, une fille et un garçon. Fou de joie, le pêcheur alla trouver le dauphin et l'invita, comme parrain, à venir fêter l'évènement.

Les enfants grandirent et forcirent en jouant ensemble sur la plage. Le dauphin venait souvent les rejoindre près du rivage. Il leur apportait des coquillages ou les prenait sur son dos pour les promener sur les flots.

Ainsi passaient les heures dans la joie et le bonheur. Ainsi s'écoulèrent les jours, les semaines, les mois et les années… Quand le vieux pêcheur et sa femme s'en furent allés au pays d'où l'on ne revient jamais, le fils était devenu lui-même un

Le dauphin apportait des étoiles de mer.

pêcheur expérimenté et la fille une belle fille à marier. Un jour que tous deux s'étaient rendus au marché, ils virent arriver un messager du roi qui annonça :

Voix forte
— Écoutez tous, bonnes gens, ce qu'a décidé notre souverain : demain, il montera sur son vaisseau et s'en ira sur les flots. Il jettera son anneau royal à l'eau et, à celui qui le repêchera, il donnera la main de sa fille unique et la moitié de son royaume magnifique !

Le roi.

Le jeune pêcheur dit à sa sœur :
— Comment trouver une bague au fond de l'océan ? Le roi plaisante, assurément...
Mais, par curiosité, il décida d'y aller.
Avec sa sœur, ils aperçurent des princes, des comtes et des barons à bord de leurs embarcations qui envoyaient des plongeurs dans les sombres profondeurs afin de récupérer la bague. Quand le jeune pêcheur eut vu la princesse, il en tomba fou amoureux, tant elle semblait pleine de délicatesse et avait de jolis yeux.

Sans réfléchir, il s'élança la tête la première dans les vagues de la mer. Il plongea et replongea à la recherche de la bague mais ne la trouva pas. Il plongea et plongea encore à la recherche de l'anneau d'or. Il fut même le dernier à recommencer sans se lasser tandis que tous les autres avaient abandonné.

À la nuit tombée, il n'avait toujours rien trouvé et il vit les bateaux s'éloigner. Sur la nef du souverain, la princesse lui fit un signe de la main...

Alors le jeune pêcheur revint le lendemain et chercha de nouveau la bague avec soin. Comme il ne trouvait toujours rien, il appela le dauphin :

Voix suppliante
— Au secours, mon parrain !
Quand il lui eut tout expliqué, le dauphin dit :
— Je vais te la rapporter de ces sombres profondeurs... Mais,

ce faisant, je ne sais pas si je ne t'apporterai pas aussi du malheur !

Ton joyeux — Tant pis ! répondit joyeusement le jeune pêcheur.

Lorsqu'il eut montré la bague à sa sœur, celle-ci lui recommanda de ne pas aller trouver le roi. Mais le garçon n'obéit pas. Il se rendit au palais où il se fit annoncer au souverain par ses laquais. Quand il lui eut rendu l'anneau, le roi déclara aussitôt :

— J'ai bien promis la main de la princesse à celui qui saurait le repêcher, mais pas à un pauvre pêcheur de ton espèce ! À moins que tu ne sois capable de revenir ici avec un coffre tout plein d'or et de pierreries.

Le jeune pêcheur s'en retourna tristement retrouver sa sœur qui le consola de tout cœur. Ne voulant pas renoncer à la princesse merveilleuse, le garçon s'en fut sillonner les côtes les plus dangereuses. Là il rencontra son parrain et lui conta la raison de son chagrin.

— Je vais te ramener ce coffre, dit le dauphin. Mais, en faisant cela, je crains de te rapporter aussi du malheur de ces fonds marins.

Dès le lendemain matin, il ramena à son filleul un coffre tout empli de pièces d'or et de pierreries. Le garçon en fut ébloui.

Et, bien vite, il se dépêcha de l'apporter au roi.

Celui-ci regarda le trésor et demanda :

— Où as-tu trouvé cela ?

Comme le garçon ne savait rien et se contentait de parler d'un dauphin, il le fit jeter en prison.

Ne voyant pas son frère rentrer à la maison, la sœur s'en fut aux nouvelles. Quand elle apprit ce qui s'était passé, elle se mit à pleurer puis décida d'aller sur le rivage marin à la rencontre du dauphin. Toute en larmes, elle lui dit :

Ton suppliant — Gentil dauphin, je t'en prie, sauve mon frère et je te prendrai pour mari !

Et le dauphin répondit :
— Tu ne le regretteras pas ! Mon royaume est plus beau que celui du roi... Suis mes conseils et... tu verras ! Demain, la princesse se rendra en mer. Monte avec elle en bateau et vogue sur les flots... Le reste, j'en fais mon affaire !
Fin de la première partie.

Résumé.
Le roi a jeté en prison un jeune pêcheur amoureux de sa fille. Alors la sœur jumelle du pêcheur fait appel au parrain de son frère, un dauphin, pour qu'il le délivre. En échange, la jeune fille accepte de devenir la femme du dauphin.

Deuxième partie.
La jeune fille fit exactement tout ce que le dauphin lui avait dit. Quand la princesse sut de qui elle était la sœur, elle la fit embarquer avec elle de bon cœur. Bientôt, sur la mer ensoleillée, elles virent arriver le dauphin qui fendait les flots avec le jeune pêcheur sur son dos. Ensemble, ils se réjouirent, s'embrassèrent, dansèrent de joie et rirent... La princesse épousa le fils du pêcheur et ils s'installèrent dans une petite maison où ils vécurent en plein bonheur.

De leur côté, la fille du pêcheur et le dauphin descendirent dans les fonds marins. La belle jeune fille aux yeux bleus et à la taille fine se transforma en dauphine. Elle et son mari vécurent également heureux dans un royaume merveilleux peuplé de poissons multicolores, de coquillages de nacre et d'or, de sirènes et d'autres dauphins...

Pendant ce temps, le roi, plein de colère, avait envoyé des espions aux quatre coins de la Terre. Ces espions finirent par entendre parler d'un pêcheur et de sa jeune femme à la très grande beauté. Un matin, quand le jeune homme se fut éloigné, ils allèrent frapper à la porte de la maison :

– Venez voir, belle marchande de poisson… Venez voir sur notre bateau les cadeaux que vous pourrez acheter à votre époux ! Il y en a à tous les prix et pour tous les goûts.

La princesse ne se méfia pas et, quand elle eut grimpé à l'échelle de bois et se retrouva sur le pont, elle fut jetée en prison par les espions qui, sans ménagement, la ramenèrent à son père.

À son retour, désemparé, le jeune pêcheur comprit vite ce qui s'était passé. Il se rendit en mer et se mit à appeler son beau-frère.

Quand le dauphin fut au courant, il replongea vers son épouse en soupirant :

– Je sais ce qu'il faut faire pour venir en aide à ton frère. Tu dois reprendre forme humaine et aller trouver le roi. Mais ensuite, je crains que tu ne veuilles plus revenir avec moi…

Le pêcheur se rendit en mer.

La jeune femme protesta et s'en fut vers la ville royale, sans plus tarder et sans escale, à bord d'un immense navire. Quand le roi aperçut ce vaisseau et sa belle passagère, de la fenêtre de son château, il envoya ses courtisans en mer afin d'accueillir comme il se devait cette souveraine étrangère. Il fit aussi appeler sa fille afin qu'elle lui tienne compagnie. En retrouvant sa belle-sœur, la princesse sourit comme elle n'avait plus souri depuis bien des jours et des nuits.

– Qui es-tu, belle étrangère ? demanda le roi à son invitée.

– Je suis la fille de l'Empereur des Mers.

– Je vais lui envoyer des messagers afin de lui dire que je veux t'épouser, car je souhaite me remarier.

– Mon père est un souverain compliqué ! Plutôt que de simples messagers, il préférera que ta fille vienne en personne lui expliquer cela. Laisse-la repartir avec moi.

Le vieux roi ne se méfia pas et les deux jeunes filles retournè-

rent de l'autre côté de la Terre dans la petite maison de pêcheur où le jeune homme les accueillit avec chaleur. Les premières effusions passées, il commença à s'inquiéter :
– Quand le roi verra qu'il a été trompé, il enverra de nouveaux espions afin de se venger !
Mais sa sœur sut le rassurer. Elle écrivit au roi un billet :
Sire, votre demande est acceptée,
venez chercher votre fiancée…
Fou de joie, le roi embarqua. Mais, au large, une tempête éclata. Le vent se mit à hurler, les voiles à se déchirer et le navire à couler. Au moment où il allait se noyer, le souverain vit arriver vers lui un dauphin qui lui dit :
– Rentre chez toi, à la nage, comme tu le pourras… Laisse ta fille à son mari. Oublie celle que tu voulais épouser, car c'est ma femme bien-aimée. Si tu nous laisses vivre en paix, alors je te donnerai un nouveau bateau pour rentrer.
Tristement, le roi accepta…
Au bout d'un certain nombre d'années, il n'eut plus rien à regretter. Sa fille vint le voir souvent, accompagnée de ses enfants. Et, content, le vieux souverain leur raconta l'histoire du dauphin.

La Jeune Fille au portrait

Adapté d'un conte balte.

À partir de 6 ans

6 min

Cabane
Bord de mer

Pêcheur
Jeune fille

Quand sa mère mourut, longtemps après que son père eut disparu, un jeune pêcheur se retrouva si solitaire qu'il préféra passer plus de temps en mer que sur Terre.
Une nuit, une violente tempête le surprit. Il lutta contre le vent et contre les flots déchaînés. Enfin, le matin suivant, il posa l'ancre près d'un rocher. Là, il vit un navire aux voiles déchirées, à la coque défoncée et aux mâts brisés. Poussé par la curiosité, il grimpa sur l'épave abandonnée. Il n'y rencontra pas un seul être vivant, seulement des algues et des coquillages roses, noirs et blancs. Mais, au fond de la cabine la plus recu-

lée, il trouva un portrait représentant une jeune fille à la chevelure dorée et aux yeux verts comme la mer. Il observa le tableau avec attention et arpenta la cabine à pas lents, troublé par ce regard qui le suivait doucement, de long en large et de large en long…

Le portrait.

Il finit par le décrocher et par l'emmener chez lui. Sitôt arrivé, il le suspendit face à la porte d'entrée.

Sa vie s'en trouva transformée. Quand il partait en mer, il avait droit au doux regard d'adieu des yeux verts. Quand il rentrait, le portrait l'accueillait et il lui semblait qu'il lui souriait. Le soir, avant de s'endormir, il lui racontait ses voyages, ses découvertes de plages aux merveilleux coquillages, aux galets d'ambre doré, aux sables blonds comme une chevelure… Ainsi passaient les jours et les nuits, dans la paix et sans trop de soucis.

Un jour pourtant, le jeune pêcheur rentra chez lui fatigué. Une tempête l'avait malmené. Ses filets étaient déchirés. il se coucha sans parler et sans dîner. Le lendemain matin, quand il prit son filet en main, il le trouva raccommodé. Il s'en étonna, car c'était autrefois le travail de sa mère. Et il se tourna vers le portrait de la jeune fille aux yeux verts. Ceux-ci le contemplaient avec malice et satisfaction. Le marin pensa qu'il était victime d'une illusion et il retourna naviguer.

Le soir, quand il fut rentré, il trouva la table dressée et une bonne soupe fumant dans son assiette. Il tourna une nouvelle fois la tête vers la jeune fille au portrait qui, tendrement, lui souriait.

Le jour suivant, il se cacha à quelques pas de la chaumière. Il vit alors la jeune fille aux yeux verts apparaître sur le pas de la porte. Il eut peur qu'elle ne sorte et ne s'en aille à jamais. Mais elle se contenta de lancer quelques miettes aux poulets avant de retourner s'installer dans son portrait.

LA JEUNE FILLE AU PORTRAIT

Stupéfait, le jeune homme s'en fut trouver une vieille femme que les gens de la région appréciaient pour ses bons conseils et ses excellentes recommandations. Quand il eut frappé à la porte d'écorce bleue de la petite maisonnette, la veille femme l'accueillit, portant sur l'épaule la chouette qui lui tenait compagnie. Elle l'écouta, puis elle dit :

- Cette jeune beauté aux yeux verts est la fille d'un capitaine disparu depuis longtemps en mer. Si tu veux qu'elle reste avec toi, il te suffira d'attendre qu'elle sorte de son cadre de bois. Pendant qu'elle ne te verra pas, tu cacheras ce cadre dans ton cellier où tu l'enfermeras à clé. Suspends cette clé à ton cou... Et ne t'en sépare plus, surtout ! La jeune fille ne pourra plus retourner dans son portrait et elle restera près de toi à jamais.

Le garçon fit ce que la vieille lui avait recommandé et tout se passa comme elle l'avait prédit. Quand la jeune fille ne trouva plus son cadre de chêne, elle eut tout d'abord de la peine. Mais le jeune marin la consola et lui demanda sa main... Ils se marièrent dès le lendemain !

Ils vécurent heureux et contents, qu'il fît splendide ou mauvais temps. Au bout d'un an, ils eurent même un bel enfant. Le petit garçon grandit. Le pêcheur vieillit. La blonde chevelure de sa femme blanchit...

Devenu jeune homme, le fils partit, lui aussi, afin de découvrir de nombreux pays. Ses parents attendaient en scrutant l'horizon le retour de leur garçon. Il leur ramenait des tissus, des bijoux et des pierreries de lointaines et mystérieuses terres. À chacun de ses passages, c'était la fête dans la petite chaumière. La maman était très fière de son fils devenu marin et le père était satisfait qu'il sache naviguer aussi loin...

Un soir d'hiver, le vieux pêcheur atteignit le bout de sa vie. Son épouse pleura en lui mettant ses plus beaux habits. C'est

voix chevrotante

alors qu'elle aperçut une clé sur sa peau nue. Elle comprit qu'il s'agissait de celle du cellier qu'elle ouvrit sans plus tarder. Elle y trouva le cadre de bois que son mari avait caché là, il y avait de cela de très nombreuses années. Quand elle eut enterré son mari, au lieu de se mettre au lit, elle retourna à jamais dans son portrait, en ayant pris la précaution de le suspendre dans le salon.

Lorsque son fils rentra de voyage, les bras chargés de trésors et de coquillages, il trouva la maison vide. Le garçon comprit que son père s'était éteint et il en eut bien du chagrin. Ce qui l'étonna le plus, ce fut de ne pas trouver sa mère et de ne voir que son portrait dans la petite chaumière. Il l'emporta sur son bateau et repartit aussitôt.

C'est ainsi que sur tous les océans et les mers, les yeux verts l'accompagnèrent. Ils le regardaient tendrement, qu'il fît splendide ou mauvais temps, du haut du cadre de bois, comme ils regardaient autrefois un autre jeune marin, en veillant sur son destin.

La Nymphe de la mer

Adapté d'un conte des Indiens d'Amérique centrale.
Les fées n'élèvent jamais leurs enfants, car elles ne peuvent les nourrir. Elles les confient toujours à des humains, puis elles viennent les rechercher lorsque l'enfant est devenu adulte.

À partir de
4 ans

9 min

Cabane
Mer

Veuve
Jeune fille
Nymphe

Une nuit de grande tempête, un pêcheur disparut dans les flots déchaînés. Au matin, sa femme et sa fille ne trouvèrent plus sur la grève que quelques planches de sa barque déchiquetée et quelques lambeaux de filets déchirés.
La fillette se désola et maudit la mer qui lui avait pris son papa. Mais sa maman protesta :
– C'est dans les vagues que se trouve notre nourriture. Rien ne

sert d'en vouloir à la nature. Elle apporte parfois du malheur, mais souvent aussi du bonheur. Tu te rendras demain matin sur le sable fin et tu y ramasseras les crabes et les coquillages que les flots déposent sur la plage. Ils assureront nos repas. Et, avec les morceaux de bois apportés par les vents et les marées, nous pourrons aussi nous chauffer…

La fillette fit ce que sa mère lui avait demandé. Elle se rendit sur la plage, à la recherche de bois, de crabes et de coquillages. Et elle ne revient plus jamais. Une immense vague l'avait-elle emportée ? S'était-elle noyée ? Un bateau de passage l'avait-il prise à son bord ? Personne ne savait rien sur le sort que la mer lui avait réservé… Et sa maman, désespérée, se mit à errer sur la côte en maudissant les flots, le ciel, les écumes et le vent.

À quelque temps de là, la pauvre femme se promenait à nouveau sur la grève, que des vagues violentes balayaient sans trêve, lorsqu'elle vit apparaître, au milieu des écumes échevelées, une coquille immense poussée par les flots déchaînés. Elle s'approcha et la prit dans ses bras pour l'emporter vers sa chaumière. Elle marcha longtemps contre le vent avant d'apercevoir la lumière qu'elle avait laissée allumée dans sa petite maison isolée. Elle se disait : « Ce coquillage volumineux doit être aussi très savoureux ! Je me donne bien de la peine à le porter mais, grâce à lui, j'aurai de quoi manger au moins une semaine entière… »

À ce moment, elle entendit babiller. Elle regarda autour d'elle et ne vit rien que les herbes qui frémissaient sous le souffle qui les agitait et sous la lune qui les éclairait de ses beaux reflets argentés.

Elle poursuivit son chemin… Mais d'autres babillements retentirent soudain. Ils venaient du grand coquillage qu'elle avait ramassé sur la plage !

Arrivée dans sa maison, la femme ouvrit le coquillage avec précaution et ce qu'elle découvrit à l'intérieur l'emplit de stupeur. Dans l'écrin nacré, était allongée une toute petite fille sage aux longs cheveux fins et dorés, à la peau délicate et rosée, et aux grands yeux verts comme l'océan qui la regardaient gentiment comme si elle était sa maman. La pauvre femme prit le bébé dans ses bras avec tendresse et avec joie. La mer, qui lui avait pris un enfant, lui en offrait un autre à présent ! Elle décida donc de s'occuper de ce nourrisson avec soin comme s'il s'agissait du sien. Du grand coquillage, elle fit un berceau douillet, confortable et chaud. Elle y berça l'enfant de ses chansons et le bonheur revint dans la maison.

Un matin, elle s'apprêta à retourner sur la plage pour y ramasser de nouveaux coquillages qui serviraient à leur repas. Mais elle n'eut pas plutôt fait un pas, qu'elle trébucha sur une montagne de poissons, de langoustes et de crevettes. Elle se demanda quel voyageur mystérieux déposait devant sa porte des mets aussi délicieux. Mais, trop préoccupée de nourrir son enfant, elle ne se posa pas trop de questions et commença à décortiquer les crustacés et les poissons.

Quand elles eurent mangé avec appétit, elles entendirent un chant dans la nuit. La femme sortit mais n'aperçut que les herbes qui frémissaient sous le souffle qui les agitait et sous la lune qui les éclairait de ses beaux reflets argentés. Intriguée, elle retourna auprès de son bébé et finit par se rendormir.

La nuit suivante, le chant mystérieux retentit à nouveau. Il semblait venir de la plage où la femme avait découvert l'énorme coquillage. Alors, elle décida de braver sa peur et de se rendre sur la grève que des vagues violentes balayaient sans trêve. Elle ne fut pas plutôt arrivée qu'elle demeura bouche bée : sur une falaise escarpée, éclairée par la lune argentée, se tenait une dame d'une incroyable beauté. Elle avait des cheveux fins et dorés, la peau délicate et rosée et des yeux verts comme l'océan. La veuve lui demanda brusquement :

Ton menaçant
— Pourquoi venez-vous ici chaque nuit chanter et nous réveiller ? Vous faites peur à mon bébé !

Voix désolée
— Je suis désolée ! dit la jeune femme en pleurant. Je suis la mère de l'enfant que vous avez trouvée, recueillie et que vous avez choyée et nourrie. C'est moi qui ai apporté devant votre porte les poissons, les langoustes et les crevettes qui vous ont aidé à faire manger ma fillette.

Ton menaçant
— Mon enfant n'a pas d'autre mère que moi et la mer, protesta la veuve d'un ton sévère. Si elle était à vous, comme expliquez-vous que vous l'ayiez abandonnée ?

La belle dame courba la tête d'un air navré :

Voix désolée
— Je ne l'ai laissée à vos soins que le cœur plein de chagrin. Mais il fallait m'en séparer si je voulais la sauver. Je suis une nymphe des mers, femme du roi de cet océan. Mon époux a dû me quitter ainsi que mon enfant afin d'aller demander secours au roi d'un empire voisin car un terrible requin menaçait de nous dévorer. En attendant son retour, j'ai dû me réfugier au creux d'un rocher en compagnie de mon bébé. Mais le poisson cruel a découvert notre cachette et ne songe qu'à croquer ma fillette. L'idée m'est alors venue de la camoufler au fond de ce grand coquillage et de la lancer vers la plage où une femme de marin la recueillerait et en prendrait soin. Malgré tout mon chagrin, j'étais heureuse de la savoir entre vos mains, car vous êtes bonne et gentille, et donnez à ma petite fille tout l'amour dont elle a besoin. Je viendrai la rechercher quand mon mari aura triomphé du monstre affreux qui nous a menacés.

Émue, la veuve promit de bien s'occuper du bébé. Mais son cœur saignait à l'idée de devoir s'en séparer un jour. Elle lui donna tant d'amour, tant de tendresse, tant de caresses, que l'enfant devint, au bout d'un certain nombre d'années, une superbe jeune fille aux longs cheveux fins et dorés, à la peau délicate et rosée et aux yeux verts comme l'océan. Elle était si belle qu'elle ne manquait pas de prétendants. Les jeunes gens l'emmenaient sur la plage afin de la demander en mariage. Mais elle refusait de se fiancer. Elle allait souvent s'asseoir sur une falaise escarpée et passait des heures à contempler les vagues qui se brisaient sur les rochers. Sa mère adoptive s'inquiétait de la voir aussi solitaire. Elle accueillait les jeunes gens en espérant que l'un d'entre eux saurait enfin plaire à sa fille. Elle rêvait de noces joyeuses et de futurs petits-enfants courant dans son jardin et dans sa maison... Mais rien ne se déroulait selon ses vœux. Les garçons finirent par se lasser et par chercher d'autres fiancées. Et la vieille femme cessa d'espérer pouvoir s'occuper de nouveaux petits bébés

La nymphe de la mer.

Une nuit, le vent souffla plus fort qu'à l'ordinaire. Des vagues gigantesques s'élevèrent à l'horizon. Dans le ciel, des nuages d'encre s'amoncelèrent. De grands éclairs se brisèrent sur les flots d'un gris acier. Les grondements du tonnerre se déchaînèrent et firent trembler la côte entière. On aurait dit qu'une terrible bataille se livrait au fond de l'océan et qu'il en parvenait à terre des échos inquiétants...

Au matin, quand tout se tut, la veuve et la jeune fille se rendirent sur la plage. Et là, sur le sable nu, elles virent avec horreur une marée de sang noir. La vieille femme, effrayée, comprit ce qui venait d'arriver :

Ton tragique

— Ton père est revenu à la tête d'une armée. Il a combattu le requin qui vous avait menacés. Mais lequel d'entre eux a gagné ? Alors, la mer se sépara en deux et, sous les yeux émerveillés de la femme et de sa fille adoptive bien-aimée, apparut un chariot doré. Dedans, triomphait le roi de l'océan qui venait rechercher son enfant en compagnie de son épouse. Celle-ci s'adressa à la femme du pêcheur :

– Je te remercie de tout cœur d'avoir pris soin de ma fillette. Nous allons faire une grande fête afin de célébrer la victoire… Quant à toi, ne perds pas espoir ! Nous ne te priverons pas de l'affection de celle dont tu t'es occupée avec tant d'attention. Nous allons embellir ta maison. Nous veillerons à ce que tu aies chaque jour quantité de poissons, de crevettes et de crustacés. Nous t'offrirons aussi des perles et des coraux en quantité. Tu seras riche et respectée et nous viendrons toujours te rendre visite avec fidélité.

C'est ainsi que la veuve vécut comblée de victuailles et de cadeaux dans sa chaumière au bord de l'eau. La petite nymphe revint très souvent la voir, lui raconter des histoires et lui chanter des chansons afin que le bonheur ne quitte plus jamais sa maison.

La veuve fut comblée de cadeaux.

CONTES DE LA MER

Les Trois Vagues

Adapté d'un conte norvégien.

A partir de 4 ans   5 min   Bateau   Mousse
Sorcières
Capitaine

Olaf était le fils d'un couple de pauvres pêcheurs qui ne possédaient qu'une vieille barque et des filets rapiécés. Mais le garçon était heureux. Il semblait né joyeux et savait tout prendre avec bonne humeur. De plus, il avait un don : il voyait tout, même l'invisible et, quand il désirait disparaître, il lui suffisait de passer la main devant ses yeux.

Un jour, son père ne rentra pas de sa tournée en mer. Mais Olaf consola sa mère en lui disant que le brave homme avait sans doute trouvé refuge sur une île légendaire qui accueillait les naufragés.

Afin d'assurer leur pain quotidien, Olaf se fit marin. Il s'engagea sur un navire. Il aimait tellement rire, et tellement travailler que l'équipage le prit en amitié.

Mais, avant le second voyage, Olaf décida de rester chez sa mère afin de l'aider à semer et à labourer. Il consentit cependant à aider ses anciens compagnons à faire leur chargement.

C'est ainsi qu'il se retrouva seul sur le quai pendant que le reste de l'équipage était parti s'amuser. Tandis qu'il veillait, il entendit trois voix criardes dans la nuit. Il se rapprocha du vaisseau et colla son visage au hublot. Et il aperçut trois mouettes noires comme des corneilles dont les mots résonnaient à son oreille avec des voix de sorcières. Ne pouvant en croire ses yeux, il passa la main dessus et devint aussitôt invisible. Alors, il monta sur le bateau et descendit dans la cale, silencieusement, au milieu des trois volatiles. Ceux-ci continuaient à bavarder :

Voix pointue — Personne ne sait que nous sommes sorcières et que nous détestons les matelots !

Voix aiguë — Et, quand nous serons en mer, nous lancerons contre eux trois vagues et ils seront engloutis dans les eaux !

Voix chevrotante — Ils ne sauront pas que, pour se sauver, il leur suffirait de lancer un stère de bois de bouleau hors du bateau, sur chacune de ces vagues…

Puis les mouettes-corneilles rirent entre elles et s'envolèrent à tire-d'aile par un hublot entrouvert.

Le lendemain matin, quand le capitaine revint, Olaf lui proposa de l'accompagner à condition qu'il fît charger sur le bateau trois stères de bois de bouleau.

Le capitaine le prit pour un fou, mais il accepta malgré tout. Et le vaisseau prit la mer… Ils naviguèrent et naviguèrent sans que rien de fâcheux arrivât. Mais, brusquement, une nuit, le vent se leva et la mer s'agita. Une vague énorme déferla sur le navire…

Les matelots s'attendaient au pire, mais Olaf leur ordonna de jeter contre cette vague phénoménale un stère du bois qui

LES TROIS VAGUES

était dans la cale. Ainsi fut fait et, stupéfaits, les marins virent les flots se calmer. Ils entendirent le vent s'essouffler et une voix de sorcière crier :

<small>Voix aiguë</small>

— Aïe ! Aïe ! Aïe ! Je vais couler…

Le bateau continua d'avancer. Il navigua sans incident jusqu'à l'instant où le vent se mit à souffler plus fort et la mer à s'agiter plus encore que la première fois.

<small>Ton autoritaire</small>

— Écoutez-moi ! Attachez tous les objets qui risquent d'être emportés et jetez un nouveau stère de bois de bouleau hors du bateau ! ordonna Olaf à ses compagnons.

Sans chercher à savoir pourquoi, les marins s'exécutèrent. Aussitôt, le vent et les flots se calmèrent et on entendit à nouveau une voix de sorcière crier :

<small>Voix chevrotante</small>

— Aïe ! Aïe ! Aïe ! Je vais couler…

Et le navire poursuivit son chemin jusqu'au lendemain matin.

Là, une tempête d'une violence inouïe, brusquement, s'abattit sur lui. Une vague comme n'en avait jamais vu aucun équipage s'éleva entre la mer et les nuages…

<small>Crier</small>

— Nous allons tous être engloutis ! hurlèrent les matelots.

<small>Ton autoritaire</small>

— Faites ce que je vous dis… leur conseilla Olaf aussitôt. Attachez-vous au bateau pendant que je jetterai à l'eau tout ce qu'il reste du bois de bouleau.

Et les marins s'exécutèrent. Le vent et les flots se déchaînèrent. La vague étendit ses grands bras écumeux tandis que les hommes, de tous leurs vœux, appelaient l'île légendaire qui sauvait les naufragés de la mer.

Quand Olaf eut lancé le dernier morceau de bois, on entendit une voix :

— Aïe ! Aïe ! Aïe ! Je vais couler…

Alors, la tempête s'arrêta. Le vent violent se calma. Et les matelots purent se détacher pour voir flotter, au milieu des bûches de bois de bouleau, quelques grandes plumes noires…

LES TROIS VAGUES

Ensuite, comme dans les histoires qu'on leur racontait quand ils étaient enfants, ils virent arriver vers eux doucement, poussée par un souffle de vent, la belle île légendaire qui recueillait les naufragés de la mer. Dessus, Olaf reconnut son père. Et il le fit monter à son bord.

On dit qu'ensemble ils naviguent encore de par le monde en revenant, de temps en temps, vers leur chaumière où la mère d'Olaf les attend afin de semer le blé ou bien de le récolter.

Les grandes plumes noires.

La Voix de Tombelaine

Adapté d'une légende bretonne.

À partir de 6 ans

9 min

Bretagne
Bateau
Grotte
Sables mouvants

Roi
Princesse
Géant
Prince

Sur la grève immense et mouillée qui entoure la silhouette granitique du Mont-Saint-Michel, se détache en direction de Granville un rocher que l'on appelle « La roche de Tombelaine ». À marée basse, il semble que l'on puisse y aller à pied. Certains vous diront, effrayés, que vous risquez de vous enliser dans les sables mouvants comme cela est déjà arrivé à tant et tant de gens. D'autres vous diront encore qu'à mi-parcours la marée vous rattrapera à la vitesse d'un cheval au galop et qu'elle vous emportera sans que vous ayiez eu le temps d'appeler au secours.

Qu'importe ! Même si vous n'allez pas tout près de ce rocher-là, il vous reste la possibilité de vous abriter dans une auberge de la côte. Avec un peu de chance, la tempête apportera jusqu'à vos oreilles les plaintes étranges du vent. Vous croirez y reconnaître un gémissement de femme...

Alors, les vieilles gens souriront d'un air entendu et commenceront à vous raconter, d'une voix lente et mélodieuse comme celle des bardes qui chantaient autrefois autour de la table ronde du Roi Arthur, la légende de Tombelaine...

C'était il y a très longtemps, en Bretagne, à l'époque où régnait sur la lande, les montagnes et les rochers, le puissant roi Hoël. Il faisait régner la justice et défendait ses sujets contre les assauts de seigneurs voisins ou de souverains étrangers. Ce roi n'avait qu'une seule fille, aux cheveux blonds comme le miel, au teint rayonnant comme l'aurore, à la voix douce comme un chant d'oiseau. Cette belle demoiselle était fiancée au chevalier Yorick qu'elle aimait de tout son cœur et devait épouser bientôt.

Mais le terrible géant Dinabue, ennemi acharné de Hoël, convoitait la belle Hélène. Il ne songeait qu'à l'enlever et à l'emmener sur de lointaines côtes étrangères afin de la contraindre au mariage.

Un jour qu'Hélène se promenait sur la grève tendre et mouillée, elle vit un navire arriver. Curieuse comme le sont souvent les jeunes filles, elle ne se méfia pas et approcha du bateau inconnu. À ce moment-là, Dinabue s'élança dans l'eau en riant et la jeta, sans plus attendre, sur le pont de son vaisseau. Puis il fit lever les voiles et cingla vers la haute mer.

Longtemps, Hélène ne dit rien. Elle se retint de pleurer, de gémir et de se lamenter. Elle résista même au sommeil. Quand elle vit les paupières des marins et du géant se fermer, elle se glissa dans une chaloupe et s'enfuit seule sur la mer. Elle rama de toutes ses forces et bientôt, aidée par le vent, elle atteignit une roche sauvage plantée au milieu d'une large baie. La princesse y descendit. Elle grimpa jusqu'au sommet et contempla les versants de pierre plantés de quelques broussailles. Au loin, elle distingua une montagne qui se dressait au-dessus des flots. Et, plus loin encore, une côte aux forêts épaisses... Quand elle se retourna, elle s'aperçut que sa barque avait disparu, emportée par les courants. Désespérée de se trouver ainsi isolée, elle se mit à invoquer les dieux de la mer et, comme par enchantement, les eaux se mirent à baisser. Des bancs de sable blanc apparurent sur lesquels, craintivement, la princesse osa poser le pied. Comme la mer continuait à se retirer, elle se mit à marcher vers la côte et ses forêts.

Elle grimpa jusqu'au sommet.

De son côté, le géant s'était réveillé. Quand il constata la disparition de sa bien-aimée, il entra dans une violente colère. Il châtia les marins qui s'étaient assoupis et, sous le clair de lune, vit la fragile barque d'Hélène s'éloigner vers l'horizon. Et il partit à sa poursuite. Il aperçut la jeune fille lorsqu'elle aborda le rocher. Il la vit aussi grimper sur la falaise escarpée. Il la vit encore redescendre et commencer à marcher sur la grève d'où la mer s'était retirée. Alors, il fit replier les voiles et échouer son vaisseau sur le sable, non loin de là. Il se mit aussi à courir sur la grève. Hélène fut bientôt rejointe par son ombre gigantesque.

Elle tenta de se dépêcher, mais comprit qu'elle n'atteindrait jamais la côte assez vite pour échapper à son poursuivant... C'est alors qu'elle avisa une grotte dans les rochers, dissimulée dans les broussailles. Et elle se glissa dedans... Elle pensa qu'elle était sauvée. Mais le géant avait remarqué son refuge et se dressa devant l'entrée. Comme il était gros et grand, il ne put pénétrer dedans. Il glissa le bras dans le souterrain, mais la princesse recula et il ne l'atteignit pas. Alors, il commença à lui promettre de l'or et des pierreries pourvu qu'elle se mariât avec lui. Mais la jeune fille ne répondit pas. Fou de rage et d'impuissance, il se mit soudain à hair celle qu'il avait aimée et décida de la faire périr. Il souleva de grosses pierres qu'aucun homme ne pouvait porter et les lança contre l'entrée de la petite grotte marine. Puis, jurant, hurlant et grondant, il regagna son bateau et s'éloigna sur les eaux.

Demeurée seule, la princesse vit tomber la nuit par une fente de la grotte. Tapie au fond de la caverne, elle tremblait de froid et de peur. Puis, reprenant courage, elle décida d'essayer de sortir de cette prison de pierre. Mais elle eut beau racler la roche de ses ongles et tambouriner contre la cloison, elle ne put dégager l'entrée. Alors, elle se mit à pleurer et à se lamenter en poussant des cris déchirants.

Pendant ce temps, le chevalier Yorick la cherchait. Il avait appris par Hoël ce qui était arrivé à sa belle et semblait bien décidé à la retrouver. Il envoya des cavaliers de tous côtés afin de chercher la princesse. Il fit appel aux seigneurs voisins, à ses oncles, à ses cousins... Il promit même une récompense à ceux qui arrêteraient l'infâme géant dans sa course. Lui-même et le père de sa fiancée partirent le long du rivage dont ils explorèrent chaque rocher, chaque crique, chaque village. Les gens auraient souhaité les renseigner, mais aucun d'entre eux n'avait aperçu ni Hélène ni Dinabue.

Un jour pourtant, un tout jeune fils de pêcheur leur dit avoir entendu des appels venant d'un rocher que l'on voyait à marée basse. Emplis d'espoir, le roi et le chevalier décidèrent de s'y rendre. Afin d'affronter une éventuelle rencontre avec le géant ennemi et résolus à le châtier, ils s'entourèrent de toute une armée. Quand la mer se fut retirée et que le soleil se leva, le chevalier et le roi, suivis de leurs troupes, avancèrent au pas...

Il glissa le bras dans le souterrain.

Devant, piétinaient des chevaux harnachés de cuir et d'argent, montés par des jeunes gens aux armures étincelantes. Derrière, marchaient des soldats armés de boucliers ronds et de casques bas, habitués aux combats marins. Derrière encore venaient de vieux guerriers, accoutumés à se battre à pied dans les montagnes et les rochers. Leurs bras et leurs jambes étaient ornés de larges courroies de cuir clouté et leurs casques, de défenses de sanglier. Ensuite venaient des archers, puis des valets tenant des chiens en laisse, des écuyers, des pages, des échansons, des cuisiniers... Tous ces gens précédaient les barons qui, eux-mêmes précédaient le roi ! Celui-ci se tenait très droit sur un fougueux destrier noir. À son cou, au bout d'une chaîne d'argent, était suspendu un olifant creusé dans une immense corne. Quand il le portait à ses lèvres, il en sortait un profond gémissement qui répondait à ceux de sa fille à qui il espérait ainsi signaler qu'elle allait être bientôt sauvée de la tombe de pierre où elle était emmurée.

En tête de toute l'armée, Yorick se mit à galoper car il désirait atteindre le premier sa fiancée et, au besoin, se battre pour elle. Soudain, il lui sembla que les sabots de son cheval ralentissaient, que leur son se faisait moins net sur le sable mouillé et que ceux qui l'escortaient éprouvaient les mêmes difficultés que lui à avancer.

Bientôt, les vaillants coursiers s'enfoncèrent dans le sol humide. Ils s'évanouirent peu à peu... On n'en voyait plus ni la crinière, ni la queue. Les cavaliers, eux aussi, disparurent. On ne distinguait plus leurs armures... Progressivement, le sable engloutit tous les soldats, tous les archers, les valets, les chiens, les pages, les cuisiniers. Le roi demeura le dernier, les yeux rivés vers le rocher où sa fille, toujours, l'appelait. Son destrier sombre finit aussi par s'enfoncer. Le roi lui-même commença à disparaître. Il porta une dernière fois l'olifant à ses lèvres et poussa un long, très long mugissement… L'écho lui répondit, déchirant, du fond de la grotte emmurée…

Puis le silence s'étendit sur la baie et, avec lui, la mer commença de monter. Elle recouvrit les sables mouvants tandis que, dans le vent, s'élevait à nouveau une plainte en provenance du rocher.

C'est ainsi que les vieilles gens racontent encore maintenant l'histoire de la belle Hélène et de la grotte qui fut sa tombe. La tombe de la belle Hélène ? Sur le rocher de Tombelaine.

Les cavaliers disparurent.

Le Garçon-Poisson de Naples

Adapté d'une légende italienne.

À partir de 7 ans

4 min

Mer
Baie de Naples

Jeune homme
Roi

Il était une fois un fils de pêcheur napolitain du nom de Niccolo. Quand il ne courait pas nu-pieds dans les rues de la ville, il accompagnait son père en mer où il nageait comme un poisson dans l'eau. Il n'avait peur ni des vagues, ni des tourbillons, ni des courants, ni même des gros poissons qui l'avalaient quelquefois. Car il arrivait toujours à s'échapper grâce à son couteau de plongée. Il passait le plus clair de son temps au fond des eaux où il ramassait des coraux et des perles précieuses qu'il trouvait au fond de grottes ténébreuses.

Sa renommée grandit et s'étendit, tant et si bien que le roi le fit appeler. Alors, le garçon conta à son souverain tout ce qu'il avait vu dans les fonds marins : des forêts de coraux aux mille couleurs, du sable plus fin et plus blanc que celui des plages, des poissons aussi grands que des maisons qui surveillaient des épaves contenant mille trésors et des coffres pleins de pièces d'or...

Le roi retenait son souffle et écoutait le garçon avec la plus grande attention. Quand il eut achevé son récit, il lui dit :
– Que sais-tu de la Sicile ?

Le garçon n'avait jamais nagé aussi loin, mais il promit d'essayer et de rapporter tout ce qu'il aurait appris.

Alors, il plongea dans les vagues et disparut pendant des jours et des jours...

Quand il revint, il raconta au roi que la Sicile était une île soutenue par trois énormes piquets plantés tout droit dans un rocher. Deux d'entre eux étaient en bon état, mais le troisième, rongé par les eaux, ne tarderait pas à se briser bientôt.

Le roi détourna la conversation :
– Tu m'as parlé de trésors gisant dans les fonds marins. Afin de savoir si tu dis la vérité, je vais faire tirer un boulet de canon vers l'endroit le plus profond. Tu t'accrocheras dessus et, quand tu reviendras, tu me ramèneras tout ce que tu auras vu.

Niccolo devint très triste car il savait que personne n'était encore revenu de profondeurs aussi ténébreuses. Mais il obéit. Quand il fut lancé d'une falaise en même temps que le boulet, il arrêta de respirer et s'enfonça dans l'eau foncée.

Il plongea et nagea sans fin jusqu'au fond de la mer, là où le sable est le plus fin. Il trouva des navires engloutis depuis longtemps où il ramassa des colliers de perles, de pierres précieuses et de diamants en pensant que le roi serait enfin content. Il en ramassa tant et tant qu'il en était tout chargé et qu'il avait de plus en plus de mal à nager.

Enfin, il aperçut les trois piquets qui soutenaient la Sicile. Il voulut s'y accrocher pour se reposer. Mais le poteau qui était rongé par les eaux s'écroula et l'écrasa. Sur l'île, la terre trembla mais elle ne s'effondra pas, car les deux autres piquets étaient solidement amarrés.

Cependant, à Naples, on ne revit jamais Niccolo, ni ses perles, ni son couteau, ni ses brassées de coraux.

Tout le monde en fut attristé. On regrettait sa gaieté, sa gentillesse et son entrain. Et aucun Napolitain ne pardonna au roi de l'avoir envoyé aussi loin, aussi profond dans les abîmes marins d'où personne jamais ne revient.

Les navires et les trésors engloutis.

Le Roi des mers et la Belle Thérèse

Adapté d'une légende française.

Ce conte est une très belle histoire d'amour. L'héroïne reste fidèle par-delà la mort, ou la séparation, à la parole qu'elle a donnée à l'homme qu'elle aime, et elle ne se laisse éblouir ni par de vaines promesses, ni par les splendides richesses d'un autre prétendant. Heureusement, cette séparation n'est qu'une feinte pour éprouver ses sentiments. Après avoir surmonté l'épreuve imposée, elle peut retrouver son bien-aimé.

À partir de 7 ans   4 min   Mer Baie de Naples   Jeune homme Roi

Il y a des gens qui prétendent que sous la mer n'existe rien que quelques étendues de sable fin.

D'autres racontent, au contraire, que sous la surface des mers existe un monde extraordinaire empli de choses magnifiques et peuplé de créatures magiques. Qui a tort et qui a raison ?

Les seuls à le savoir sont sans doute les poissons… Mais peu d'entre eux savent parler ! Pourtant, l'un d'eux a un jour raconté à un marin solitaire tout ce qui se cache au fond des mers. Il lui a dit que les fruits y sont rouges comme des rubis. Que les arbres y sont toujours verts et les vergers prospères. Que les maisons sont des châteaux pleins de lustres et de cristaux. Que les jardins sont parsemés de perles et de pierreries aussi précieuses que jolies. Que les poissons et les oiseaux dansent ensemble entre les flots. Que sur ce monde merveilleux règne un souverain généreux aussi puissant que courageux. Qu'auprès de lui se tient aussi une femme d'une grande beauté qu'il a un jour épousée. C'était il y a si longtemps que plus personne ne s'en souvient, hormis ce vieux requin tapi dans les fonds marins…

Un matin, le roi des mers tomba amoureux d'une jeune fille qui chantait sur une plage en ramassant des coquillages. Il savait bien qu'elle appartenait au monde des humains et que, pour l'épouser, il devrait répudier la première femme qu'il avait choisie il y avait longtemps : la fille du roi des volcans. Celui-ci était orgueilleux, intolérant et coléreux. Quand il vit sa fille arriver, sanglotante et abandonnée, il commença par se fâcher. Il envoya, de la Terre jusqu'au plus profond des mers, des jets de pierres enflammées, des torrents de boue empoisonnée et des nuages de fumée accompagnés de bruits de tonnerre et de flamboiement d'éclairs. Puis sa fureur se calma et il proposa au roi des mers un marché :
— Tu as humilié ma fille bien-aimée à cause d'une simple mortelle. Ainsi, tu as préféré l'éphémère à l'éternel. Le monde humain n'est rien comparé à notre pouvoir. Cela, tu n'as pas su le voir… Mais tu t'apercevras bientôt de ton erreur et tu comprendras ton malheur. Toi et ta femme, vous vivrez pendant

un millier d'années comme vous l'avez souhaité. Mais, passé ce délai, je vous ferai périr dans des eaux plus brûlantes que de la lave ardente. À moins que vous ne réussissiez à trouver sur Terre une femme capable de prouver que l'amour humain est plus fort que la peur de la mort, qu'il est fidèle, éternel et résiste à la tentation. Si tu ne trouves pas une telle femme… attention ! Je vous engloutirai dans un gouffre sans fond.

Persuadé que son beau-père mettrait sa menace à exécution, le roi des mers commença à chercher une femme capable d'aimer quelqu'un plus que sa propre vie. Mais il eut beau naviguer de pays en pays, il n'en découvrit aucune capable de tout sacrifier à celui qu'elle prétendait aimer.

Il trouva bien des amoureuses qui se prétendaient courageuses mais oubliaient au moindre danger leurs promesses et leur fiancé. Il trouva bien des jeunes filles assez jolies et plutôt gentilles qui se prétendaient fidèles et se sauvaient à tire-d'aile dès qu'un nouveau prétendant leur faisait présent d'un collier ou d'un anneau d'argent. Il finit par désespérer et même par se résigner à l'idée de mourir avec sa bien-aimée quand se serait écoulé le délai d'un millier d'années.

Au bout de la neuf cent-quatre-vingt-dix-neuvième année, il découvrit, au bord de la mer Méditerranée, un grand village de pêcheurs. Là, Thérèse venait juste de donner son cœur à Charles, un très modeste garçon qui ne possédait même pas de maison. Pourtant, elle était la fille d'un riche marchand et ne manquait pas de prétendants qui venaient demander sa main et lui offrir des robes de satin, de bijoux et des objets précieux. Mais Thérèse tenait à son pauvre amoureux. Son père ne semblait pas très heureux du parti qu'elle avait choisi mais finalement, il s'était dit que l'argent ne suffit pas au bonheur et que Charles avait suffisamment de qualités de cœur pour combler sa fille de joie. Il organisa donc une belle noce sous son toit…

La veille du mariage, les fiancés allèrent se promener sur la plage. Ensemble, ils regardèrent le soleil enflammer doucement l'horizon. Ils écoutèrent les vagues chanter tendrement leur chanson. Sur le fin sable doré, ils admiraient les coquillages déposés par la marée. Main dans la main, ils remarquèrent soudain un grand navire aux voiles argentées amarré à un rocher.

– Ce bateau n'était pas là tout à l'heure... Il est beau, mais il me fait peur ! murmura Thérèse à son fiancé.

À ce moment, ils entendirent une voix mélodieuse s'élever :

– Bonsoir jolie demoiselle ! Et bonsoir à toi, beau pêcheur !

Ils se retournèrent et aperçurent une femme très belle qui les regardait avec douceur. Elle continua de parler :

– Je dois me rendre à ce bateau, mais je ne peux marcher sur les flots. Jeune homme, pourrais-tu m'y conduire en barque ? Je te récompenserai..

Ils regardaient le soleil se coucher.

Avant que Thérèse n'ait pu protester, Charles se dépêcha d'accepter. Ses yeux ne pouvaient se détacher de la bourse que tenait l'inconnue où tintaient plus de mille écus. Il était un peu vexé de n'avoir pas d'argent pour offrir à sa fiancée ni la plus simple des bagues, ni la plus modeste des robes de mariée, ni le plus humble des bouquets. L'occasion était inespérée et le service qu'on lui demandait de la plus grande facilité ! Tendant la main vers la belle étrangère, il quitta bien vite la Terre en disant à Thérèse :

– Attends moi donc ici sans te faire de soucis. Je serai bientôt de retour...

Le navire.

La jeune fille les regarda s'éloigner, le cœur anxieux et serré. Bien que le navire ne fût pas amarré bien loin, ils disparurent comme par magie. Il ne restait plus sur les flots qu'une bande de dauphins poussant des cris et faisant des sauts. Thérèse courut aussitôt au bout du cap, sur une falaise d'où elle pouvait voir à son aise tout le paysage alentour. C'est alors que, sur le vaisseau, elle aperçut Charles et la belle femme inconnue se pencher l'un vers l'autre avec amour. Dans ses veines, son sang ne fit qu'un tour. Elle éclata en sanglots amers et faillit se jeter dans la mer. Mais une main chaude se posa sur son cou et une voix grave lui dit d'un ton très doux :

Doucement

– Cesse de te désoler ! Tu as bien failli te tromper et épouser un homme qui ne te mérite pas. Cependant, ne t'inquiète pas ! Je t'aime depuis très longtemps… Comme je suis un roi très puissant, je t'offrirai tous les présents de la Terre et ceux qui gisent au fond des mers. Tu deviendras reine des océans. Nous nous marierons, nous aurons des enfants et nous régnerons sur l'univers jusqu'à la fin des temps.

Tout en tenant ce langage, l'inconnu fit fleurir sur la plage un bouquet de fleurs merveilleuses dont chaque pétale était une pierre précieuse. Il le tendit à la jeune fille étonnée qui le saisit sans y penser. Quand elle voulut le respirer, elle ne sentit aucun parfum et commença à s'affoler :

Voix affolée

– Qui êtes-vous et que me voulez-vous ? Pourquoi cherchez-vous à m'éloigner de mon fiancé ? C'est à lui que j'ai promis ma main et je l'épouserai dès demain matin !

– Tu n'es qu'une jeune entêtée et moi, je suis le roi des océans. Je suis si riche et si puissant que personne ne peut me résister. Je t'ai choisie pour fiancée et si tu ne veux pas me suivre de ton propre gré, je saurai bien t'y forcer ! Quant à ce pauvre marin auquel tu veux te marier, je peux l'engloutir dans les flots ainsi que sa belle et son bateau !

À ces mots, il arracha le bouquet des doigts de la jeune fille effrayée et le jeta dans la mer. Aussitôt, celle-ci commença à s'agiter. Les vagues commencèrent à s'élever, les remous à tourbillonner et les écumes à mousser… De lourds nuages s'amoncelèrent. Le vent se leva et gémit. La foudre tomba sur la mer… et le navire fut englouti ! Charles avait disparu ainsi que la belle inconnue.

Thérèse hurla, se débattit et tomba raide évanouie.

Alors, le roi des océans appela son poisson géant. Tenant la jeune fille dans ses bras, il s'installa sur son dos et le poisson replongea dans les profondeurs ténébreuses.

Quand Thérèse se réveilla, elle était allongée sur un lit de satin dans un superbe palais marin. Une lumière d'un beau vert pâle flottait dans la salle. Des servantes circulaient silencieusement dans des robes de voile blanc. Des méduses et des anémones de mer dansaient une ronde légère au son d'une douce musique. C'est dans cet univers magique que le souverain fit son entrée et se pencha au-dessus de sa bien-aimée :

– Bienvenue dans mon château ! Tu vas devenir la reine de ces eaux et tu ne tarderas pas à oublier la Terre, ton père et ton ancien fiancé. Je te comblerai de richesses, de folie et de tendresse. Tu ne pourras plus faire autrement que de m'aimer aussi et de me vouloir pour mari.

Il lui tendit la main et l'éloigna du lit de satin pour l'emmener visiter son vaste domaine aquatique. Ils traversèrent des pièces aux colonnades de coraux magnifiques, aux tapis d'algues tressées, aux meubles sculptés dans les rochers avec des perles incrustées…

Jamais Thérèse n'avait vu de semblables beautés et elle ne put s'empêcher de s'émerveiller devant les nymphes qui dansaient dans de brillants habits légers, devant les fleurs qui ruisselaient des coquillages amoncelés, devant les fruits qui débordaient d'immenses corbeilles dorées, devant les pierres ardentes qui scintillaient comme des braises dans les cheminées…

Satisfait de l'étonnement qu'il avait provoqué chez elle, le roi des mers attira sa belle vers un immense trône d'argent en lui disant tendrement :

Avec douceur — Viens ! Tu régneras avec moi sur tout cet empire-là...

Alors, Thérèse recula et dit d'une toute petite voix :

Voix timide — Je vous remercie infiniment, mais je ne suis que la fille d'un marchand et j'ai un jour donné mon cœur à un très modeste pêcheur. Personne n'y pourra rien changer. Je ne cesserai de l'aimer jusqu'à la fin de ma vie. Et s'il a vraiment péri dans les flots et la tempête, cela ne fait rien. Je suis prête à le suivre dans la mort. Peu m'importe tout votre or...

Quand elle eut fini ce discours, elle se précipita au-dehors dans une sorte de cour où évoluaient des poissons volants et où de grands arbres aux feuilles argentées frémissaient en se balançant. Thérèse s'assit sur un banc et, en proie au plus profond chagrin, cacha son visage entre ses mains. Elle demeura ainsi un instant. Puis elle reconnut une voix douce qui lui disait gentiment :

Doucement — Cesse de te désoler ! Je te ramène ton fiancé... Nos épreuves sont achevées. Grâce à toi, nous avons prouvé au cruel roi des volcans que l'amour humain peut être grand et fidèle. Il peut même être éternel ! Mon époux, le roi des océans, et moi nous pourrons vivre encore longtemps, en nous choyant, en nous aimant comme vous le ferez aussi. Nous ne pouvons que te dire : « Merci ! »

Thérèse leva les yeux et reconnut l'inconnue avec laquelle Charles avait disparu. Et la dame lui raconta toute l'histoire depuis le début.

Les souverains firent ramener les fiancés dans leur village au bord de la mer Méditerranée. Plus personne ne les attendait. On les avait crus noyés. Le mariage avait été annulé. Le père de Thérèse se dépêcha d'organiser une noce extraordinaire. Les jeunes gens se marièrent. Ils s'amusèrent et dansèrent, mais jamais ils ne racontèrent leur aventure du fond des mers. Personne ne la connaîtrait si un énorme poisson inconnu ne l'avait un jour chuchotée à un marin solitaire qui s'empressa de la répéter à tous les marins de la Terre...

La Ville qui disparut

Texte de Bertrand Solet, publié dans le magazine Mikado, *n°44 (juin 1987).*

À partir de 7 ans   5 min   Bretagne   Diable
Roi
Princesse

Il y a longtemps, bien longtemps, près de Douarnenez, en Bretagne, s'élevait une ville grande et belle, du nom d'Ys. Ses maisons étaient blanches et hautes et ses églises plus hautes encore. Quant au palais du roi, il égalait en splendeur les plus somptueux du monde. Des digues énormes entouraient la ville, empêchant l'océan d'y pénétrer, même durant les plus fortes tempêtes. Lorsque le reflux emportait les eaux vers le large, on ouvrait parfois des écluses, que les habitants d'Ys appelaient « les portes de la mer ».

Un seul homme en possédait les clefs, pendues à son cou jour et nuit : le roi, Gradlon, maître de toute la Cornouaille, très aimé de son peuple car il était bon et juste. Sa fille, la princesse

Dahud aux longs cheveux d'or était sans doute moins bonne et moins juste que son père. Aussi le diable, toujours prêt aux mauvais coups, décida de se servir d'elle pour perdre à la fois la ville d'Ys et ses habitants.

Déguisé en jeune homme séduisant et richement vêtu, il se présenta devant Dahud, au grand jour, le compliment aux lèvres et les bras chargés de cadeaux :

Voix solennelle — Je vous salue, princesse si blonde que les blés en sont jaloux…

Dahud l'aima dès le premier instant. Le diable fit si bien que bientôt elle ne put rien lui refuser.

— Comment te prouver mon amour ? lui demanda-t-elle.

Il fit semblant de réfléchir avant de répondre :

— Si tu veux me prouver ton amour, donne-moi les clefs des portes de la mer.

Effrayée, elle recula, secouant la tête.

Ricaner — Tu vois, dit-il en ricanant, tu ne m'aimes pas..

Elle pleura longtemps, mais finit par céder.

La nuit suivante, elle se glissa dans les appartements de son père et s'approcha doucement de son lit. Puis, sans l'éveiller, elle détacha de la chaîne d'or pendue à son cou les clefs des écluses.

Le diable attendait sur la digue… La ville dormait, bien à l'abri de ses murailles. Le diable regardait la mer. Il agitait ses mains devant lui, et semblait faire naître des vagues sombres, rugissantes, qui venaient s'écraser à ses pieds, en bas des rochers.

— Tiens, dit-elle seulement, en lui tendant les clefs.

Il s'en saisit avidement, les yeux brillants de satisfaction, la bouche tordue d'un mauvais rire :

LA VILLE QUI DISPARUT

Elle tendit les clés

Crier

— Ah, ah, ah… la bonne farce ! Pars maintenant, nous nous retrouverons bientôt.

Il pensait à l'enfer, et se réjouissait.

Dahud s'enfuit, glacée de peur et de remords…

Quand elle eut disparu, le diable savoura longtemps son triomphe face à l'océan. Puis il ouvrit les écluses.

Un grondement sourd éveilla Gradlon, roi d'Ys et de Cornouaille. En un instant il comprit le danger et se rua hors de sa chambre.

— Dahud !

La jeune fille pleurait sur sa couche. Il la saisit dans ses bras et s'élança hors du palais. Un cheval sellé attendait toujours devant la porte. Il sauta en selle et partit au triple galop…

La mer s'engouffrait furieusement dans les rues, envahissait les maisons. Nul ne pouvait lui résister… Seule la monture du roi parvenait à fuir, comme par miracle, poursuivie par le torrent vers l'intérieur des terres.

Mais bientôt le cheval faiblit, alourdi par sa double charge. Le roi entendit alors une voix, celle de saint Gwénolé, patron de la Bretagne, lui ordonnant d'abandonner sa fille pécheresse. Il cria son refus :

Crier

— C'est ma fille ! Mon sang !

L'eau allait rattraper le cheval · la voix de saint Gwénolé se fit entendre à nouveau, plus pressante encore :

Ton pressant

— Tu dois rester vivant pour ton peuple de Cornouaille !

Cette fois, le roi obéit, le cœur brisé et laissa Dahud glisser au sol. Le cheval allégé bondit telle une flèche…

Lorsque Gradlon fut hors de danger sur la terre ferme, il tourna la tête, gémit de saisissement : Ys avait disparu et la mer s'apaisait déjà, comme satisfaite. Le roi tomba à genoux…

Ys était engloutie pour toujours sans doute, ville et habitants. Certains disent qu'elle n'a jamais existé, mais des pêcheurs de

Douarnenez racontent, au contraire, qu'ils entendent parfois la nuit, lorsque le vent vient du large, des sons de cloches étouffés, et même des pleurs de jeune fille.

Marine

L'Océan sonore
Palpite sous l'œil
De la lune en deuil
Et palpite encore,

Tandis qu'un éclair
Brutal et sinistre
Fend le ciel de bistre
D'un long zigzag clair,

Et que chaque lame,
En bonds convulsifs,
Le long des récifs
Va, vient, luit et clame,

Et qu'au firmament,
Où l'ouragan erre,
Rugit le tonnerre
Formidablement.

Paul Verlaine

HISTOIRES DE MONTAGNES

monts et merveilles

HISTOIRES DE MONTAGNES

Les Colères d'Encelade

Adapté de la mythologie grecque.
Les Titans étaient les enfants issus du grand couple primordial, le Ciel (Ouranos) et la Terre (Gaïa). Les Titans et les Titanides ont regné sur le monde avant les Olympiens. Ils étaient au nombre de douze.
Zeus, après avoir tué un des Titans, instaura le règne des dieux de l'Olympe. Mais il n'affermit son pouvoir qu'au prix de luttes nombreuses, et qui durèrent longtemps, avec les Titans révoltés. Après que ceux-ci eurent été précipités au plus profond du monde souterrain, Gaïa, leur mère, engendra les Géants auxquels elle confia le soin de venger les Titans.
Encelade était l'un de ces Géants qui furent finalement vaincus par Zeus et les Olympiens.

À partir de
8 ans

3 min

Olympe

Zeus
Géants
Athéna
Encelade

LES COLÈRES D'ENCELADE

Ceci se passe bien après le Chaos et le commencement du monde. Zeus, fils de Cronos, vient de chasser son père de l'Empire du monde, et d'écraser durement la révolte des Titans. Il règne maintenant sans partage sur le monde, souverain suprême des dieux de l'Olympe. Du moins le croit-il. Car bientôt, surgis des entrailles du sol, d'autres rivaux, les Géants, le défient à nouveau.

Fils de Gaïa, la Terre, ces énormes monstres à queue de serpent veulent venger les Titans, balayer Zeus de l'Olympe et reconquérir l'Empire du monde. Qui donc peut leur résister ? Ils sont d'une taille et d'une force colossales.

On les dit invincibles.

Leurs chefs ont nom Porphyrion, Alcyoneus. Derrière eux viennent Pallas, et le terrible Encelade, puis d'autres encore, tous revêtus d'armures rutilantes et armés de lances gigantesques.

Ils apostrophent Zeus.

Crier — Usurpateur des Cieux, toi dont la foudre n'est qu'un misérable feu follet, ton heure est venue !

Alors, joignant le geste à la parole, ils marchent sur l'Olympe. Fleuves, pics, îles, rocs, rien ne résiste à leurs assauts. Cognant des bras, fouettant l'air de leur queue de serpent, taillant de leurs lances acérées, ils arrachent cent montagnes et les lancent sur le palais des dieux.

Le vacarme est terrifiant. Dans l'Olympe, Zeus et les dieux regardent avec effroi les Géants empiler les unes sur les autres toutes les montagnes de la région, pour atteindre enfin la cité divine.

Bientôt les deux groupes s'affrontent dans une terrible bataille, à coups d'orages, de montagnes, d'îles, de forêts.

Encelade.

Incroyable tumulte, mêlée furieuse ! Les cieux tout entiers résonnent de mille fracas !

Enfin, avec l'aide du grand Héraclès, les dieux prennent l'avantage, précipitent les Géants dans la mer, les écrasent sous d'énormes pans de roches. Zeus, le lanceur d'éclairs, les foudroie tour à tour et les grondements de tonnerre roulent dans le ciel noir.

La victoire des dieux ne fait plus de doute. Mais restent le géant Pallas et surtout Encelade, le plus effrayant de tous. D'un coup de lance, Athéna, fille de Zeus, transperce Pallas, avec la peau duquel elle ornera l'égide, son bouclier magique. Puis elle se tourne vers Encelade, l'ultime assaillant, qui hurle d'effroyables cris de vengeance.

Le duel est terrible. Le colosse au corps de serpent balance sur la déesse des morceaux de montagne, fait trembler le ciel de ses épouvantables coups de queue, darde sur lui sa gigantesque lance. Athéna pare les coups.

— Tu es né de Gaïa, la Terre, dit-elle. Tu y retourneras donc.

Et, bousculant le Géant dans la mer, elle précipite sur lui la Sicile, l'ensevelissant au sein des profondeurs de l'île.

— Que cela devienne ton tombeau, Encelade ! Jamais plus tu ne reverras la lumière du ciel !

Le monstre se débat, tente de soulever la formidable masse de rochers abattus sur sa tête, mais les forces lui manquent. Il est enterré vivant pour l'éternité.

Depuis lors, on l'entend remuer, frapper le sol de ses poings et la Sicile gronde et roule sous ses coups. Voilà pourquoi l'Etna crache parfois des torrents de feu et de lave. C'est la colère d'Encelade, le géant prisonnier du volcan.

L'égide

HISTOIRES DE MONTAGNES

La Fille au cœur de glace

Adapté d'une légende corse

À partir de 8 ans 7 min Corse Mère
Jeune fille
Seigneur

À Nessa, Palomba était la plus pauvre parmi les pauvres. Avec sa fille Maria, elle habitait une misérable maison de pierre à la sortie du village et le vent sifflait quelquefois à travers les murs de la chaumière.

La vie des deux femmes était aussi morne qu'un jour gris d'hiver. La vieille Palomba, toujours malade, passait le plus clair de son temps à préparer tristement la soupe et le bruccio, ce fromage corse au goût d'orage. Maria, elle, gardait les chèvres d'un voisin et le maigre salaire qu'elle en tirait était leur seule ressource.

Palomba

LA FILLE AU CŒUR DE GLACE

Mais ce n'était pas sa misère qui rendait Palomba si chagrine. C'était sa fille. Maria était dure comme le silex, et jamais, jamais elle n'avait une parole tendre pour sa mère. Elle était hautaine, froide, méprisante. Quand elle rentrait, le soir, elle avalait la soupe, un morceau de fromage, et montait se coucher sans un mot. Alors, Palomba pleurait, seule devant le feu de sarments.

Maria

Un jour, Orlando de Buttelo, seigneur de la Cinarca, qui chassait le mouflon près du village, croisa Maria, au milieu de ses chèvres. Il en tomba éperdument amoureux. Il faut dire que, si la jeune fille avait le cœur dur comme la glace, elle était d'une beauté incomparable. Ses cheveux noirs de jais, tressés jusqu'au sol, ses grands yeux sombres, sa peau laiteuse, tout en elle lui donnait une grâce infinie.

Orlando revint plusieurs fois chasser dans les environs, rien que pour épier la divine bergère. Les mouflons, les perdrix et les lièvres du maquis connurent de doux moments de paix.

Enfin, le jeune homme aborda Maria et lui demanda de devenir sa femme. Dans les yeux noirs de la bergère, un rêve passa. Elle n'hésita pas une seconde.

— Vous êtes mon seigneur et je vous dois obéissance, dit-elle, aussi doucereuse qu'une chatte.

Jamais elle n'aurait espéré un tel mariage. Elle qui détestait tant son existence misérable, voilà qu'elle était promise au plus riche parti de la région.

Elle annonça la nouvelle à sa mère, et lui fit de durs reproches.

Ronchonner

— Vois la pauvre dot que j'apporte à mon futur époux, ronchonna-t-elle. Des guenilles et des sabots de bois. J'ai honte de toi, mère.

Palomba hochait la tête, le cœur infiniment triste.

> — Prends tout ce qui me reste, Maria. Je te le donne.

<small>Voix triste</small>

Maria entassa donc dans de grands paniers les pauvres ustensiles de cuisine, les couvertures, les draps rapiécés, le pétrin de sa mère. Elle prit même le dé à coudre de Palomba, et quelques vieux livres qui avaient appartenu à son père. Lorsqu'elle eut fouillé partout, et jusque sous le lit de sa mère, l'unique pièce de la chaumière était presque vide.

— Ainsi, je n'entrerai pas dans la maison de mon époux les mains vides, grognait-elle.

La dot, la dot, la dot. Elle n'avait que ce triste mot à la bouche.

Et Palomba la regardait faire, les yeux noyés de larmes.

Le jour du mariage, Orlando de Buttelo vint jusqu'à Nessa, monté sur un cheval noir, et accompagné d'un long cortège d'amis, d'invités, de serviteurs. Tout le monde chevauchait de superbes montures, harnachées de blanc pour la cérémonie.

Maria avait recouvert de draps les paniers où elle avait amassé ses pauvres trésors. Elle les fit mettre sur le bât d'un mulet puis, embrassant furtivement sa mère, grimpa sur une jument carapaçonnée de velours pourpre. Les gens de Nessa poussèrent des hourras joyeux, on tira des coups de fusils, quelques cavaliers firent se cabrer leur cheval pour saluer la promise et le cortège quitta le village, fiancés en tête.

Maria n'eut pas un regard pour sa mère, plantée sur le seuil de sa maison, et qui suivait sa fille de ses yeux remplis de chagrin. Elle vit la bruyante troupe monter sur la colline, et dans la poussière du chemin, la silhouette de Maria ressemblait déjà à un fantôme perdu.

« Qu'elle soit heureuse, là où elle va, pensait-elle. Elle connaîtra la fortune, les plaisirs de la table, l'opulence des fêtes, elle chevauchera à loisir dans les immenses terres du seigneur

Orlando, dans ses forêts giboyeuses, elle mènera vie de grande dame. Elle m'oubliera, moi et son enfance misérable. C'est mieux ainsi. »

Mais, chevauchant à côté de son fiancé, Maria avait d'autres idées en tête : sa dot, sa dot, sa dot. Avait-elle bien pris tout ce qui lui revenait ? N'avait-elle rien laissé ?

Son visage s'illumina soudain. Le racloir du pétrin ! Elle avait oublié le racloir du pétrin ! Elle arrêta son cheval.

– Doux seigneur, envoyez donc un émissaire chez ma mère. J'y ai abandonné un objet qui m'est cher.

– Quoi donc, ma mie ? murmura Orlando, prêt à satisfaire le moindre désir de sa promise.

– Le racloir du pétrin, seigneur. Il me le faut.

Orlando tenta de l'en dissuader.

– Votre mère en aura besoin, dit-il, et au château, ma mie, vous n'aurez nullement à vous occuper de cuisine.

Mais Maria devint si pâle, et ses yeux si noirs qu'Orlando envoya sur-le-champ un serviteur quérir le racloir.

Quand Palomba vit l'homme galoper à bride abattue vers sa maison, son cœur se mit à battre.

« Ma fille a des remords, pensa-t-elle. La voilà qui m'envoie un tendre message d'adieu. »

Et pour un simple mot affectueux, même porté par un étranger, elle oubliait déjà la froide dureté de Maria.

Le serviteur ne daigna même pas descendre de son cheval.

Ton autoritaire — Donnez-moi donc le racloir du pétrin, femme. Votre fille vous le réclame, et vite !

Le racloir du pétrin ! Palomba vacilla sur ses vieilles jambes. C'était ça, le message de sa fille ! Ainsi Maria la dépouillait encore, elle qui n'avait plus rien.

Accablée, elle s'en fut chercher le racloir, le donna à l'homme, d'une main tremblante. Et, pour la première fois de sa vie, alors qu'elle regardait la poussière du chemin fumer derrière le cavalier, elle maudit sa fille.

Ton menaçant — Un jour, Maria au cœur de pierre, tu seras châtiée pour ta cruauté !

Alors, dans le ciel d'été pourtant bleu, un coup de tonnerre éclata, et la foudre zébra l'azur, frappant la colline où attendait Maria. Quand l'épais nuage de brouillard noir se fut dissipé, les gens poussèrent des cris d'épouvante.

Sur la crête de la colline, là où l'éclair blanc avait claqué, il n'y avait plus qu'une froide statue. Maria, la fille au cœur cruel, avait été changée en pierre grise avec son cheval.

On peut encore la voir, aujourd'hui, dominant la Cinarca, près d'Orsino la corse. C'est une montagne rude, abrupte, sèche comme une vieille figue : on l'appelle la Sposata, l'Épousée.

HISTOIRES DE MONTAGNES

Le Rocher du Diable

Adapté d'une légende italienne.

À partir de 6 ans   6 min   Montagne Village   Villageois Diable Ermite

Les habitants de Tagliatelli avaient bien de la chance. Leur petit village se nichait au creux d'une vallée verdoyante, fleurie comme un tapis brodé. La rivière regorgeait de poissons, et le gibier abondait. Quand venait le temps des moissons, on récoltait le blé le plus doré qui soit.
Pourtant, les villageois étaient toujours de mauvaise humeur.

Méchants, avares, sans-cœur, ils se jalousaient les uns les autres, se querellaient, piaillant du soir au matin.
Était-ce leur richesse qui en était la cause ? Peut-être bien. Toujours est-il que du village montait sans cesse le bruit de leurs disputes et le diable, qui habitait sur la crête de la montagne, s'en fâcha. Que les villageois soient odieux, cela ne le dérangeait point, mais qu'ils glapissent à longueur de jour, voilà qui était insupportable.
À titre d'avertissement, il leur envoya quelques gros orages, et une ou deux avalanches de pierres. Mais les villageois n'y firent pas attention et continuèrent leur brouhaha infernal.
Dans la montagne, un vieil ermite comprenait pourtant le terrible message du diable.
C'était un homme sage et paisible. Il vivait seul dans sa hutte de bois, au creux des sapins, se nourrissant de champignons, de framboises, de myrtilles. L'été, il gardait les troupeaux des villageois, les aidait aux moissons. L'hiver, il réparait les sentiers détruits par les grosses crues des torrents. Souvent il avait mis en garde les habitants du village.
– Profitez de votre bonheur, leur disait-il. Vivez en paix. Un jour, vous regretterez vos querelles.
Mais tout le monde le prenait pour un vieux fou et personne ne l'écoutait.

Un soir que les villageois avaient été encore plus odieux et plus bruyants que d'ordinaire, le diable en eut assez. Il décida de faire disparaître le village de Tagliatelli, une bonne fois pour toutes.
Quand la lune se leva, toute ronde dans le ciel noir, il arracha d'un coup un énorme rocher à la crête de la montagne. Il y glissa des pierres précieuses et des paillettes d'or.
« Ainsi les habitants de Tagliatelli périront sous une avalanche

d'or, de rubis et d'émeraudes, se dit-il. Cela les guérira à jamais de leur avarice et de leur méchanceté. Et moi, je pourrai dormir en paix. »

Il chargea l'énorme bloc de pierre sur son épaule et s'envola vers le village à la vitesse de la foudre. Comme toutes les nuits, le vieil ermite veillait, sur le seuil de sa hutte, la tête tournée vers les étoiles. Quand il vit cette gigantesque ombre passer devant la lune et obscurcir le ciel tout entier, il comprit l'effroyable catastrophe qui se préparait. De toute la force de sa voix, il héla le diable :

Voix forte

— Pose donc un instant ce lourd fardeau, prince de la nuit, et viens te désaltérer dans ma hutte.

Le diable trouva que c'était une bonne idée. Le roc était immensément lourd et tout diable qu'il était, il suait sang et eau.

« Allons, se dit-il, tous les hommes de la montagne ne sont pas comme ceux de Tagliatelli. »

Il lâcha le rocher dans un vaste pré, au bord de la rivière, et lorsque l'énorme pierre s'enfonça dans le sol, la montagne entière en trembla.

— Bois, roi des ténèbres, bois, dit l'ermite et il tendit au diable une coupe d'eau fraîche.

L'autre but d'un trait. Il remercia l'ermite d'un bref hochement de tête et voulut charger à nouveau sur son dos le pan de roche.

Le rocher dans le pré.

Le rocher résista. Il semblait ancré dans la terre. Le diable l'empoigna de ses deux grandes mains griffues et tenta de l'arracher d'un coup de rein. Rien à faire : le bloc ne bougeait pas d'un pouce.

Le diable fut pris d'une fureur terrible. Se changeant en un taureau colossal, il fonça sur le rocher pour le précipiter dans la vallée. Des sabots jaillirent une gerbe d'étincelles, mais le rocher ne remua point.

Le diable se transforma en lion, rugit, lacéra la roche de ses griffes. Peine perdue.

Alors, il se transforma en chien, pour déterrer le bloc avec ses pattes ; il se fit aigle pour fondre sur la pierre et y agripper ses serres ; il devint pigeon, et roucoula des chants magiques qui déplacent les montagnes ; il se mua en papillon, voletant autour du bloc pour tenter d'attirer le rocher par les douces couleurs de ses ailes, mais rien n'y fit. Le gigantesque bloc de pierre paraissait enfoncé dans la terre à tout jamais.

Au petit matin, le diable renonça. Il frappa rageusement le rocher une dernière fois, de son énorme poing, et retourna sur la crête de la montagne, en jetant un coup d'œil furieux à l'ermite. Il avait trouvé plus malin que lui.

Quand les villageois se réveillèrent, ils furent stupéfaits en voyant cette roche plantée au-dessus de Tagliatelli, comme une lance fichée en terre. Ils se précipitèrent chez l'ermite. Lui qui habitait la montagne aurait bien une explication.

– Cette nuit aurait pu être votre dernière nuit, leur dit-il.

Et il leur raconta ce qui s'était passé.

Les uns le crurent, d'autres haussèrent les épaules. C'était si invraisemblable ! Mais dans les jours qui suivirent, on parla beaucoup, à Tagliatelli. Et peu à peu, les querelles se firent plus rares, les jalousies cessèrent et la paix revint au village. On vit même des villageois s'entraider pendant les moissons d'août.

Un jour, quelques-uns montèrent voir de près le rocher du diable. Ils surent alors que l'ermite n'avait pas menti.

Sur la roche, ils virent les innombrables entailles laissées par les cornes du taureau, les griffes du lion et les serres de l'aigle. Et ils découvrirent dans la pierre des paillettes d'or et des brassées de pierres précieuses. Ils les offrirent à l'ermite pour le remercier.

Le village devint un endroit de paix et de bonheur.

Là-haut, sur la crête de la montagne, le diable soupirait d'aise. N'avait-il pas obtenu ce qu'il désirait ?

L'Île d'Orado

Adapté d'un conte russe.

À partir de 7 ans | 5 min | Île Montagne | Avare Valet

Fédor Boudunov était riche. Très, très riche. À Kiev, on l'appelait le vieux cousu d'or. Il vivait dans une énorme maison, en plein cœur de la ville, et les tours de sa demeure étaient les plus hautes et les plus dorées.

Chaque jour il comptait et recomptait ses nouvelles pièces d'or, les empilait soigneusement et hélait Boris Folstoff, son valet :

Ton autoritaire — Va fermer les volets et les portes, disait-il. J'ai à faire.

Boris Folstoff soupirait et obéissait. Ce vieux grigou ne lui adressait la parole que pour l'éloigner de son or !

Et, sur le seuil de la porte, il entendait Fédor Boudunov entasser son or dans ses gros coffres en plomb.

Cela aurait pu durer des années et des années, le maître entassant son or et le valet écoutant le tintement du métal jaune.

Mais Fédor Boudunov en voulait toujours plus. Un jour, il eut vent de l'île d'Orado. On disait que, au centre de l'île, se dressait une immense montagne d'or.

Ton autoritaire

— Prépare nos bagages, Boris. Prends pic, pioche et pelle, et aussi une peau de vache.

Boris s'étonna un peu, mais obéit. Son maître avait parfois d'étranges idées.

Un grand voilier blanc les emmena donc sur l'île d'Orado. En débarquant sur la grève, Fédor Boudunov écarquilla les yeux. Devant lui, s'élevant bien au-dessus des nuages, il y avait bien une montagne rutilante, toute d'or vêtue. Il bava, il s'étrangla. C'était au-delà de ce qu'il avait imaginé.

Il montra les outils à Boris.

Ton autoritaire

— Monte là-haut, creuse, et jette-moi tout l'or que tu peux.

Boris Folstoff regarda la montagne. Ses parois étaient aussi lisses que celles d'un verre de cristal. Il haussa les épaules.

— Jamais je ne pourrai monter, Fédor Boudunov.

Le vieillard ricana et lui tendit une fiole.

— Bois, mon ami. Ceci est une liqueur magique. Tu vas devenir léger, léger, léger. Tu pourras t'élever dans les airs comme un oiseau et le soir, après ton labeur, tu redescendras à mes côtés.

Boris but une gorgée de la fiole. Bientôt son crâne devint lourd comme une enclume. Il s'affaissa sur le sable.

Fédor Boudunov gloussa en tiraillant sa barbiche blanche. Ce somnifère était une pure merveille.

Il prit la peau de vache et y enferma son valet en cousant soigneusement les bords.

« Quand ce benêt se réveillera en haut de la montagne d'or, plus jamais il ne pourra redescendre. Il sera mon esclave, jusqu'à sa mort. »

L'ÎLE D'ORADO

Et il appela à grands cris quelques corbeaux noirs qui volaient au-dessus de lui.

Ton autoritaire — Portez cette peau de vache sur le faîte de la montagne, oiseaux sombres.

Ainsi fut fait. Puis, à coups de bec, les corbeaux décousirent la peau et la rapportèrent à Fédor Boudunov.

Quand Boris Folstoff se réveilla, il était ravi. Il savait voler ! Bien sûr, il lui fallait creuser tout le jour, mais l'idée de s'envoler à nouveau le soir pour redescendre sur la grève le remplissait d'aise. Il regarda les quatre corbeaux qui voletaient autour de lui.

— Frères oiseaux, ce soir, je vous suivrai dans l'azur. Voilà qui me paiera de mes peines.

Les corbeaux portant le valet.

Et il se mit à creuser, piquant, piochant, pelletant à qui mieux mieux. Il faisait rouler les pépites d'or au flanc de la montagne, jusqu'à Fédor Boudunov, qui les entassait dans de grands coffres en riant.

Crier — Pique, pioche, creuse sans relâche, hurlait le vieillard.

Jusqu'au soir, Boris Folstoff évida la montagne d'or et, quand le soleil tomba derrière la mer, il y avait fait un cratère profond.

Crier — Je descends, mon maître, clama-t-il.

Il agita ses bras pour s'envoler, mais il eut beau gesticuler comme un fou, ses pieds restaient ancrés au sol.

Crier — Aussi longtemps qu'il y aura de l'or sur la montagne, tu creuseras, encore et encore, hurla le vieillard.

Que faire contre ce vieux diable de Fédor Boudunov ? Le jeune homme saisit sa pioche et, rageusement, continua à creuser.

Alors, la montagne, lassée d'être ainsi piétinée et fouillée, se mit en colère. Des profondeurs du cratère jaillit une énorme gerbe d'or qui projeta Boris, son pic, sa pioche et sa pelle dans les airs. Voltigeant, pirouettant, il retomba sain et sauf sur le sable blanc.

Il eut juste le temps de s'abriter dans la peau de vache avant qu'une pluie furieuse de pépites ne s'abatte sur l'île, et que de gigantesques langues d'or ne coulent jusqu'à la mer.
La montagne d'or était devenue volcan.

Quand tout se fut calmé, le jeune homme sortit de la peau brune. Et il vit Fédor Boudunov, debout, immobile, le visage déformé par un affreux rictus. La lave du volcan l'avait pétrifié. Le vieux cousu d'or était du même métal que ses pièces, et le resterait à jamais.
Boris Folstoff entassa dans les soutes du voilier toutes les pépites qu'il put ramasser et, comme le vent se mettait à souffler, il s'embarqua sur la mer vaste, sans un regard pour le vieux grigou.
Dans le ciel, quatre corbeaux noirs lui montraient le chemin du retour.

Le visage déformé par un rictus.

HISTOIRES DE MONTAGNES

Popocatepelt et Citlaltepelt

Adapté d'une légende aztèque.

Les Aztèques sont des Indiens venus au nord du Mexique et qui se sont fixés au quatorzième siècle dans la région marécageuse où s'éleva leur capitale Tenochtitlàn (Mexico).

Le dernier souverain aztèque, Cuauhtémoc, fut assassiné sur ordre de Cortès en 1524. Le Popocatepelt (5 452 m) et le Citlaltepelt (ou pic d'Orizaba : 5 700 m) sont les deux plus grands volcans du Mexique. Leurs sommets sont le plus souvent couverts de neige.

À partir de 8 ans

5 min

Mexique

Princesse
Soldat
Roi
Ennemis

Il fut un temps où les Aztèques régnaient sur le Mexique. C'étaient de farouches guerriers, toujours prêts à combattre aux côtés de Tezcatlipoca, dieu de la guerre et de la nuit.

Popocatepelt était de ceux-là : brave comme cent ours, rapide comme la foudre, il était le soldat le plus valeureux de l'armée royale.

Quand Citlaltepetl, la fille du roi, le vit, elle tomba profondément amoureuse de ce garçon aussi beau qu'un dieu.

Et Popocatepelt aima sur-le-champ cette jeune fille plus belle que l'azur. Ils se jurèrent un amour éternel et le roi consentit avec bonheur à leur mariage.

— Vous êtes faits l'un pour l'autre, leur dit-il.

Sur les lèvres des deux amants vint un sourire radieux. Jamais leurs cœurs n'avaient battu aussi fort.

— Nous allons organiser de somptueuses fêtes pour votre union, mes enfants, proclama le roi.

Mais le destin en décida autrement. Un messager se rua vers le roi.

— L'ennemi est aux portes de la ville, ô roi ! Ils saccagent, ils pillent, ils tuent !

Ce fut le branle-bas de combat ! Le roi rassembla aussitôt ses troupes et en confia le commandement à Popocatepelt.

— Défends la cité, jeune héros, et défends aussi ton amour.

Citlaltepetl regarda longuement son cher Popocatepelt. Ils se serrèrent une dernière fois l'un contre l'autre.

— Attends-moi, princesse, je jure que je reviendrai, dit le jeune homme.

Et il se rua à la tête de ses soldats.

La bataille fut terrible. Et ce fut la première d'une guerre sans merci où, tour à tour, les deux armées eurent le dessus. Tantôt la ville clamait sa joie devant la fuite de l'agresseur, tantôt l'armée royale battait en retraite, poursuivie par la multitude ennemie. L'affrontement dura des mois et des mois. Beaucoup d'hommes avaient déjà rejoint le noir royaume de Tezcatlipoca.

Popocatepelt

Crier

« Si Popocatepelt meurt dans cette bataille, je n'y survivrai pas », songeait Citlaltepetl.

Et elle fouillait l'horizon, guettant éperdument la silhouette de son cher promis.

Mais il revenait toujours sain et sauf, après chaque affrontement, et elle le pressait sur son cœur en pleurant de joie.

– L'heure de la victoire va venir, disait Popocatepelt.

C'était vrai. L'armée royale parvint enfin à remporter une bataille capitale et ce jour-là, Popocatepelt, au premier rang, frappant sans relâche l'ennemi de son épée d'or, fut le héros du triomphe aztèque. Il réussit même, dans cet ultime et sanglant combat, à ne pas recevoir l'ombre d'un coup.

Quand les ennemis se furent enfuis, et qu'il régna en maître sur le champ de bataille, il prit le temps de remercier Tezcatlipoca par quelques sacrifices, bien qu'il lui tardât de revoir Citlaltepetl.

Cependant, le chef de l'armée ennemie, humilié, ruminait sa vengeance. Il réunit quelques soldats.

Ton menaçant. – Nous sommes vaincus, mes amis. Mais je n'ai pas dit mon dernier mot. Je vais faire payer notre déroute à ce chien de Popocatepelt, et au plus profond de son cœur !

Alors, tous revêtirent des habits aztèques volés à l'adversaire et ils entrèrent dans la ville en liesse.

Crier – La victoire est totale, hurlaient-ils aux côtés des soldats royaux.

Et à voix basse, en gémissant, ils ajoutaient que Popocatepelt avait donné sa vie pour sauver le royaume.

Bientôt la nouvelle se répandit dans toute la cité et parvint jusqu'à Citlaltepetl. La jeune fille refusa d'abord de croire l'épouvantable rumeur, mais mille fois elle lui fut répétée. Elle finit par tomber à genoux, comme foudroyée. Elle maudit Tezcatlipoca, elle maudit les dieux, elle maudit le monde tout entier.

Ton tragique

— Puisque mon amour est mort, je m'en vais le rejoindre, moi aussi.

Elle s'étendit sur une couche de satin, ferma les yeux et tomba dans une terrible langueur. Le roi, affolé, envoya les meilleurs médecins à son chevet mais rien n'y fit.

Citlaltepetl rendit son dernier soupir au moment même où Popocatepelt, acclamé et triomphant, entrait dans la ville.

Quand on lui apprit la mort de sa promise, il devint d'une pâleur terrible et courut près d'elle.

Ni les clameurs de la foule lui faisant fête, ni les paroles émues du roi ne purent atténuer son immense douleur.

Ton désespéré

— Pourquoi Tezcatlipoca ne m'a pas dérobé la vie sur-le-champ de bataille ? hurlait-il. Pourquoi vivre si mon amour est perdu à jamais ?

Il s'était agenouillé devant le corps sans vie de sa bien-aimée et contemplait le beau visage aux yeux clos.

Tout bas

— Laissez-moi, murmura-t-il.

Tout le jour il resta ainsi, immobile, le regard fixé sur sa fiancée morte. Enfin, quand les festivités célébrant la victoire se furent évanouies, à la nuit tombée, il alluma deux grandes torches, prit dans ses bras le corps de sa promise, et sortit de la ville.

Plus jamais on ne les revit.

Popocatepelt avait emmené sa bien-aimée dans les ultimes ténèbres. C'est du moins ce que les Aztèques crurent tout d'abord.

Mais le lendemain, quand l'étoile du matin commença à briller, deux nouveaux volcans dominaient la ville. Ils crachaient feux et flammes vers le ciel d'azur, comme deux torches gigantesques. Et au flanc des deux montagnes, les coulées de lave se rejoignaient.

C'étaient Popocatepelt et Citlaltepetl. Au-delà de la mort, ils s'aimaient encore et leurs deux âmes brûlaient pour l'éternité d'une flamme vive et claire.

HISTOIRES D'ANIMAUX

entre chien et loup

HISTOIRES D'ANIMAUX

Pourquoi les chouettes font-elles « Hou… hou… hou… »

Texte de Claude Clément, publié dans le magazine Toboggan, *n° 75 (février 1987).*

À partir de 4 ans 4 min Forêt Village Oiseaux Ours

Imiter le rossignol

De nos jours, la forêt est un endroit paisible, plein de jolis chants d'oiseaux. Mais autrefois, il y a vraiment très longtemps, il en était tout autrement ! Les oiseaux chantaient tous n'importe quoi et n'importe comment.
Le rossignol croassait « Croa… Croa… », au risque de se casser la voix.

Imiter l'aigle

L'aigle criait « Coucou ! », en s'égosillant comme un fou. La pie se mettait à gazouiller, le corbeau à siffler, le pigeon à pépier et le moineau à roucouler. Ils faisaient un vacarme si épouvantable que les lapins, les sangliers et les biches s'étaient enfoncé de gros bonnets sur les oreilles afin de ne plus les entendre. Mais ça ne suffisait pas !

L'ours, qui régnait en maître sur la forêt, était très contrarié. D'autant plus qu'il aimait bien faire sa petite sieste après son déjeuner et que ces cris désordonnés l'empêchaient de bien sommeiller. Aussi, un jour, décida-t-il de rassembler les oiseaux dans une grande clairière. Ils se rendirent à son invitation. Tous, sauf la petite chouette, car elle ne s'éveillait que le soir et dormait toute la journée. L'ours déclara :

– Je serai bref. Vous voyez ce tonneau ? Il est plein de chants d'oiseaux. Il y en a pour chacun d'entre vous. Choisissez bien celui qui vous appartiendra car vous le garderez toute votre vie. Vous ne pourrez plus en changer et il vous faudra l'enseigner à vos enfants et vos petits-enfants.

Les oiseaux se précipitèrent sur le tonneau et en retirèrent les chansons les unes après les autres. Ils se disputèrent bien un petit peu, mais ils finirent par se mettre d'accord et par avoir chacun la leur.

Quand la petite chouette s'éveilla, elle aperçut le tonneau vide auprès duquel l'ours lisait paisiblement son journal, car il n'avait pas encore sommeil. Elle demanda :

– Qu'est-ce que c'est que ce tonneau-là ?

L'ours le lui expliqua et la petite chouette s'écria :

– Et moi ? Je n'aurai donc rien à chanter ?

L'ours réfléchit et finit par lui conseiller :

– Tu devrais aller au village qui se trouve de l'autre côté de notre grande forêt. J'ai entendu dire que les gens y font une fête. Ils dansent et chantent des chansonnettes. Peut-être t'en apprendront-ils une ?

Le petite chouette trouva l'idée excellente.

Elle vola longtemps à travers la forêt...

Quand elle atteignit enfin le village, les douze coups de minuit avaient déjà sonné. Tout était plongé dans l'obscurité. Il ne restait plus qu'une petite chaumière allumée.

Dedans, les chandelles étaient presque brûlées et le feu de la cheminée achevait de se consumer. Les gens étaient si fatigués d'avoir chanté et dansé qu'ils étaient tous endormis.

Certains venaient de s'écrouler sur la table, d'autres dessous... Des femmes s'étaient assoupies en berçant leurs enfants sur leurs genoux. Les musiciens ronflaient sur un banc... Dans un coin, pourtant, un petit garçon promenait encore en rêvant son archet sur son instrument. C'était une énorme contrebasse, deux fois grande comme lui et d'où s'élevait un étrange bruit : « Hou... Hou... Hou... »

— C'est la seule chanson qu'il me reste ! soupira la petite chouette. Elle n'est pas bien jolie mais ne sera pas difficile.

Elle l'apprit sans hésiter et retourna vers la forêt.

Depuis, chaque nuit, ceux qui ne dormaient pas encore l'entendirent ululer doucement : « Hou...Hou... Hou... »

Plus tard, elle apprit ce refrain à ses enfants et ses petits-enfants.

C'est pourquoi, depuis des temps et des temps, dans cette forêt-là et celles de partout, les petites chouettes et les petits hiboux ululent tous : « Hou... Hou... Hou... »

HISTOIRES D'ANIMAUX

Comment Balu-le-poisson pensa

Adapté d'un conte indien.
Variante : c'est un héron qui transporte les poissons.

A partir de
3 ans

8 min

Bassin

Poissons
Pélicans
Crabe

Il était une fois une belle rivière, qui dégringolait joyeusement de sa montagne... Dans un des petits bassins qu'elle formait au milieu des rochers, habitait Balu-le-Poisson. Balu-le-Poisson vivait comme avaient vécu son père, son grand-père et son arrière-grand-père Balu : quand il n'était pas en train de manger, il digérait sans bouger au fond de l'eau, en faisant semblant d'être un caillou. Il pensait le moins possible, car de Balu en Balu on apprenait que penser ne sert à rien : pour être un Balu heureux, il suffit de manger et de faire le caillou.

COMMENT BALU-LE-POISSON PENSA

Balu et le pélican.

Un beau jour, alors que Balu était donc au fond de l'eau, appliqué à faire le caillou, un pélican se posa au bord du bassin.
Sous son grand bec, sa grande poche était vide, aussi vide que son estomac ! Et depuis plusieurs jours, le pélican pensait beaucoup : il cherchait un moyen de remplir sa grande poche et son estomac.
Il regardait dans le bassin tout en pensant, quand il vit Balu-le-Poisson en train de faire le caillou.
Le pélican se mit à parler tout seul :
– Quand je pense à toutes les créatures qui vivent dans ce bassin, j'ai pitié d'elles ! Quel courage de rester ici, avec ce danger qui les menace !
Du fond de l'eau, Balu entendit ce discours. La curiosité lui fit oublier en une seconde la prudence que trois générations de Balu s'étaient efforcées de lui transmettre : battant de la nageoire, il cessa de faire le caillou et s'approcha du bord.

Voix tremblante

– Oh là là ! oh là là là ! que dites-vous-là, quel danger ? demanda-t-il tout affolé. Dites-moi vite, je veux sauver ma famille !
Le pélican regarda Balu, très intéressé :
– Vous êtes père de famille ? Oh-oh...

Voix tremblante

– Oh oui, j'ai beaucoup de petits, des amours de poissonnets ! Dites-moi vite, ce danger, qu'est-ce que c'est ?
– Figurez-vous qu'une terrible sécheresse règne sur la région : il n'y a plus d'eau nulle part, et bientôt, la rivière que voici sera asséchée à son tour. Alors, votre petit bassin... Vous voyez ce que je veux dire !

Voix tremblante

– Oh là là là là, oui, je vois très bien ! répondit Balu en tremblotant de la voix.
Car malgré le chant joyeux de l'eau - qui coulait aussi abondante en ce jour qu'au temps de l'arrière-grand-père Balu -, Balu le jeune ne douta pas un instant qu'il verrait bientôt son

bassin tout sec et ses petits poissonnets se mourant, ventre en l'air, sur le fond...

Balu tournait en rond, battant désespérément des nageoires en se lamentant :

Ton désespéré — Oh là là là là, que faire ? que faire ? que faire ?

— Humm-hmm, dit le pélican. Votre détresse me bouleverse. Si vous le permettez, je peux peut-être vous aider ?

reconnaissance — Oh oui, oh oui, oh oui, sauvez-nous ! répondit Balu. Je vous serai éternellement reconnaissant.

En hésitant — Humm-hmm. Je connais pas trop loin d'ici un bassin alimenté par une source très profonde, et qui ne s'est jamais tarie, même pendant les pires sécheresses. Je pourrais vous conduire là-bas dans ma grande poche, vous et votre famille ?

Balu plein d'espoir écoutait, la bouche ouverte, immobile...

— Humm-hmm, poursuivit le pélican. Je peux vous y mener d'abord, pour voir. Et si cela vous convient, nous reviendrons chercher vos chers petits. Humm ?

reconnaissance — Oh oui, oui, oui ! Allons-y ! dit Balu. Quelle chance j'ai de vous avoir rencontré !

Le pélican ouvrit son bec, et Balu sauta dedans la tête la première. Il faisait tout noir. Balu se mit dans la position du caillou, toujours efficace dans les situations exceptionnelles, comme le lui avaient appris ses ancêtres. Le pélican prit son envol et fit deux ou trois tours au-dessus de la montagne, avant de se poser au bord d'un autre bassin, plus bas sur la rivière. Balu avait l'impression d'avoir parcouru des dizaines de kilomètres !

Le pélican ouvrit son bec, et Balu plongea dans l'eau fraîche :

Avec gratitude — Merveilleux ! dit-il au bout d'un moment. C'est tout à fait ce qu'il nous faut ! Vous êtes vraiment quelqu'un de précieux ! Il ne reste plus qu'à aller chercher ma petite famille !

Le pélican ouvrit le bec, Balu sauta dedans, et le voyage de retour se passa exactement comme l'aller.

Aussitôt replongé dans son bassin, Balu ameuta toute sa famille :
– Allez, allez, les petits, préparez-vous, nous partons ! Un terrible danger nous menace ici : le bassin va être asséché ! Mais heureusement, votre papa a rencontré un ami, un pélican gentil, bon, généreux, qui va tous nous conduire dans un endroit merveilleux où rien ne nous arrivera ! Allons, pressons, pressons !

Les poissonnets Balu n'étaient pas habitués à un tel remue-ménage : eux aussi n'avaient appris qu'à manger, faire le caillou et éviter de penser. Cependant, au bout d'un moment, tous les petits étaient regroupés près du bord, avec leur maman.

– J'y vais d'abord ! dit Balu, on se retrouve là-bas !
– C'est cela ! dit Mme Balu. Trouve-nous le meilleur coin du bassin !

Aussitôt dit, aussitôt fait. Balu sauta dans le bec du pélican, qui le conduisit au nouveau bassin, un peu plus bas sur la rivière, le lâcha dans l'eau et reprit son envol.

Balu tourna un moment dans le bassin, il trouva le meilleur coin, il inspecta les environs... Le pélican n'était toujours pas revenu avec sa famille ! Balu commença à s'agiter, à tourner en rond... Au bout d'un moment, il était tellement inquiet qu'il se mit par réflexe à faire le caillou.

Et là, Balu se mit à penser... Pour la première fois depuis au moins trois générations, le terrible Doute s'insinua dans un cerveau Balu...

Pendant ce temps, voici ce qui s'était passé : le pélican était revenu au bassin, où l'attendait en frétillant la petite famille de Balu. Il avait ouvert son bec, et un par un, les poissonnets avaient sauté dedans.

À chaque fois, le pélican prenait son envol, et gloups ! il avalait le petit pendant le voyage. Puis il revenait au bord du bassin en disant :

— Au suivant !

Il avala ainsi tous les jeunes Balu, puis la maman.

Repu, il vint à nouveau se poser au bord du bassin. Il aperçut alors quelques crabes qui rampaient au fond de l'eau.

— Dites-moi, messieurs, dit-il négligemment, vous êtes au courant, pour cette sécheresse qui va tarir votre rivière ?

— Tiens, tiens ? dit le plus vieux crabe. Comme c'est intéressant... Approchez-vous et expliquez-moi ça en détail, je vous prie...

Avant d'aller plus loin, il faut savoir que les crabes n'ont rien à voir avec les poissons. Premièrement, ils vont dans l'eau mais ils marchent aussi sur la terre, de sorte qu'ils voient beaucoup plus de choses qu'un Balu qui fait le caillou dans son bassin. Deuxièmement, les crabes ont l'habitude de penser, et ça change tout.

Le vieux crabe avait remarqué que l'eau coulait aussi abondante qu'avant ; il avait donc pensé qu'il ne pouvait pas y avoir de sécheresse, sinon le débit de l'eau aurait déjà faibli ; et il en avait conclu que le pélican était une crapule.

Le pélican étant une crapule, le vieux crabe avait décidé d'en débarrasser son bassin.

L'oiseau se pencha donc pour raconter l'histoire de la sécheresse, parler du merveilleux bassin d'eau fraîche qu'il connaissait, et enfin proposer d'y conduire ses amis les crabes.

Pour toute réponse, le vieux crabe bondit, mit ses terribles pinces autour du cou du pélican et serra, serra, serra jusqu'à ce que le menteur s'écroule, raide mort et le bec ouvert.

Alors, toute la petite famille Balu en sortit et bondit dans l'eau.

Pendant ce temps, le terrible Doute torturait Balu-le-Poisson, tout seul dans son merveilleux bassin. Mais à force de douter et de se poser des questions, Balu finit par avoir des idées, ce qui est assez remarquable pour un Balu : il songea que peut-être il était toujours dans sa rivière, que peut-être il pourrait remonter jusqu'au bassin d'où il venait, et que peut-être il retrouverait là-bas sa petite famille...

Ayant beaucoup songé, il finit par se décider, et peu après, Balu-le-Poisson faisait à nouveau le caillou au fond de son bassin natal, entouré par les siens.

Le Requin-Roi

Adapté d'une légende des îles Fidji.
Ce conte montre bien que, si un roi a des droits, il a aussi des devoirs, dont celui de protéger ses sujets.

À partir de 5 ans   5 min   Lagon   Esprit Pieuvre Requin

Il était une fois une mer bleue et transparente, peuplée de poissons multicolores. Il était une fois des îles verdoyantes bordées de plages magnifiques. Mais cette mer de rêve, entre ces îles si belles, était le royaume des requins...

Le roi, Dakuwaqa, était un requin blanc coléreux, bagarreur, et orgueilleux : ce n'était pas sa sagesse qui l'avait fait roi, mais ses dents acérées et la puissance de ses nageoires !

En ce temps-là, chaque île avait son gardien. C'était le plus souvent un requin, qui se tenait à l'entrée du lagon et surveillait les allées et venues. Dakuwaqa, lui, passait et repassait partout, personne n'osant lui tenir tête.

Un jour, le roi des requins rencontra son ami Masilaca - un maître-requin, celui-là aussi, mais surtout une langue de vipère !
— Alors, il paraît que tu as encore gagné un combat formidable, à l'île de Lomaiviti ! dit Masilaca. Félicitations !

Ricaner — Ah ! Tu veux parler du monstre qui vivait là-bas ? Oui, figure-toi que ce têtard ridicule parlait de me mettre au défi ! Moi ! Au défi ! Ah-ah ! Il ne défiera plus personne, tu peux m'en croire...
— Magnifique ! Positivement magnifique ! fit Masilaca.
Il resta un moment silencieux, tournant autour du requin-roi.

En hésitant — Dis-moi, au fait, pourquoi ne vas-tu jamais vers l'île de Kadavu, toi qui aimes tant te battre ? Humm ? Remarque : tu as raison. On ne sait jamais. Tu pourrais perdre... Oh, je ne dis pas que tu as peur, non : tu es au-dessus de ça. Mais dans ta sagesse, tu sais être prudent... Oui, tu as raison, mieux vaut pour toi ne pas aller à Kadavu...
Dakuwaqa, à ces mots, battit furieusement de la queue :

Ton menaçant — Oserais-tu insinuer que je suis lâche ? dit-il d'un ton menaçant. Si je n'y suis pas allé jusqu'à présent, c'est que je croyais cet endroit tout à fait dépourvu d'intérêt. Dis-moi vite, qu'y a-t-il donc de si dangereux à Kadavu ?
— Eh bien, on raconte que le gardien de Kadavu est un monstre invincible, si puissant et mystérieux que personne n'ose approcher de l'île. On dit que même toi, le requin-roi, tu as peur. Évidemment, j'ai dit que tu n'avais jamais peur, mais tu sais bien comment sont les mauvaises langues...
Masilaca n'avait pas fini sa phrase que déjà, le grand requin s'éloignait à toute allure vers Kadavu...

LE REQUIN-ROI

Comme il s'approchait de l'île, Dakuwaqa entendit une voix vibrante, comme sortie du sol, dire son nom :

Grosse voix — Daaa-kuuu-waaa-qaaa !

Pour la première fois, le requin-roi sentit passer un frisson sur sa nageoire dorsale.

Grosse voix — Dakuwaqaaa ! reprit la voix. Je suis Tui Vesi, l'esprit de l'île. Tu es venu pour me défier, mais je ne peux quitter le sol, et tu ne peux quitter la mer. Si tu oses passer la barrière de corail, tu rencontreras un monstre étrange, comme tu n'en as jamais vu. Il se battra pour moi, et t'apprendra que l'on ne défie pas impunément l'esprit de Kadavu !

La colère de Dakuwaqa l'emporta sur la crainte : il franchit la barrière de corail. Mais dans le lagon tout bleu et tout tranquille, avec ses vaguelettes et coquillages, il n'y avait personne !

Dakuwaqa tourna en rond un instant, désemparé, quand soudain un bras immense surgit de nulle part et s'enroula autour de lui ; un second bras s'entortilla autour de sa queue ; un troisième emprisonna sa tête... Le gardien du lagon était une gigantesque pieuvre, et elle tenait Dakuwaqa bien serré dans ses tentacules...

Sentant qu'il allait mourir étouffé par les bras puissants de la pieuvre, Dakuwaqa souffla entre ses dents :

Voix suppliante — Pitié ! Je me rends, mais laisse-moi la vie !

Voix forte — Promets de te soumettre à moi, sans orgueil et sans défi ! dit la pieuvre.

— Je promets !

Voix forte — Promets d'honorer Tui Vesi, l'esprit de Kadavu ! dit la pieuvre.

— Je promets !

Voix forte — Promets de protéger contre les requins tous les pêcheurs de Kadavu !

Le roi des requins et la pieuvre.

– Je promets ! Je promets ! Je promets ! dit Dakuwaqa.
– Tu es libre ! dit la pieuvre en relâchant ses tentacules.
Et le requin-roi tomba sur le sable au fond du lagon, aussi faible qu'un tout petit poisson. Il avait trouvé son maître.

Plus tard, Dakuwaqa retrouva sa force et reprit son chemin dans l'océan. Personne ne sut ce qui s'était passé dans le lagon...
Mais les pêcheurs de Kadavu, depuis ce jour, sortent sans crainte en pleine mer : ils savent que Dakuwaqa, le requin-roi, veille sur eux.

Pourquoi les hirondelles font le printemps

Adapté d'un conte français.
Les contes ont une fonction de socialisation : les choses, les éléments, le monde doivent être ordonnés. Les hirondelles ont ici la fonction de remettre en ordre les saisons.

À partir de 6 ans   7 min   Ciel   Hirondelles
                                                Créateur
                                                Les hommes

Il y a très, très longtemps, tout au début, la Terre était encore une planète plutôt vilaine, sans soleil, sans oiseaux et sans fleurs... Les gens craignaient la faim et les maladies et ils passaient leur temps dans leurs abris à regarder le ciel toujours gris...

— Non, c'est vraiment trop triste ! Il faut absolument faire quelque chose ! s'écria un jour le bon Dieu.

Et comme il est un peu magicien, il fit immédiatement quelque chose : il ouvrit ses deux mains, et deux petits oiseaux blancs comme neige y apparurent.

Ton joyeux

— Bienvenue, mes belles hirondelles ! dit le bon Dieu tout content. Allez vite porter la joie et le bonheur parmi les hommes : construisez vos nids près de leurs maisons, chantez sous leurs toits, et en vous regardant, ils apprendront à aimer la vie !

Aussitôt, les deux hirondelles prirent leur vol et descendirent sur la Terre.

Un nid.

Elles construisirent un petit nid près d'une maison, et quelque temps après, des centaines et des milliers de jeunes hirondelles volaient de-ci, de-là sur toute la planète ! Les habitants, tout étonnés, les voyaient à longueur de journée ramasser un brin de paille ici, boire une goutte d'eau là, faire des loopings et des pirouettes, chanter gaiement d'un nid à l'autre... un vrai festival ! Ils oublièrent bientôt leur tristesse et se mirent au travail. En quelques années, la terre devint la plus jolie planète de l'univers : on y voyait des champs de blés, des maisonnettes pimpantes, de beaux arbres fruitiers, de petits chemins, des forêts, des rivières avec des bateaux et des gens très joyeux qui s'activaient du soir au matin.

Le bon Dieu était tout à fait satisfait, et se félicitait de sa bonne idée.

Seulement voilà... Un matin, un fermier de mauvaise humeur trouva un nid d'hirondelles sous la toiture de sa maison toute neuve.

Ronchonner

— Ah non et non, ronchonna-t-il. Ici, c'est ma maison !
Sur ce il attrape un bâton, et vlan ! il frappe le nid pour le casser !

Monsieur et madame hirondelle, affolés, s'envolent et voient leurs oisillons tomber par terre en piaillant désespérément !

Ton agacé — Du balai ! dit le fermier.

Et il envoie les petits sur son tas de fumier !

— Allons-nous-en, les hommes sont méchants ! Les hommes sont méchants, vite, allons-nous-en !

D'hirondelle en hirondelle, l'horrible nouvelle se répandit à toute vitesse sur la Terre. Et le soir même, des milliers et des milliers d'oiseaux blancs s'élevèrent et disparurent tout en haut du ciel.

Au matin, les gens trouvèrent leur planète étrangement calme : plus un chant, plus un battement d'ailes, plus un mouvement dans le ciel !

Les jours suivants, tout alla de mal en pis : le soleil fut caché par des nuages qui ne s'en allaient plus, les arbres perdirent leurs feuilles, les rivières se mirent à geler... Brrr ! Il fit si froid, que la plupart des gens rentrèrent chez eux, comme avant, et cessèrent de cultiver leurs champs. Évidemment, la faim et les maladies ne tardèrent pas à pointer leur vilain nez...

— Ce sont les hirondelles ! dirent les gens. Depuis qu'elles sont parties, tout s'est détraqué ! Il faut qu'elles reviennent !

Alors tout le monde se mit à supplier le bon Dieu, pour qu'il veuille bien rappeler les hirondelles.

Le bon Dieu est brave, il préfère pardonner plutôt que de se fâcher. Comme les hommes promirent de ne plus faire de mal aux hirondelles, il accepta de les renvoyer sur la Terre.

Le jour même, des nuages d'oiseaux blancs redescendirent sur la Terre, et aussitôt, le temps redevint doux et délicieux comme la première fois.

Mais les hommes, au lieu de se réjouir de leur printemps retrouvé, tremblaient sans cesse à l'idée que les hirondelles pourraient s'en aller de nouveau.

Aussi, ils crurent très malin d'inventer une ruse à leur façon… Une nuit, tandis que les hirondelles du monde dormaient tranquillement, ils les prirent dans un filet et les enfermèrent toutes ensemble dans une grande tour !

Au matin, quand les hirondelles prirent leur envol comme d'habitude, elles se cognèrent dans la muraille ! Et bientôt un tintamarre de cris, de battements d'ailes et de coups de bec affolés retentit dans la tour !

Les gardiens n'étaient pas des anges : ils venaient à peine de se coucher, après avoir vidé pas mal de pichets en jouant aux dés, et ce réveil en fanfare ne leur plut pas du tout.

En colère

— Maudits sacs à plumes, et ça piaille, et ça braille et ça nous empêche de ronfler ! Hé, hé ! nous allons les faire piailler pour de bon !

Et voilà les gaillards qui grimpent à la tour en ricanant. Horreur ! Munis de couteaux, ils entaillent les ailes de toutes les hirondelles, une par une, tout en chantant cet affreux refrain :

Chanter

> *L'hirondelle qui*
> *me casse les oreilles*
> *ni une*
> *ni deux*
> *je lui taille les ailes !*
> *Et plus je taille*
> *et plus elle piaille !*
> *Et plus je taille*
> *et plus elle piaille !*

À ce moment, le vent du nord se leva, glacé et violent, et emporta les petites plumes blanches des pauvres bêtes.

Il fit bientôt si froid que les gardiens descendirent allumer un feu dans leur cheminée.

Cependant les oiseaux, frappant de plus belle avec leur bec, finirent par faire une ouverture dans la muraille : le vent du nord s'y engouffra, et emporta avec lui toutes les hirondelles. Dès qu'elles eurent disparu dans le ciel, tout redevint calme et silencieux : alors, les millions de petites plumes blanches tombèrent doucement sur la Terre : c'était la première neige.

Les hommes comprirent vite que les hirondelles étaient reparties à nouveau avec leur printemps. Mais cette fois, ils eurent beau supplier le bon Dieu de leur pardonner et de renvoyer les oiseaux, le bon Dieu ne voulut rien entendre.
— Non, ah non ! ronchonnait-il pour lui-même. Non, non et non ! Ils sont trop méchants ! On ne m'y reprendra pas !
Mais on n'est pas bon Dieu pour rien :
« Je ne peux tout de même pas les laisser comme ça ! songea-t-il. C'est trop triste ! »
Le bon Dieu eut une idée : les hirondelles reviendraient chaque année au printemps, pour six mois, le temps de la belle saison. Mais elles s'en iraient ensuite pendant six mois, pour que les gens se souviennent à quel point elles sont précieuses.
C'est ainsi que les saisons ont commencé sur la Terre, et l'histoire a montré que c'était une très bonne idée.
Restait malgré tout un petit problème : les ailes blanches des hirondelles avaient été taillées par les méchants gardiens...
— Qu'à cela ne tienne ! s'exclama le bon Dieu qui a réponse à tout : elles auront désormais des ailes noires !
Et ainsi fut fait.

Les hirondelles aux ailes noires.

HISTOIRES D'ANIMAUX

Les Cornes d'abondance

Adapté d'un conte africain.
Ce conte, intitulé « Le petit bœuf rouge », est répandu dans toute l'Europe, en Inde, en Amérique du Nord et du Sud, et dans certaines parties de l'Afrique.
Le héros, persécuté, obtient d'un animal nourricier chaque jour un bon repas, mais l'animal est mis à mort. Alors, sur le conseil de l'être qui le protège ou de l'animal lui-même, le héros réclame une partie de la dépouille qu'il va enterrer. À cet endroit, s'élève un arbre merveilleux qui donne des fruits en toutes saisons.

À partir de 4 ans   7 min   Savane   Garçon
Taureau
Villageois

Il était une fois, dans la savane africaine, un gros village assez prospère : les taureaux et les vaches ne manquaient pas dans le grand enclos ! Et tout le jour, tandis que les femmes s'activaient entre leurs cases et leur travail des champs, les enfants bien nourris jouaient gaiement dans les environs.

Mais il y avait un enfant qui n'était pas heureux, qui ne jouait jamais et qui ne mangeait pas à sa faim.

Tout le monde le savait, mais personne ne voulait s'occuper de cet enfant-là, ni rien partager avec lui.

Ton agacé — Nous avons déjà trop de tracas avec les nôtres, ça suffit bien ! disaient les femmes.

Ton agacé — Il n'a qu'à se débrouiller avec sa tête et ses jambes ! disaient les hommes.

— Il est trop triste pour jouer ! disaient les enfants.

Seules les bêtes, dans l'enclos, le regardaient avec leurs gros yeux doux. Mais à quoi bon ?

L'enfant avait perdu sa mère un an auparavant. Quant à son père, il partait des journées entières à la chasse et ne se souciait pas plus de son fils que d'un poulet.

Pour obtenir de quoi manger, le petit essayait de se rendre utile dans le village : il ramassait un peu de bois pour l'un, il portait une charge pour l'autre, il faisait le messager... mais tout ce qu'il gagnait, c'était de se faire houspiller à longueur de journée !

Cela ne pouvait pas durer. Un soir, l'enfant en eut assez :

— Je vais quitter ces gens sans cœur. Je tenterai ma chance ailleurs et je ne reviendrai plus jamais dans ce village !

À la nuit tombée, il se glissa silencieusement vers l'enclos à bestiaux. Le taureau de son père était là, avec son bon regard. L'enfant tout maigre grimpa sur le dos de l'énorme bête, et tout deux s'éloignèrent dans la savane immense...

Tous deux s'éloignèrent.

À l'aube, ils s'arrêtèrent pour se reposer un peu. Mais ils avaient à peine fermé l'œil qu'un grondement retentit dans le sol : dans un nuage de poussière, un troupeau s'approchait.

Le bon taureau prit alors la parole :
— Vois-tu cette horde ? Le taureau qui la mène va m'attaquer. Ne crains rien : c'est moi qui serai vainqueur.

Un instant plus tard, en effet, le chef de horde, ses terribles cornes en avant, se rua sur lui.

Le garçon, terrifié, se fit tout petit pour assister au combat. Mais comme prévu, le taureau inconnu fut bientôt mis en déroute et s'enfuit avec son troupeau.

L'enfant et son compagnon se remirent en route et tout le jour, ils marchèrent à travers la plaine...

Le soir, un autre taureau furieux se dressa devant eux, labourant le sol de ses sabots.

— Descends et cache-toi, dit le taureau à l'enfant : je vais devoir combattre de nouveau, mais cette fois, je suis trop fatigué pour vaincre. Ne crains rien : quand je serai mort, prends mes cornes et emporte-les partout avec toi. Tu les frotteras chaque fois que tu auras besoin de quelque chose, et tu ne manqueras plus jamais de rien.

À l'idée que son compagnon allait mourir, l'enfant se sentit désespéré : mais il ne pouvait rien y faire...

Tandis qu'il se mettait à l'abri, les deux bêtes se précipitèrent de tout leur poids l'une contre l'autre et combattirent violemment, en soulevant des nuages de poussière. Bientôt, le taureau de l'enfant s'effondra, rendant son dernier souffle.

Désormais, l'enfant était tout seul. Le cœur lourd, il prit les deux belles cornes de son ami, puis il s'éloigna dans la savane, bien décidé à ne pas revenir en arrière.

Le soir, il arriva devant une case et demanda un abri pour la nuit :

Avec gentillesse

— Sois le bienvenu, ami ! dit l'homme gentiment. Mais pour ce qui est du repas, n'y compte pas, car je n'ai moi-même plus

LES CORNES D'ABONDANCE

rien à me mettre sous la dent, que les herbes de la savane !
– Puisque tu partages avec moi ton toit, répondit l'enfant, partageons aussi mon repas !
Et sur ces mots, il frotta les cornes en demandant à boire et à manger. Aussitôt, un bon plat de riz saucé tout fumant fit son apparition, accompagné de fruits et de lait.
L'enfant et son hôte se régalèrent, puis se couchèrent le ventre plein.
Mais l'homme ne dormait pas : son esprit tournait et retournait autour des cornes magiques et l'envie de les voler à l'enfant grignotait son sommeil. Il finit par se lever tout doucement. Il prit les fameuses cornes, les cacha dans un coin, et les remplaça par une paire de cornes ordinaires. Sur ce, il alla se recoucher.

Au matin, l'enfant remercia l'homme pour son hospitalité et reprit son chemin, ses cornes en bandoulière. À nouveau, il marcha pendant des heures et des heures. Comme il avait faim, il s'arrêta un moment pour frotter les cornes et demander à manger :
– Ami taureau, donne-moi un bon repas !
Mais rien ne se passa. L'enfant eut beau frotter et frotter : pas de repas ! Il comprit finalement qu'il avait été trompé, et revint tristement sur ses pas...

Il reprit son chemin.

Arrivé près de la case, l'enfant entendit l'homme qui frottait les cornes en s'énervant :

Ton autoritaire

– Alors, ça vient ? Je veux un festin ! Je veux de l'or ! Je veux des habits de chef ! Maudites cornes, elles ne valent rien ! Ce garçon doit être sorcier !
La vérité, c'est que les cornes ne voulaient obéir qu'à l'enfant. Quand celui-ci fit son entrée, l'homme crut mourir de terreur : il s'enfuit à toutes jambes dans la savane.

L'enfant frotta les cornes et fit un bon repas. Et puisque la case était libre, il décida d'y dormir. Le matin, après une bonne nuit, il prit ses précieuses cornes et se remit en chemin.

Encore une journée sous le soleil, à marcher et marcher. Et à nouveau, le soir, le garçon se présenta devant une case :

– Peux-tu m'abriter pour la nuit ? demanda-t-il au propriétaire.

– Passe ton chemin ! répondit l'homme méchamment. Je ne veux pas de pouilleux chez moi ! *(Ton menaçant)*

Accablé, l'enfant marcha encore jusqu'à ce qu'il rencontre une petite rivière, non loin d'un village. Quand il fut bien lavé, il s'assit et frotta ses cornes :

– Ami taureau, je vois bien que partout, les hommes détestent la misère. Donne-moi des habits et des parures, que j'aie l'air d'un prince.

Et aussitôt, des vêtements du plus beau tissu et des bijoux en or apparurent devant lui. Il s'habilla et reprit son chemin.

Quand il arriva au village, le chef en personne vint au-devant de lui :

– Noble prince, sois bienvenu parmi nous ! dit-il en s'inclinant.

On fit une fête en son honneur. On lui lava les pieds, on lui donna la plus belle case, des femmes vinrent se proposer pour le servir, les hommes se disputèrent l'honneur de parler avec lui, les enfants le regardèrent avec admiration, et bientôt, la ravissante fille du chef lui fut donnée en mariage.

Le pauvre orphelin finit sa vie heureux et prospère.

Les cornes précieuses étaient toujours auprès de lui : elles lui apportaient l'abondance, mais elles étaient surtout le souvenir de son seul véritable ami.

Le Paon

Texte de Jules Renard, extrait des Histoires Naturelles *(1894).*

Jules Renard vivait dans le Morvan, où il était maire de son village. On trouve cette présence de la campagne dans les Histoires Naturelles *où il manifeste l'acuité de son regard vis-à-vis du monde animal dont il donne des interprétations poétiques. La qualité de l'observation s'y mêle à la tendresse.*

À partir de 3 ans

1 min

Ferme

Paons

Il va sûrement se marier aujourd'hui.

Ce devait être pour hier. En habit de gala, il était prêt. Il n'attendait que sa fiancée. Elle n'est pas venue. Elle ne peut tarder.

Glorieux, il se promène avec une allure de prince indien et porte sur lui les riches présents d'usage. L'amour avive l'éclat de ses couleurs et son aigrette tremble comme une lyre.

La fiancée n'arrive pas.

LE PAON

Il monte au haut du toit et regarde du côté du soleil. Il jette son cri diabolique.

<small>Crier</small> « Léon ! Léon ! »

C'est ainsi qu'il appelle sa fiancée. Il ne voit rien venir et personne ne répond. Les volailles habituées ne lèvent même pas la tête. Elles sont lasses de l'admirer. Il redescend dans la cour, si sûr d'être beau qu'il est incapable de rancune.

Son mariage sera pour demain.

Et, ne sachant que faire du reste de la journée, il se dirige vers le perron. Il gravit les marches, comme les marches d'un temple, d'un pas officiel.

Il relève sa robe à queue toute lourde des yeux qui n'ont pu se détacher d'elle.

Il répète encore une fois la cérémonie.

Petite Ombre et les poneys

Adapté d'une légende des Indiens d'Amérique du Nord.
Les récits étiologiques visent à expliquer comment une cause événementielle passée a des conséquences actuelles toujours réelles ; ce sont des explications par l'origine. Les folkloristes du dix-neuvième siècle ont appelé cette catégorie de récits « les pourquoi ». Ainsi, ici, nous voyons comment les chevaux sont apparus chez les Indiens, et pourquoi ils sont de petite taille.

À partir de 6 ans   8 min   Village   Garçon Esprit

Il était une fois, dans un village indien, un jeune orphelin dont personne ne voulait. Il vivait à l'écart, tout maigre et triste, dans une pauvre hutte. Comme il était trop petit pour chasser, il devait chaque jour mendier de quoi manger.

Les gens du village ne le laissaient pas mourir de faim, mais ils ne le renvoyaient jamais sans s'être cruellement moqués de lui :

Ricaner — Pourquoi t'obstines-tu à manger, Petite Ombre ? plaisantaient-ils. Ta vie ne sert à personne ! Tu ne peux même pas porter un fagot de bois sur tes épaules !

Il faut dire qu'en ce temps-là, les chevaux n'existaient pas encore, et l'on transportait tout à dos de chien... ou à dos d'Indien.

Seul le chef de la tribu avait pitié de l'enfant.

— Le Grand Esprit ne fait pas n'importe quoi, disait-il. S'il a laissé naître Petite Ombre, il avait sûrement quelque chose en vue pour lui. Qui sait, un jour, cet orphelin sera peut-être un héros ?

Mais tous les gens du village persistaient à penser tout bas que le Grand Esprit, cette fois-là, avait bel et bien fait n'importe quoi...

Chaque année, au printemps, les bisons revenaient dans la grande prairie. L'oreille collée au sol, les enfants écoutaient la terre trembler sous leurs sabots. Alors, tous les Indiens quittaient le village. Pendant de longues semaines, ils suivaient les troupeaux, accumulant la viande séchée et les fourrures pour l'hiver suivant.

Et chaque année, pendant ce temps, Petite Ombre errait dans le village désert, car personne ne voulait l'emmener :

— Il ne peut rien porter, il ne sait même pas chasser et il est triste comme un caillou ! disait-on. Qu'il reste ici, le Grand Esprit s'occupera bien de lui !

Bien entendu, personne ne songeait à lui laisser de quoi manger, et plus d'une fois, au retour de la saison de chasse, les Indiens avaient retrouvé l'enfant presque mort de faim...

PETITE OMBRE ET LES PONEYS

Cette année-là, quand tout le monde fut parti encore une fois en l'abandonnant, Petite Ombre se laissa tomber par terre et se mit à pleurer.

Ton désespéré

— Ô Tirawa, ô Grand Esprit, pourquoi m'as-tu laissé naître ? demandait-il entre deux sanglots.

— Tu ferais mieux de jouer, plutôt que de renifler ! lui répondit une voix.

Petite Ombre leva le nez, très étonné : il n'y avait personne autour de lui ! Et puis, jouer, vraiment, quelle drôle d'idée ! Il n'avait rien pour jouer, lui, le pauvre orphelin ! Rien que cette terre mouillée de larmes, à ses pieds !

— Justement ! dit la voix.

Surprise

— Comment ça, justement ! répondit l'enfant.

« Par Tirawa, je deviens fou ! » songea-t-il en s'entendant parler dans le vide. Et, tout en secouant la tête, il se mit à pétrir la terre machinalement entre ses doigts.

Pendant un moment, il oublia tout autour de lui : il modelait un petit chien. Ou plutôt, un grand chien. C'est-à-dire, une sorte de chien plus haut qu'un chien, plus long qu'un chien, avec des pattes plus fines et hautes que celles d'un chien, une tête plus grosse, un cou plus long, une queue tombant jusqu'aux pieds, des pieds avec des sabots, et même des espèces de cheveux tout le long du cou.

Surprise

— Mais qu'est-ce que c'est que ça ? s'étonna tout à coup Petite Ombre. Il est complètement raté, ce chien ! Je vais en faire un autre !

Il recommença avec un nouveau petit tas de terre mouillée, en essayant de s'appliquer... et refit malgré lui exactement le même animal. Les deux petites figurines posées devant lui, l'enfant fit la moue :

— Voilà ce qui s'appelle faire n'importe quoi ! dit-il pour lui-même. Heureusement qu'il n'y a personne pour me voir ! On

Les bisons.

se moquerait encore de moi ! Je vais vite les défaire !

Et comme il allait écraser ces espèces de chiens, la voix lui chuchota à l'oreille :

— Fais donc d'abord un petit somme !

Chuchoter

— Oh là là, décidément, ça ne va pas, bâilla le garçon en se frottant les yeux. Je ferais mieux de dormir un petit peu !

À peine avait-il fermé les yeux qu'il fit un drôle de rêve. Tirawa en personne descendait des grandes prairies célestes et s'adressait à lui en ces termes :

— Petite Ombre, le jour où je t'ai laissé naître, je ne faisais pas n'importe quoi ! Pas plus que toi, lorsque tu as modelé entre tes doigts ces deux animaux... Ce ne sont pas deux chiens ratés, non : ce sont deux petits chevaux fort bien réussis ! Et sur leur dos, toi et les tiens pourrez désormais parcourir de grandes distances et transporter tous vos fardeaux ! Grâce à eux, toi, Petite Ombre, tu deviendras un grand héros. Mais pour cela, tu dois faire ce que je te dis : conduis tes chevaux près de la Grande Rivière, et laisse-les paître et grandir pendant quatre jours. Ensuite, fais ce que tu voudras !

Sur ces mots, Tirawa disparut et le garçon s'éveilla en sursaut.

Petite Ombre faisait confiance à ses rêves : il courut vite à la rivière, avec ses deux figurines, et les posa près de l'eau. Aussitôt, les deux minuscules chevaux s'animèrent : ils se mirent à gambader en hennissant, vinrent se frotter aux mocassins de l'enfant, puis broutèrent de bon cœur l'herbe du pré !

Petite Ombre s'assit sur une pierre et passa le reste de la journée à regarder. C'était merveilleux : à chaque bouchée d'herbe grasse, à chaque gorgée d'eau de la rivière, les petits chevaux devenaient un peu plus grands !

Le soir, ils avaient déjà la taille de deux chiens moyens. L'enfant les ramena au village désert, où ils dormirent avec lui.

PETITE OMBRE ET LES PONEYS

Le lendemain soir, après une deuxième journée au bord de la rivière, ils étaient grands comme deux doubles chiens, c'est-à-dire qu'ils arrivaient à peu près au menton de Petite Ombre. Cette nuit-là, ils dormirent dans la hutte du chef, qui était la plus grande du village.

Le troisième jour, Petite Ombre dut hausser le cou pour être nez à nez avec ses deux chevaux. Malgré les conseils du Grand Esprit, il estima que c'était suffisant. Il grimpa sur un des chevaux et, entraînant l'autre derrière lui, s'en alla vers la prairie où chassaient les Indiens.

Tirawa, voyant cela du haut des grandes prairies célestes, fut un peu contrarié :

Avec reproche — Trois jours, c'est trop court ! dit-il à Petite Ombre. Ce ne sont pas encore des chevaux, ce ne sont que des poneys !

— Peut-être, mais ils sont parfaits ! répondit le garçon, désormais habitué à discuter avec le Grand Esprit.

Ton résigné — Bon, fit celui-ci. Comme tu voudras.

« Après tout, songea-t-il, cet enfant n'a pas tort : plus petits, les poneys sont plus agiles, c'est bien pour la chasse. »

Quand Petite Ombre surgit dans le campement des Indiens avec ses deux poneys, les autres furent aussi surpris que si un bison était passé en volant comme une mouche sous leur nez. Le chef fut le premier à se ressaisir :

— Je vous l'avais bien dit ! s'exclama-t-il. Le Grand Esprit ne fait jamais n'importe quoi !

En vérité, il ne fallut pas longtemps pour que tous les Indiens se rendent compte de la merveille que Petite Ombre avait accomplie - avec l'aide du Grand Esprit. Les deux poneys firent des petits, qui grandirent à leur tour, et bientôt tout un troupeau broutait près du village, rendant d'innombrables services !

De son côté, Petite Ombre, jusqu'alors tout chétif et à peine

Petite Ombre et ses poneys.

plus haut qu'un double chien, se mit lui aussi à grandir ! Comme si l'affection de ses frères le poussait, il devint grand et fort, et bientôt, fut le plus valeureux chasseur du village.

Aussi, lorsque que le vieux chef mourut, le Grand Esprit, qui ne faisait jamais les choses à la légère, inspira à tous les villageois le désir de prendre Petite Ombre pour chef.

Et il en fut ainsi, pour le plus grand bien de tous.

Comment rater la soupe à la crevette

Adapté d'un conte indien.
Ce conte cumulatif (ou randonnée) connaît une variante : quand la maison de la femme s'écroule, celle-ci en sort et tombe dans un puits.

À partir de 3 ans | 7 min | Rivière Campagne | Arbre Animaux Jeune homme Vieille dame

Il était une fois un jeune homme assis au bord d'une rivière, les pieds dans l'eau : il aiguisait tranquillement ses couteaux.
Sous ses pieds, une crevette commençait à s'énerver :

Ton agacé

— Je vais lui apprendre à remuer ses grosses pattes dans mon domaine, celui-là !

Et elle lui mordit le mollet.

Crier — Ouille-ouille ! fit l'homme en se levant vivement.

Et, irrité par la morsure, il fit avec son couteau une grande balafre dans l'arbre voisin.

— Non mais ! Faut pas se gêner ! protesta l'arbre indigné.

Et de fureur, il lâcha un fruit gros comme un melon.

Un coq qui avait la mauvaise idée de se promener par là prit le projectile sur la tête.

— Quoi, quoi, qu'est-ce que c'est que ça ? fit-il, vexé comme un pou.

Le coq reçut le projectile.

Et, pour se passer les nerfs, il laboura sauvagement une fourmilière.

— Voilà ! voilà ! s'exclamèrent les fourmis exaspérées. On se tue au travail, et le premier étourdi qui passe nous casse tout !

Du coup, elles piquèrent méchamment l'étourdi suivant : un serpent qui rampait sans rien demander à personne.

Imiter le serpent — Ssssa sss'est méchant ! siffla le serpent.

Et il mordit pour se venger un sanglier qui trottait dans les parages.

Avec reproche — Allons bon ! Je ne lui ai rien fait, à celui-ci ! dit le sanglier, scandalisé.

Mais allez donc discuter avec un serpent qui ne sait que siffler. Et vlan ! et vlan ! le sanglier passa sa mauvaise humeur en fonçant tête en avant sur un bananier. Une chauve-souris, qui dormait sous les larges feuilles, faillit tomber par terre : son nid s'était effondré !

Crier — Vengeance ! Vengeance ! piailla la bestiole en voletant, affolée par la lumière.

Mais comme elle n'y voyait rien du tout, elle alla se cogner dans l'oreille d'un éléphant, et le mordit sauvagement !

Grosse voix — Tonnerre de tonnerre ! trompetta l'éléphant en secouant les oreilles.

COMMENT RATER LA SOUPE À LA CREVETTE

Et il donna un grand coup de pied dans un mortier de pierre, qui servait à piler le riz.

Le mortier dégringola toute la colline et défonça à moitié la maison d'une vieille dame qui faisait tranquillement la sieste.

Les vieilles dames n'aiment pas qu'on leur marche sur les pieds, et encore moins qu'on les tire de leurs rêves en cassant leur maison. Celle-ci n'était pas du genre à se laisser faire :

Avec colère

— Toi, tu vas me payer les réparations ! hurla-t-elle au mortier, furieuse.

— Certainement pas ! répondit-il. Je ne suis pour rien dans tout ça : c'est l'éléphant qui m'a poussé !

La vieille dame, qui n'avait pas froid aux yeux, alla se planter devant le nez (fort grand, comme vous savez) de l'éléphant :

Avec colère

— Toi, le pachyderme, tu vas payer les dégâts que tu as causés !

Crier

— Tonnerre de tonnerre, il ne manquerait plus que ça ! barrit l'animal. Adressez-vous à la chauve-souris, c'est de sa faute !

Un mortier.

— C'est pas ma faute ! C'est pas ma faute ! piailla la bestiole. C'est ce maudit bananier qui a jeté mon nid et mes petits !

Le pauvre bananier était lui-même par terre :

Voix désolée

— Regardez-moi, dit-il à la vieille dame d'un air pitoyable. Je suis la première victime du sanglier qui m'a secoué !

La vieille dame, plus décidée que jamais, retrouva le sanglier :

Avec colère

— Espèce de brute, tu vas payer ma maison qui est cassée à cause de toi !

Avec colère

— Ah non ! dit le sanglier. Pas question ! Le serpent m'a mordu alors que je n'avais rien fait : c'est lui qui doit payer !

La vieille dame prit un bâton fourchu, et coinça le serpent au sol :

En grondant

— Je te tiens, sale bête : tu vas payer pour ce que tu as fait !

Imiter le serpent

— Au sssecours ! Ssss'est pas moi ! siffla le serpent. Ssss'est les fourmis qui m'ont piqué !

Les fourmis travaillaient dur à rebâtir leur fourmilière :

— D'accord, dirent-elles à la vieille dame : pour le serpent, nous n'aurions pas dû. Mais cet imbécile de coq nous a mis hors de nous en cassant tout ici ! C'est lui le responsable !

— Toi, dit la vieille dame au coq, fini de chanter : tu vas payer !

Imiter le coq

— Quoi, quoi quoi ! hoqueta le coq, offensé. Et cet arbre, là, qui m'a assommé avec son fruit, il ne payera pas, lui ?

— Alors, qu'as-tu à dire, toi ? demanda la vieille dame à l'arbre.

En colère

— Moi, je dis qu'un petit coup sur la tête est vite passé ! répondit l'arbre, furieux. Je dis que moi, je suis défiguré pour la vie par cette balafre ! Je dis que cet homme qui me l'a faite sans aucune raison, on ne lui demande rien ! Et je dis que c'est scandaleux ! Voilà !

— Ah-ah, fit la vieille dame, très intéressée.

Elle fit quelques pas vers l'homme qui aiguisait ses couteaux au bord de l'eau, et vit que c'était son fils :

— Mon garçon, lui dit-elle : que tu le veuilles ou non, à cause de toi ma maison est cassée, et tu vas la réparer !

— Je ferai comme tu voudras, chère mère, dit l'homme. Mais pas avant d'avoir puni cette crevette qui a tout déclenché !

La crevette, qui nageait près du bord, entendit ces paroles. Elle regarda autour d'elle : il n'y avait pas d'autre crevette dans les environs. Elle se sentit mal à l'aise...

La vieille dame, le mortier, l'éléphant, la chauve-souris, le bananier, le sanglier, le serpent, les fourmis, le coq, l'arbre et l'homme, tous la regardaient d'un air plutôt mécontent.

Ton grave

— Tu as mérité la mort ! lui dirent-ils. Choisis : veux-tu mourir à l'eau froide ou à l'eau bouillante ?

— Froide ! fit-elle.

Et vlouf ! elle alla se cacher au fond de la rivière en répétant tout bas :

Tout bas

— Ils ne m'auront pas, ils ne m'auront pas !

Mais l'éléphant allongea sa trompe, et assécha d'un coup la rivière ! Alors, ceux qui voulaient se venger attrapèrent la crevette, et la donnèrent à un crapaud de leur connaissance, un vrai cordon bleu :

– Fais-nous une bonne soupe à la crevette, et nous la mangerons tous ensemble ! lui dirent-ils.

Le crapaud s'affaira, puis appela tout le monde pour manger. Mais les convives, au bout d'un moment, se regardèrent :

Avec reproche – Ceci n'est pas une soupe à la crevette ! dirent-ils, c'est une soupe à l'eau !

Le crapaud, confus, se mit à baver abondamment tout en bafouillant :

Imiter le crapaud – Ch'est-à-dire, ch'ai voulu chouter la choupe, et ch'ai avalé la chlevette par acchident ! Che chuis décholé !

Mais les autres ne l'entendaient pas de cette oreille : furieux, ils pincèrent chacun à leur tour le dos du crapaud, avant de rentrer chez eux.

L'homme reconstruisit la maison de la vieille dame, et tout s'arrangea pour tout le monde, sauf pour la crevette et pour le crapaud, qui, depuis ce jour, a plein de vilaines verrues sur le dos !

Le Rhinocéros et sa Peau

Texte de Rudyard Kipling, extrait des Histoires comme ça, *traduites par Robert d'Humières et Louis Fabulet,* © *Éditions Delagrave.*

Le romancier et poète anglais Rudyard Kipling est né en Inde en 1865. Issu d'un milieu anglo-indien très cultivé, il est mis en pension en Angleterre dès l'âge de 7 ans. Dix ans plus tard, il retourne en Inde où il publie ses premiers poèmes satiriques et où il fait ses débuts dans le journalisme. Son habileté dans le récit lui vaut une renommée immédiate. Il voyage beaucoup (Chine, Japon, Australie) et s'installe en Amérique le temps d'écrire Le Livre de la jungle. *Il est de retour en Angleterre dès 1896 et se consacre à l'écriture. Il a reçu le Prix Nobel de littérature en 1907. Il est mort à Londres en 1936.*

Les Histoires comme ça *pour les enfants furent écrites en 1902 en souvenir de ses enfants morts tragiquement.*

À partir de 3 ans | 5 min | Île | Jeune homme Rhinocéros

LE RHINOCÉROS ET SA PEAU

Or il y avait une fois, dans une île déserte des bords de la mer Rouge, un Parsi dont le bonnet reflétait les rayons du soleil avec une splendeur-plus-qu'orientale. Et ce Parsi vivait au bord de la mer Rouge sans rien de plus que son bonnet et son couteau, et un fourneau de cuisine, de l'espèce à laquelle il ne faut jamais toucher.

Un jour, il prit de la farine, de l'eau, des raisins, du sucre, etc., et se confectionna un gâteau qui avait deux pieds de large et trois d'épaisseur. C'était positivement un comestible superlatif (ça, c'est de la magie), et il le mit dans le four, et le fit cuire, cuire jusqu'à ce qu'il fût à point et sentît bon.

Mais au moment où il allait le manger, voici que descendit à la grève, sortant des Déserts Inhabités de l'Intérieur, un rhinocéros avec une corne sur le nez, deux petits yeux de cochon et peu de manières. En ce temps-là, la peau du rhinocéros lui allait tout juste et collait partout. Elle ne faisait de plis nulle part.

Il ressemblait tout à fait à un rhinocéros d'arche de Noé, mais en beaucoup plus gros, naturellement.

Tout de même, il n'avait déjà pas de manières, pas plus qu'il n'a de manières aujourd'hui, ni qu'il en aura jamais.

Il dit : « Quoi ! » et le Parsi lâcha son gâteau et grimpa jusqu'en haut d'un palmier, vêtu seulement de son bonnet d'où les rayons du soleil se reflétaient toujours avec une splendeur-plus-qu'orientale.

Le rhinocéros renversa le four, et le gâteau roula sur le sable, et le rhinocéros l'empala sur la corne de son nez et il le mangea, puis s'en alla en remuant la queue et regagna les Déserts Désolés et Totalement Inhabités de l'Intérieur, qui touchent aux îles de Mazanderan, Socotora, et aux Promontoires de l'Équinoxe Majeur.

Alors le Parsi descendit de son palmier, remit le four sur pieds et récita le Sloka suivant, lequel, puisque vous ne le connaissez pas, je vais avoir l'avantage de rapporter :

Toujours il en cuit
À l'imprudent qui
Chipe les biscuits
Par le Parsi cuits.

Ce qui voulait en dire bien plus long que vous ne sauriez croire. Pourquoi ?
Parce que, cinq semaines plus tard, il y eut une vague de chaleur dans la mer Rouge et tout le monde ôta tous les habits qu'il avait sur le dos.
Le Parsi ôta son bonnet : mais le rhinocéros enleva sa peau et la jeta sur son épaule comme il descendait se baigner dans la mer.
Dans ce temps-là, elle se boutonnait par-dessous, au moyen de trois boutons, et ressemblait à un waterproof.
Il ne fit aucune remarque au sujet du gâteau du Parsi, parce qu'il l'avait tout mangé et que jamais il n'a eu de manières, ni n'en aura maintenant ou plus tard. Il se mit à barboter dans l'eau et à souffler des bulles par le nez. Il avait laissé sa peau sur le bord.
Bientôt le Parsi arrive et trouve la peau et sourit, d'un sourire qui lui fit deux fois le tour de la figure. Puis il dansa trois fois autour de la peau et se frotta les mains.
Ensuite, il alla à son camp et emplit son bonnet de gâteau, car le Parsi ne mangeait jamais autre chose que du gâteau et ne balayait jamais son camp.
Il prit la peau, et il secoua la peau, et il racla la peau, et il l'incrusta de vieilles miettes sèches de gâteau qui grattent et

de quelques raisins brûlés, tant et tant qu'il y eut moyen. Puis il remonta dans son palmier et attendit que le rhinocéros sortît de l'eau et remît sa peau.

Ce qu'il fit.

Il boutonna les trois boutons, et ça le chatouilla comme des miettes dans un lit. Alors, il voulut se gratter et ça devint pire ; alors, il se coucha sur les sables et se roula, se roula, se roula, et chaque fois qu'il se roulait, les miettes le démangeaient dix fois plus. Alors, il courut au palmier et se frotta, se frotta et se refrotta contre. Il frotta tant et si fort que sa peau fit un grand pli sur les épaules et un autre pli dessous, là où il y avait les boutons (mais les boutons avaient sauté à force d'être frottés), et il fit d'autres plis tout autour des pattes.

Son humeur se gâta, mais c'était bien égal aux miettes. Elles restaient sous sa peau et le démangeaient très fort. De sorte qu'il rentra chez lui très en colère et se grattant tout du long ; et depuis ce jour, tous les rhinocéros ont la peau qui fait de grands plis, et un mauvais caractère ; tout ça, à cause des miettes qu'il y a dessous.

Mais le Parsi descendit de son palmier, avec, sur la tête, son bonnet d'où les rayons du soleil se reflétaient avec une splendeur-plus-qu'orientale, emballa le fourneau et s'en alla dans la direction d'Orotavo, d'Amygdala, des Hautes Prairies d'Anantarivo et des Marais de Sonaput.

Le rhinocéros en colère.

HISTOIRES D'ANIMAUX

Antilope trompée par Escargot

Adapté d'un conte africain.

Le thème de « la course des deux animaux » oppose la catégorie des animaux rapides (lièvre, renard, loup...) et la catégorie des animaux lents (escargot, crapaud...). Pour triompher de son adversaire qui, normalement, lui est supérieur, l'animal lent a recours à une ruse. Cette forme du thème est bien connue en France où l'on recense une trentaine de variantes, la version littéraire la plus célèbre étant bien sûr Le lièvre et la tortue *de La Fontaine.*

À partir de 2 ans

6 min

Forêt

Antilope Escargot

Ton joyeux

Un beau matin dans la forêt d'Afrique, Mboko l'antilope croise sur son chemin Kouba l'escargot...
— Salut collègue ! dit Mboko. Belle journée n'est-ce pas ?

— Belle en effet ! répond Kouba. Herbe tendre et cailloux frais, que demander de plus ! Salut à toi !

Et chacun s'en va de son côté – ou, plus exactement, Mboko bondit en avant, tandis que Kouba, lui, recommence à se pousser doucement...

La belle journée se passe, et le soir, Mboko repasse par hasard au même endroit.

— Tiens, tiens ! Salut collègue ! redit-il à Kouba. Belle soirée, n'est-ce pas ?

— Admirable ! répond l'escargot. Salut à toi !

Mais l'antilope ne bouge pas :

— Écoute, l'ami, dit-il, une chose m'intrigue : comment se fait-il que je te retrouve ce soir quasiment au même endroit que ce matin ? Sans indiscrétion : qu'as-tu fait de ta journée ?

— Ma foi, j'ai fait mon chemin ! répond Kouba. Je n'ai pas cessé d'avancer !

<small>Ton moqueur</small>

— Ah, ah ! elle est bien bonne ! rit Mboko. Sans vouloir te vexer, l'ami, tout ton chemin de la journée ne fait pas plus qu'un quart de demi-bond de la mienne !

<small>Sèchement</small>

— Oh là ! répond sèchement l'escargot. Ne le prends pas de si haut, Mboko, car si je veux, je peux avancer aussi vite que toi, et même t'oublier loin derrière moi !

<small>Ricaner</small>

— Ah, ah ! de mieux en mieux ! se moque l'antilope. Veux-tu que nous fassions la course, pour voir ? Hé, hé ! C'est ça qui serait à mourir de rire !

— Mais avec plaisir ! dit Kouba le plus sérieusement du monde. Dans cinq jours, rendez-vous ici-même pour le départ. Et un conseil, collègue : entraîne-toi bien !

— C'est entendu ! répond Mboko, interloqué.

Et il s'éloigne en retenant son rire...

— Eh bien, dit l'escargot pour lui-même, ce grand prétentieux ne perd rien pour attendre !

Antilope et Escargot

ANTILOPE TROMPÉE PAR ESCARGOT

Et il se met en route à toute allure – c'est-à-dire très lentement – vers le lieu de rassemblement des escargots.

Un peu plus tard, Kouba, perché sur un caillou, s'adresse à des dizaines d'escargots :

Voix forte — Mes frères ! Mboko l'antilope se croit supérieur parce qu'il est l'animal le plus rapide de la forêt. Aujourd'hui encore, il s'est moqué de moi - donc de tous les escargots ! - parce que je ne marche pas vite. Alors, j'ai décidé de lui jouer un bon tour : nous ferons la course, et Mboko sera battu ! Voici comment : nous nous placerons tout le long du parcours, à intervalles réguliers, du point de départ à l'arrivée. C'est pourquoi j'ai fixé la course dans cinq jours : le temps pour chacun de rejoindre son poste. Mes amis, c'est notre honneur à tous qui est en jeu !

Les escargots ridiculisant l'antilope, quelle bonne idée ! Tous les frères de Kouba acceptent joyeusement ce défi, et chacun se met en route vers l'endroit où il doit se trouver au moment de la course.

Le cinquième jour, à l'heure dite, Mboko et Kouba sont au départ :

Ton joyeux — Alors, collègue ! s'exclame l'antilope, toujours prêt à me vaincre ? Pourtant, tu ne m'as pas l'air mieux équipé pour la course maintenant que l'autre jour !

— Tu ferais mieux de te concentrer, plutôt que de fanfaronner ! répond Kouba. Tu ne sais pas ce qui t'attend !

Ton moqueur — Laisse-moi rire ! dit Mboko. Je serai déjà arrivé depuis longtemps quand tu seras encore en bas de ce caillou !

Avec autorité — Trêve de discours ! En place pour le départ !

Et un instant plus tard, au signal, l'antilope se jette en avant, tandis que l'escargot s'installe tranquillement sur son caillou : inutile de courir, ses frères sont sur la piste !

Au bout d'un moment, Mboko s'arrête et se retourne :
— Alors, l'ami, où en es-tu ? Tu me vois encore ? demande-t-il pour s'amuser. *(Crier)*
— Tu me tournes le dos ! répond une voix.
L'antilope sursaute : l'escargot est plus loin que lui sur le chemin ! Affolé, Mboko reprend sa course de plus belle.
« Cet escargot est étonnant ! songe-t-il. Mais après tout, je suis bien bête de courir si vite : il ne peut pas plus me battre qu'une fourmi porter un éléphant ! »
Et sur ce, Mboko s'arrête pour brouter un petit peu.
Tout de même, il n'est pas tranquille :
— Escargot, tu es là ? *(Crier)*
— Ici, devant toi ! répond aussitôt une voix.
Et l'antilope repart aussi vite que si une mouche l'avait piqué.
Au bout d'un moment, hors d'haleine, il fait une halte.
— Kouba, hou-hou ? appelle-t-il faiblement. *(Crier)*
— Oui, oui, par ici ! entend-il en réponse.
Encore devant lui ! C'est incroyable ! Mboko n'y comprend rien, mais il bondit en avant et court plus vite que jamais ! Il se donne tant de peine qu'il est obligé de s'arrêter de temps en temps, et à chaque fois, trois pas en avant de lui, une petite voix dit joyeusement :
— Coucou, je suis là ! *(Ton joyeux)*

À moitié fou, Mboko trébuche enfin sur le point d'arrivée, et s'écroule, épuisé.
— Ouf ! dit-il en suffoquant à moitié tellement il est essoufflé. J'y suis ! *(Suffoquant)*
— Dommage ! dit alors la voix tranquille de l'escargot : j'y étais bien avant toi !
Mboko ferme les yeux de désespoir, et pense qu'il fait tout simplement un cauchemar.

Mais le frère de Kouba lui dit à l'oreille :

— Tu vois, grande antilope, quand un petit escargot de rien du tout l'a décidé, il peut te battre à la course ! Alors cesse donc de te moquer de ceux qui sont moins rapides que toi : car ils sont souvent plus malins !

Chuchoter

HISTOIRES D'ANIMAUX

La Loutre et les Indiens

Adapté d'un conte des Indiens d'Amérique du Nord.

Le conte, intitulé « Les animaux reconnaissants » est répandu en Europe, en Asie et en Amérique du Nord de langue française.

Le thème : un animal reconnaissant intervient en faveur du héros qui a épargné ses enfants. Le héros réussit ainsi les tâches qui lui sont imposées.

Le motif des animaux reconnaissants est rarement un conte autonome. En revanche, il figure dans de nombreux contes en tant qu'élément auxiliaire permettant le succès du héros. Une première version écrite de ce conte apparaît en Perse au quatorzième siècle.

À partir de 5 ans

9 min

Grand Nord
Village

Chasseur
Sorcier
Jeune
homme
Loutre

Il était une fois une tribu de Peaux-Rouges installés au fin fond du Grand Nord, dans un pays si froid qu'il n'y avait qu'eux, le Grand Manitou et quelques bêtes sauvages pour y survivre.

Mais, cet hiver-là, les vaillants chasseurs ne trouvaient pas la plus petite trace de gibier dans la neige ! Une terrible tempête sifflait sur la forêt, et chaque soir, les hommes rentraient bredouilles dans leur wigwam, poursuivis par le hurlement des loups.

Les esprits étaient soucieux, et les estomacs criaient famine !

Un soir, Dadahwat, le Grand Sorcier de la tribu, s'adressa aux hommes :

– Nos malheurs ont trop duré. J'ai invoqué mon sac magique pour qu'il nous aide. Vous n'avez qu'à le toucher en pensant à l'animal que vous souhaitez chasser, et cet animal viendra à votre rencontre. Mais attention : si vous mangez le cœur de votre proie, le charme du sac magique sera rompu pour toujours !

Pleins d'espoir, tous les chasseurs touchèrent le fameux sac, les uns pensant au bon gros ours, les autres au cerf majestueux ou au lièvre blanc bondissant... Quand vint le tour du plus jeune, Skagedi, il pensa au lynx aux oreilles pointues.

Sur ce, chacun alla se coucher... et le Grand Esprit fit passer des troupeaux entiers de bêtes sauvages dans les rêves des chasseurs.

Mais Skagedi ne dormait pas : il avait faim, très faim !

« Pourquoi attendre le matin ? songeait-il. Le lynx aime la nuit : c'est le moment ! »

Et sans hésiter, il se leva et s'en alla vers la forêt, faiblement éclairée par un petit rayon de lune.

Skagedi s'attendait à de longues heures de marche : sac magique ou pas, le lynx n'est pas une proie facile ! Mais il avait à peine pénétré dans la forêt qu'il se figea sur place : à quelques pas de lui pointaient dans l'obscurité les oreilles de l'animal...
Le lynx chassait, lui aussi. Deux jeunes loutres se débattaient entre ses pattes, et il s'apprêtait à leur donner le coup de grâce... mais Skagedi vit le regard suppliant des pauvres bêtes : il décocha une flèche et tua le lynx.
Les jolies petites loutres s'enfuirent immédiatement dans les profondeurs de la forêt. Skagedi était tellement content de les avoir sauvées et d'avoir trouvé sa proie, qu'il oublia l'ordre de Dadahwat. Il ouvrit le ventre du lynx d'un coup de couteau, et, selon la coutume, en mangea le cœur.
« Aïe ! songea-t-il tout à coup. J'ai désobéi au Grand Sorcier ! »
Mais quand on a le ventre plein, une bêtise ne paraît jamais très grave :

Skagedi aperçut le lynx.

Avec optimisme

« Bah ! personne n'en saura rien du tout, je suis sûr que le sac magique continuera ses bienfaits comme si de rien n'était ! »
Et sur ces paroles peu raisonnables, il rentra se coucher en emportant son lynx.

Au petit matin, les hommes du village partirent en chasse à leur tour. Mais ils eurent beau courir les bois jusqu'au soir, pas de bon gros ours, pas de cerf majestueux, pas de lièvre bondissant : rien que le vent et le hurlement des loups !

Avec reproche

— Dadahwat, ton sac magique ne vaut rien ! dirent les chasseurs, mécontents, au Grand Sorcier.
Dadahwat fit sa tête de vieux hibou et entra dans une grande colère :

En grondant

— Si le sac magique n'envoie pas les animaux à votre rencontre, c'est que l'un d'entre vous a mangé le cœur de sa proie ! Et je vais savoir qui c'est !

Il n'eut pas à chercher très loin : devant le wigwam de Skage-di, gisait le lynx au cœur arraché.

En colère — Maudit sois-tu, Skagedi ! tempêta le Grand Sorcier. À cause de toi, le pouvoir de mon sac magique s'est envolé !

Le jeune homme sortit de son wigwam en se frottant les yeux.

En colère — Maudit sois-tu, par le Grand Manitou ! répéta Dadahwat. Nous allons tous partir et chercher un meilleur endroit pour vivre. Mais toi, tu resteras ici, tout seul, car tu as trahi la confiance de tes frères !

Ainsi fut fait. Chacun plia ses affaires pour le départ, et personne ne protesta contre la sentence du Grand Sorcier, car une faute très grave avait été commise... Seule la jeune Wia, qui aimait bien Skagedi, pleura en quittant le village avec les autres, le lendemain.

Plus un bruit, plus une parole, plus un rire ni un cri : seul dans son wigwam, Skagedi n'entendit toute la journée que le vent de la tempête et le crépitement de son petit feu...

Le soir, pourtant, il lui sembla entendre des pas. Il mit le nez dehors : personne... Mais une toute petite voix, tout près de lui, murmura :

Petite voix — Skagedi, Skagedi, m'entends-tu ? Tout près d'ici, il y a une grotte. Et dans la grotte, il y a un ours ! Skagedi, Skagedi, as-tu entendu ?

— Oui ! dit le jeune homme. Mais qui es-tu ?

Pas de réponse...

Dès le petit jour, Skagedi partit explorer les environs : il trouva bientôt la grotte, dans laquelle un ours dormait pour l'hiver. Skagedi eut vite fait de l'expédier au pays du Grand Sommeil, et il passa sa journée à découper la viande et préparer la peau.

Le soir, comme il s'endormait dans son wigwam, la petite voix se fit entendre :

> *Petite voix* — Skagedi, Skagedi, m'entends-tu ? Wia va venir te voir demain. Donne-lui ce message pour tes frères : qu'ils reviennent au village, et que Dadahwat rapporte le sac magique, car tu lui rendras tout son pouvoir. Skagedi, Skagedi, as-tu entendu ?

— Oui ! dit Skagedi en bondissant dehors pour voir qui avait parlé : mais il n'y avait personne.

Le lendemain matin, Wia arriva, ravie de retrouver son Skagedi bien vivant. Comme convenu avec la mystérieuse voix, le jeune homme confia le message à la jeune fille, qui s'en retourna annoncer la bonne nouvelle.

Skagedi passa le reste du jour à se fabriquer une paire de mocassins dans la peau de l'ours. Il attendait avec impatience l'heure de la voix. Et dès la tombée du jour, elle parla :

> *Petite voix* — Skagedi, Skagedi, m'entends-tu ? Quand Dadahwat rapportera le sac, prends-le dans tes mains et demande à tous les chasseurs, un par un, de dire l'animal qu'ils désirent. Tous les animaux sortiront du sac. Mais toi, tu ne demanderas rien : quand tous seront servis, tu viendras m'apporter ce qui restera au fond du sac. Je te dirai où le moment venu. Skagedi, Skagedi, as-tu entendu ?

— Oui ! répondit le jeune homme.

Et il alla tranquillement se coucher.

Le lendemain, tous les Indiens étaient de retour. Dadahwat vint tout droit vers Skagedi :

> *Voix forte* — Nous sommes revenus comme tu l'as demandé. Voici le sac : rends-lui son pouvoir magique, ou nous repartirons pour toujours !

Skagedi prit le sac et s'adressa à l'un des chasseurs :

LA LOUTRE ET LES INDIENS

– Quel animal veux-tu chasser ?
– Je veux l'ours ! répondit le chasseur.
Et un gros ours tout endormi sortit du sac.
– Et toi ? demanda Skagedi à un autre chasseur.
– Le cerf !
Et hop ! un cerf magnifique sauta hors du sac.
– Et toi ? dit Skagedi à un troisième homme.
– Le lièvre !
Et le lièvre blanc bondit vers lui.
Ainsi, sous les yeux émerveillés des chasseurs, des dizaines d'animaux sortirent du sac magique !
Quand tout le monde fut servi, Skagedi plongea la main dans le sac et rencontra quelque chose de tout doux : une patte de loutre !
– Reprends ton sac magique, dit-il à Dadahwat. Il a retrouvé son pouvoir. Quant à moi, j'ai quelque chose à faire...
Et, tournant le dos au village, il se mit en route pour rapporter la patte de loutre. Il ne savait pas du tout où il fallait aller, mais ses mocassins tout neufs semblaient le guider droit vers la forêt.
Bientôt, il aperçut une petite hutte, qu'il n'avait jamais vue auparavant : c'était sûrement l'endroit du rendez-vous.
Mais quand il entra dans la hutte, il n'y trouva en tout et pour tout qu'une vague odeur de loutre. Tant pis : Skagedi posa la patte et sortit très vite, pas très rassuré.
Il n'avait pas fait trois pas qu'il entendit la petite voix :
– Skagedi, Skagedi, m'entends-tu ?
Skagedi se retourna... et sursauta : un lac avait pris la place de la petite hutte ! Et du bord du lac, invisible, la voix continuait :
– Un jour, j'ai été prise dans un piège à loutre posé par l'un des tiens, et j'ai dû sacrifier ma patte pour me délivrer : c'est

Une loutre.

Petite voix

Petite voix

elle que tu viens de me rapporter. Toi, Skagedi, tu as sauvé mes deux petits des griffes du lynx, et c'est pourquoi je t'ai aidé. Désormais, le sac magique ne perdra plus son pouvoir, et je rends aux Indiens mon amitié. Mais que plus jamais, plus personne ne tende de pièges aux loutres ! As-tu entendu, Skagedi ?

Skagedi avait fort bien entendu ! À peine rentré au village, fou de joie, il raconta son histoire à Wia, puis à tous les gens de la tribu...

À partir de ce jour, les Indiens ne chassèrent plus jamais la loutre, leur amie. Et grâce au sac magique, personne n'eut plus jamais faim au pays du grand froid !

L'Énorme Ver

Adapté d'un conte anglais.

Ce conte, intitulé par les folkloristes « Le roi des poissons » ou « La bête à sept têtes », est répandu dans toute l'Europe, en Asie, en Afrique du Nord et du centre, à Madagascar et en Amérique.

Le héros pêche le roi des poissons, ou un tout petit poisson. Il le rejette. Alors, le sang de ce petit poisson se met à bouillonner : l'eau d'un puits se trouble, les arbres se flétrissent et meurent. Le héros a recours à une sorcière pour vaincre le monstre, dont les têtes repoussent si on ne les abat pas en même temps.

On a rapproché ce conte de la légende de Persée et d'Andromède.

A partir de 5 ans	8 min	Angleterre Rivière Château	Seigneur Ver

Il y a très longtemps, en Angleterre, vivait un jeune homme sans foi ni loi qui faisait le désespoir de son père. Héritier du seigneur de Lampton, Harry n'aimait pas sa famille, ne croyait pas en Dieu, ne faisait rien de ses dix doigts et

L'ÉNORME VER

poussait en toute occasion d'affreux jurons que l'on n'ose pas répéter. Bref, c'était un très mauvais garçon.

Un dimanche, pendant que tout le monde était à la messe, le jeune homme pêchait dans la rivière Wax. Mais il avait beau lancer et relancer sa ligne, ça ne mordait pas ! Tout ce que Lampton junior attrapa fut un grand ver assez répugnant.

Avec dégoût – Pouah ! fit-il.

Avec force jurons, il arracha la chose de sa ligne et la jeta dans une fontaine voisine, puis il n'y pensa plus...

Aujourd'hui encore, on appelle cette fontaine la fontaine du Ver...

Quelques jours plus tard, Harry Lampton partit pour les Croisades...

Cependant, dans la fontaine, le ver grandissait à toute vitesse. Il sortit de son abri, rampa jusqu'à la rivière et s'installa au pied de la colline, au bord de l'eau. Mais bientôt, il devint si grand et si gros qu'il s'enroulait complètement autour de la colline pour dormir ! Depuis ce temps-là, d'ailleurs, on appelle cette colline, la colline du Ver.

Il s'enroula autour de la colline.

Au début, la bête se contenta d'avaler de petits animaux sauvages et de faire quelques dégâts dans les récoltes... Puis un bon nombre de chiens, de vaches et de moutons finirent dans son gigantesque estomac.

Les paysans des environs, très inquiets, plièrent bagage et abandonnèrent leurs fermes.

Alors, l'énorme ver posa son regard sur le domaine de Lampton, de l'autre côté de la rivière Wax. L'herbe y était abondante, et les animaux bien gras...

Le ver rampa lentement vers le château, traçant un sillon répugnant dans la terre...

Au château, c'était la panique. Le vieux sire de Lampton ne savait trop que faire, et chacun se lamentait :

L'ÉNORME VER

Voix désolée

— Si au moins le jeune seigneur était là, il combattrait ce monstre ! disaient les malheureux.

Ton méprisant

— Peuh ! Ce voyou s'enfermerait pour boire dans le donjon, en se moquant de nos malheurs ! disaient les mécontents.

Avec espoir

— Allons, les Croisades lui auront peut-être mis du plomb dans la cervelle ! disaient les bienveillants.

Mais ils avaient beau dire, le jeune Lampton n'était pas là, et le ver approchait.

— Il paraît qu'il aime le lait ! dit l'intendant du château. Remplissons l'abreuvoir de lait, et il s'en ira sans faire de dégâts !

Ainsi fut fait. Le ver se tortilla jusqu'à l'abreuvoir, aspira le breuvage en un instant, et se retira, pliant et dépliant ses innombrables anneaux, jusqu'à la rivière.

On respira mieux, au château. Mais il fallut recommencer le lendemain, puis le jour suivant... Et à chaque fois, toutes les vaches du domaine Lampton épuisaient leur lait pour le ver !

Les gens se plaignirent :

— Tout notre lait pour un ver de terre ! C'est honteux !

Ils firent tant de bruit que le seigneur Lampton, le quatrième jour, refusa de remplir l'abreuvoir.

Alors, le ver rentra dans une grande colère : il fouetta de sa queue énorme le domaine de Lampton, arrachant d'un coup des dizaines d'arbres centenaires qui faisaient la fierté du seigneur.

Le lendemain, à nouveau, le ver eut son baquet de lait frais...

Il en fut ainsi pendant sept longues années. Le ver terrorisait les habitants, dévastait les récoltes, buvait tout le lait, et ne mourait jamais. De braves chevaliers vinrent de partout affronter ce monstre fameux, mais ils avaient beau le découper en mille morceaux avec leur épée, le ver se recollait immédiatement et étouffait les insolents dans ses anneaux...

L'ÉNORME VER

Au bout de sept ans, le jeune Lampton revint des Croisades, un peu moins jeune, un peu moins grossier, et beaucoup plus raisonnable qu'avant !

Il fut très mécontent de retrouver le pays en désolation, les tristes mines des gens et son père au bord du tombeau...

En grondant — Eh bien quoi ! s'écria-t-il. Je tourne le dos, j'affronte mille dangers, je reviens vivant, et vous qui ne risquez rien, pendant ce temps, vous laissez ce domaine tomber en ruine ! Saperlipopette ! Et tout ça pour un ver de terre ! Je vais de ce pas lui régler son compte !

Personne ne prit la peine de dire au jeune homme que le ver avait, lui, déjà « réglé leur compte » à un certain nombre de chevaliers...

Mais Harry Lampton, depuis les Croisades, avait appris à être prudent. Quand il aperçut l'immense ver enroulé autour de la colline, il comprit qu'il valait mieux prendre conseil. Aussi, il fit un petit détour par la ville voisine, où il alla consulter la mère Chichester, bien connue pour sa sagesse et ses ruses de sorcière.

Il y fut fraîchement accueilli :

En colère — Ah te voilà, toi ! Maudit voyou ! piailla-t-elle en lui tirant l'oreille. Comment oses-tu regarder tous ces gens dont tu as fait le malheur !

— Eh là, tout doux, ma mégère ! protesta l'héritier Lampton. Je ne suis pour rien dans tout ça, moi ! J'étais à la guerre !

En colère — Oui ! Mais si avant de partir tu avais été à la messe comme tout le monde, au lieu de jeter ce ver dans la fontaine, nous n'en serions pas là !

— Si tu dis vrai, je suis affreusement désolé ! dit Lampton. Mais les années ont passé depuis ces idioties de jeunesse et aujourd'hui, je veux faire cesser nos malheurs : aide-moi !

Bougonnant — Bon, bon, bougonna la sorcière. Prends ta meilleure côte de

L'ÉNORME VER

maille et hérisse-la de pointes acérées. Quand tu seras prêt à affronter le ver, attends-le sur un rocher au milieu de la rivière. Pour le reste, mon garçon, prends ton épée, fais ta prière et évite les jurons ! Quand tu en auras fini avec le ver, tu devras tuer le premier être vivant que tu rencontreras sur ton chemin. Sinon, pour neuf générations, les seigneurs de Lampton mourront de mort violente !

Le jeune Lampton remercia la mère Chichester et prépara tout selon ses instructions.

Vêtu de son armure hérissée de pointes, il se posta au milieu de la rivière, à l'heure où le ver la traversait pour aller chercher son lait. Bientôt, le monstre déroula ses anneaux et rampa vers le château. Mais en passant devant le rocher, il reçut un terrible coup sur la tête ! Furieux, le ver voulut étouffer le jeune homme dans sa queue.

Vêtu de son armure, il se posta dans la rivière.

Mais la mère Chichester était bien avisée : plus le ver serrait, plus les pointes s'enfonçaient dans son ignoble chair ! Il hurla de douleur, et relâcha le chevalier. Aussitôt, Harry Lampton saisit son épée et trancha à tour de bras le long corps du ver. Là encore, il vit combien la sorcière était de bon conseil : comme ils étaient en plein milieu de la rivière, le courant emportait un par un tous les morceaux de l'animal, qui ne pouvait pas se recoller, comme il l'aurait fait facilement sur la terre ferme !
Bientôt, le ver réduit en pièces mourut pour de bon.

Debout sur son rocher, chancelant, épuisé mais victorieux, Harry Lampton retint de justesse un juron de joie, et fit à la place une petite action de grâce !

Puis il s'en alla, tout heureux, vers le château.

Il avait prévenu tous les gens du domaine de rester enfermés pendant le combat :

— Je donnerai un coup de clairon pour annoncer ma victoire.

Puis je soufflerai deux coups : lâchez alors un chien qui viendra à ma rencontre... Et que personne d'autre ne sorte du château !

Au premier coup de clairon, le vieux seigneur fut si heureux qu'il oublia les ordres de son fils. Et le jeune Lampton, horrifié, vit son père courir vers lui, bras ouverts. Vite, il souffla deux coups, et un chien fut lâché... Mais trop tard, le vieil homme arriva le premier !

Harry Lampton regarda son épée, encore rouge du sang du ver.

« Qui saura que mon père était le premier ? » songea-t-il.

Et il plongea son épée dans la poitrine du chien.

Ainsi, la paix et la prospérité régnèrent à nouveau sur le domaine de Lampton.

Mais un sort est un sort, et Harry Lampton, tout comme les huit seigneurs qui vinrent après lui, mourut hors de son lit...

HISTOIRES D'ÎLES

île était une fois

La Pêche de Maui

Adapté d'une légende maorie.

Maui est un héros polynésien. Parmi ses hauts faits, les plus fameux sont d'avoir fait surgir diverses îles du fond de la mer en les pêchant, d'avoir forcé le soleil à ralentir sa marche, d'avoir apporté le feu sur la Terre, enfin, selon une tradition limitée à la Nouvelle-Zélande, d'avoir tenté, d'ailleurs sans succès et en y laissant sa vie, de rendre les hommes immortels en traversant le corps de la grande Dame des ténèbres.

À partir de 7 ans   10 min   Polynésie / Mer   Jeune homme / Dieu / Magicien / Frères

Maui était le cinquième et dernier fils d'une très jolie femme, Taranga. Comme il était né avant terme, et qu'il était frêle et de santé délicate, Taranga aurait dû l'étouffer, comme le voulait la coutume de ces îles d'Océanie. Mais l'enfant la regarda, et il y avait tant de tendresse dans ce regard, que

Taranga ne put se résoudre à lever la main sur lui. Au lieu de cela, elle coupa sa propre chevelure dont elle enveloppa le corps du bébé. Puis elle jeta ce ballot vagissant dans les flots. Les vagues bercèrent Maui dont les cris, peu à peu, devinrent de joyeux gazouillis. Le dieu de l'océan qui savait et qui voyait tout le prit sous sa protection. Il s'occupa personnellement de lui. Auprès d'un tel maître, Maui apprit tous les secrets de la mer, au point d'acquérir les pouvoirs d'un demi-dieu.

Il grandit et devint un beau jeune homme. Alors, Maui fit ses adieux au dieu de l'océan et, quittant les froides profondeurs du royaume sous-marin, il se dirigea vers des eaux plus chaudes, puis vers le rivage. Enfin, il débarqua sur une plage de sable blond. Là, il rencontra un vieil homme, du nom de Tama, qui lui proposa de vivre avec lui, dans une cabane, non loin de la mer. Et Maui, heureux de tant de générosité, accepta avec joie. Tama enseigna au jeune Maui les habitudes des hommes et les secrets des animaux. Il lui chanta les chants sacrés de sa tribu, et lui apprit aussi tous ses tours de magie.
Un beau jour Maui, versé à la fois dans les arts de la mer et dans ceux de la magie, demi-dieu et magicien déclara :
– À présent, je dois me rendre auprès de mon peuple.
Et à nouveau, Maui fit ses adieux à celui qui fut son père adoptif et son maître, puis il s'éloigna. Il traversa une forêt de cocotiers, des dunes de sable et une bananeraie avant d'atteindre une clairière au centre de laquelle se trouvait une longue maison. De la fumée s'échappait par l'unique cheminée. Parmi les personnes qui allaient et venaient, Maui distingua une grande et belle femme. C'était Taranga.
Maui la reconnut aussitôt ; il s'approcha d'elle :
– Maman ! C'est moi, ton fils...
Taranga le regarda et, oubliant le fragile bébé dont elle s'était

LA PÊCHE DE MAUI

un jour débarrassée, il y avait si longtemps, elle déclara :
– J'ai quatre fils, et vous n'êtes pas l'un d'eux.

Voix assurée — Non, vous avez cinq fils, répliqua Maui. Je suis le cinquième, que vous avez enveloppé dans votre chevelure et que vous avez jeté dans la mer. Je suis Maui.

Aussitôt, Taranga sut que cet étranger disait vrai. Elle le prit dans ses bras et le serra très fort contre elle. Elle l'aima de tout son cœur et Maui vint habiter avec ses frères et sa mère.

Les années passèrent. Maui et ses frères se marièrent. Ils eurent des enfants. Toutefois, la femme de Maui n'était pas contente. Elle faisait sans cesse des reproches à son mari :
– Tu es paresseux. D'une paresse ! Et en plus, tu ne rapportes pas assez de poisson.
– Mais je suis un excellent pêcheur ! protesta Maui. N'est-ce pas le dieu de l'océan en personne qui m'a appris à pêcher ?

Ricaner — C'est ce que tu dis, continua sa femme, enhardie, car elle se savait soutenue par les frères de Maui, mais on ne peut pas dire que tu t'exerces très souvent. Et s'il t'arrive de ramener une belle prise, tu restes ensuite une semaine à lézarder au soleil, à te reposer pendant que tes enfants et moi mourons de faim.

Les frères de Maui, qui tous étaient jaloux de lui depuis son retour des royaumes sous-marins, fatigués d'entendre ses grandes théories à propos de sa demi-déité, acquiescèrent.

Ton moqueur — Tu es un paresseux, Maui, déclarèrent-ils. Nous plaignons sincèrement ta femme et tes enfants. Tu dis que tu es un demi-dieu, mon œil ! Tu es plutôt un demi-homme, oui, raillèrent-ils.

Piqué par ces attaques et ces insultes, Maui décida de montrer à ses frères qu'il était bien le plus habile pêcheur de tous les temps. Il prit une dent de requin que lui avait donnée le dieu de l'océan et, en secret, à l'insu de ses frères, il entreprit de la

LA PÊCHE DE MAUI

tailler pour en faire un hameçon. Puis il le polit en chantant les incantations magiques de Tama.

Après avoir façonné l'hameçon, Maui retourna auprès de sa femme :

– Demain, j'irai pêcher avec mes frères, lui annonça-t-il.

Elle le regarda, incrédule, et se mit à bâiller. Il lui avait tellement dit cela qu'à présent, elle ne le croyait plus !

Puis Maui se rendit auprès de ses frères :

– Demain, je viendrai pêcher avec vous. Vous ne cherchez qu'à vous remplir l'estomac et à calmer votre faim, mais je ramènerai quelque chose qui vous éblouira. Vous en resterez muets d'étonnement.

Ses frères s'esclaffèrent :

– Ne vends pas la peau de l'ours avant de l'avoir tué..., lui répondirent-ils. Demande à tes enfants s'ils préfèrent avoir un père qui rapporte des poissons ou bien un père qui perd son temps à se vanter...

Sur ces paroles amicales, ils le quittèrent en riant et en se moquant de lui. Mais Maui n'en avait cure. Il avait caché dans sa poche son hameçon magique, et il souriait du sourire de l'homme qui est dans le secret des dieux.

Maui

Le lendemain, Maui accompagna ses frères à la pêche. À leur grande consternation, il les enjoignit de pagayer très loin du rivage.

– Mais pourquoi ? objecta l'un d'entre eux, les sourcils froncés. C'est dangereux, et cela ne sert à rien. Il y a autant de poisson près de la côte... Et en plus, le courant nous entraînera vers le grand large. Et puis, tu sais bien que les poissons préfèrent rester près des côtes où l'eau est plus tiède...

Voix forte

– Les poissons, les poissons, toujours les poissons ! Pourquoi devrais-je, moi qui suis un demi-dieu, me contenter de pêcher

177

LA PÊCHE DE MAUI

Ton autoritaire — du poisson ? Je vous le demande un peu ! railla-t-il. Continuons à pagayer. Il faut nous éloigner des terres. Allons vers le large où la mer est bleu foncé et partons à la recherche des mystères du dieu de l'océan.

Ses frères regardèrent Maui, terrifiés, mais l'autorité qui émanait de lui était telle qu'ils ne purent que lui obéir. Ils pagayèrent de toutes leurs forces et entraînèrent leur pirogue par-delà les vagues écumeuses, jusqu'à ce que la terre disparaisse à l'horizon. Ils étaient en pleine mer ; l'océan les environnait de toute part.

Puis Maui sortit de sa poche son hameçon fabriqué à partir d'une dent de requin sacré, taillé selon la manière que lui avait enseignée le dieu de l'océan et poli grâce aux secrets magiques du vieil homme, Tama. Il le fixa à une canne et il jeta sa ligne à l'eau. Comme l'hameçon s'enfonçait dans l'eau, les frères de Maui se rapprochèrent les uns des autres et regardèrent la ligne en se demandant avec une certaine crainte ce qui allait arriver. Seul, Maui n'avait pas peur. Il savait très bien ce qu'il y avait sous la mer, car c'était le royaume du dieu de l'océan et qu'il y avait passé toute sa jeunesse.

Il jeta sa ligne à l'eau

Pour commencer, Maui sentit que l'hameçon s'accrochait, mais il ne ramena pas sa ligne :

— Ce n'est qu'une statue qui trône au sommet d'une tour ; ce n'est pas la peine de la remonter, expliqua-t-il en souriant à ses frères.

Il libéra l'hameçon, le remonta, puis le rejeta à la mer. Pour la seconde fois, l'hameçon s'enfonça dans les eaux de l'océan Pacifique. Maui attendit qu'il s'accroche puis, sentant que cette prise était solide, il se tourna vers ses frères :

Triomphalement — Cette fois-ci, ça y est. Vous allez voir ce que vous allez voir !

Maui savait que son hameçon était accroché au palais du fils du dieu de l'océan. Alors, en tirant de toute sa force, Maui se

LA PÊCHE DE MAUI

mit à chanter les incantations magiques que lui avait apprises Tama. Il tirait, tirait, tirait. Petit à petit, il sentait qu'il ramenait une grande prise. Et pour cause ! Il tirait avec toute la force d'un homme agrémentée de celle d'un dieu et de celle d'un mage.

Les cinq frères se sentirent soulevés.

De la boue marron entoura la pirogue. Des carrés de pelouse apparurent, de-ci, de-là, entre les vagues. Maui continuait à tirer et à ramener sa ligne. Les fondations du palais du fils du dieu de l'océan étaient tellement solides, tellement bien fixées au fond de la mer, que, en même temps que le palais émergeait, il entraînait le fond de l'océan. D'abord, le toit apparut, puis le palais, puis le jardin et, regardant soudain autour d'eux, Maui et ses frères s'aperçurent que leur pirogue, loin de flotter sur les eaux de l'océan Pacifique, était posée sur de l'herbe. Ils restaient muets d'étonnement, sidérés, comme le leur avait prédit Maui.

Maui ramenait une grande prise.

Maui et ses frères sortirent de la pirogue.

Voix autoritaire

— Attendez-moi ici. Je vais aller voir le dieu de l'océan : il faut que je lui parle et que nous fassions la paix.

Maui laissa ses frères on ne peut plus ébahis devant le joli paysage qui s'étendait autour d'eux. Dès que Maui fut hors de vue, les quatre frères commencèrent à se disputer pour savoir lequel d'entre eux serait le roi de cette nouvelle île. Ils crièrent, se battirent, trépignèrent. Ils se jetèrent des pierres, et des poignées de terre, et des cailloux. À ce rythme ils eurent tôt fait de séparer cette grande étendue de terre en deux îles. Les pierres qu'ils avaient jetées devinrent des montagnes. Les endroits où leurs pieds s'étaient enfoncés lorsqu'ils trépignaient devinrent des lacs. Les touffes d'herbe devinrent de petites îles tout autour du rivage.

Lorsque Maui revint, ses frères avaient donné à la Nouvelle-

Zélande la forme qui est la sienne aujourd'hui, avec ses deux grandes îles, ses montagnes et ses lacs, ainsi que les petites îles autour des côtes. Car, au cours de ce lointain jour ensoleillé, c'était la Nouvelle-Zélande que Maui avait hissée des profondeurs sous-marines.

HISTOIRES D'ÎLES

L'Île disparue

Texte de Geneviève Huriet.

Notre monde n'est pas achevé : il ne cesse de se transformer, de se façonner. Dans les régions volcaniques, des îles apparaissent, disparaissent, au rythme mystérieux des éruptions sous-marines. Voici l'histoire d'une île japonaise qui a vraiment existé, il y a quelques dizaines d'années...

À partir de 7 ans

5 min

Mer du Japon

Goéland Marins

Des eaux grises du Pacifique, une île a surgi cette nuit, au large du Japon. Elle n'est pas belle : c'est une sorte de piton de lave, noir et peu engageant dont, même à pied, on aurait vite fait le tour. À force de secousses, d'éruptions renouvelées, un volcan caché sous la mer a fait émerger ce minuscule univers tout neuf.

Toute la nature lui fait bon accueil :

Crier — Laisse-moi faire ! crie l'océan tout agité. Tu auras bientôt des baies, des caps, des falaises !

— Je te modèlerai, chante le vent. Et je t'apporterai des graines et des pollens des terres voisines !

— Je me charge de les faire pousser, ajoute la pluie. Tu seras verdoyante !

Et l'île noire et nue semble déjà plus belle.

Bientôt, un grand oiseau s'approche en poussant des cris rauques : c'est Kamomê, le goéland.

— Je te salue, petite-soeur-cadette de toutes les îles du Japon ! Bienvenue !

Et, cérémonieusement, il fait trois fois le tour du piton avant de s'éloigner à tire-d'aile.

La nuit d'hiver, en tombant, enveloppe délicatement le paysage d'un épais brouillard argenté.

Au petit matin, l'océan s'est apaisé et, pour la première fois depuis plusieurs jours, des barques de pêcheurs s'en vont vers la haute mer. En tête, le Shikkari Maru (le bateau courageux) pique bravement dans la houle. Et voici que, tout d'un coup, le soleil apparaît, le brouillard s'effiloche, révélant à l'équipage la dernière-née des îles du Japon ! À bord, tout le travail s'est arrêté : le bateau a ralenti, les hommes se sont précipités au bastingage. L'homme de barre écarquille des yeux stupéfaits. Mais tous ont déjà compris : voilà pourquoi tant de tremblements de terre ont troublé leur vie ces derniers temps. Une île était en train de naître !

Le plus âgé des marins, Kenji-San, s'est déjà ressaisi. D'un geste solennel il lève les bras, puis s'incline profondément en frappant dans ses mains : c'est ainsi qu'on attire l'attention des dieux. Il saisit alors la boîte de métal qui contient son repas de riz et d'algues, l'élève bien haut et la jette à la mer en offrande. Derrière lui, tous les hommes se sont inclinés à leur tour, en hommage aux dieux et à la terre japonaise. Dans la gloire du soleil levant, l'île a vraiment belle allure...

L'ÎLE DISPARUE

Voix forte — Déjà, dans le monde entier, des téléscripteurs annoncent sa naissance : « Nouvelle île au Japon ! ; Un volcan sous-marin émerge au large de Honshu ! » Déjà des savants se réunissent, et un grand journal organise une expédition scientifique.

Le lendemain matin commence un ballet bruyant d'hélicoptères et de petits avions. Kamomê se sent mal à l'aise :

Murmurer — Que les hommes sont donc fatigants ! Toujours curieux, toujours agités ! grommelle-t-il.

Et comme un hélicoptère survole le piton, le grand goéland s'éloigne, furieux, indigné : c'est son île, après tout !

L'oiseau s'est enfui et n'est pas revenu. La ronde haletante des hélicoptères continue. Venue de l'horizon, une flottille s'approche. Ce ne sont plus des pêcheurs : le bateau gris bardé d'antennes qui vient en tête porte avec lui toute la science des hommes. Sur le pont, des silhouettes s'agitent : on prend des photos, on met à la mer un canot bourré d'instruments, un haut-parleur aboie des ordres : c'est comme une invasion. Immobile et noire, l'île semble dormir. Caché dans un nuage gris, Kamomê ne la quitte pas des yeux : une grande angoisse s'est emparée de lui.

L'île

Subitement, dans un terrible frisson, le piton tremble et oscille. Du fond de l'océan, une muraille d'eau verdâtre a surgi : elle monte vers le ciel, s'immobilise, se casse et s'effondre, engloutissant sous sa masse colossale le bateau gris qu'elle broie comme une coquille de noix. Fasciné, Kamomê a plongé jusqu'à l'écume des vagues et s'échappe à grand-peine :

Crier — Adieu, petite-soeur-cadette, adieu ! crie-t-il épouvanté.

… Deux jours plus tard, le Shikkari Maru est revenu : des débris de toutes sortes flottent encore à la surface de l'océan, mais l'île a disparu. Avec un respect tremblant, Kenji-San a jeté à la mer une couronne de feuillage et tous les hommes se sont inclinés. Mais avant de s'éloigner, ils se sont montré du doigt le grand goéland qui tournait inlassablement au-dessus de la mer, comme pour chercher encore l'île disparue…

L'Île magique

Adapté d'un conte norvégien.
Le thème de l'île magique sur laquelle les pêcheurs naufragés trouvent refuge est répandu dans les pays scandinaves, en Irlande et chez les Inuit.

À partir de
5 ans

12 min

Mer
Île

Pêcheur
Vieil homme

Il était une fois un pêcheur, Christiaan, qui était très pauvre. Il vivait avec sa femme et ses enfants dans une maisonnette, au bord de la mer. Tous travaillaient dur pour subvenir à leurs besoins. Mais ils étaient très unis et leur existence se déroulait paisiblement.
Toutefois, elle aurait été plus paisible s'il n'y avait pas eu leur riche voisin Roald. Roald, en effet, habitait à l'intérieur des terres et il aurait bien voulu posséder une sortie directe sur la mer pour y ancrer son bateau. Aussi, convoitait-il vivement les terres de Christiaan :

L'ÎLE MAGIQUE

— Tu verras, tu seras bientôt heureux de me vendre ton terrain. As-tu vu l'état de ta toiture ? Elle est à moitié démolie et tu n'as même pas de quoi la réparer. Ta maison va te tomber sur la tête, et il n'y aura que moi pour te la racheter. Tu seras bien content, alors. Et ton bateau, l'as-tu seulement regardé ? Il prend l'eau de toutes parts. Suis mon conseil : vends ta maison et pars pour la montagne : tu pourras chasser le caribou. Cela te rapportera plus.

Chaque fois qu'il le pouvait, Roald recommençait son discours, inlassablement, pour que Christiaan, poussé à bout, finisse par déménager. Mais Christiaan aimait la pêche. Son père et son grand-père avaient été pêcheurs avant lui, il avait toujours vécu dans ce village et il était fermement décidé à y rester. Aussi haussait-il les épaules lorsque Roald lui parlait.

Les trois oiseaux noirs.

Voix enjouée

Un jour, un orage surprit Christiaan alors qu'il pêchait, au large. Sa barque était ballottée en tous sens, de grosses vagues la submergeaient, et un coup de vent déchira sa voile. Alors, pour ne pas couler, il rejeta tous les poissons qu'il avait pris à la mer, mais ce n'était pas suffisant. La barque prenait l'eau de façon toujours plus inquiétante. Voyant qu'il ne pouvait plus rien faire, il se dit que sa dernière heure était sans doute arrivée. Alors, cessant d'écoper et de se démener, il s'allongea au fond de la barque, dans l'eau, et il attendit. Il n'avait pas plus tôt fermé les yeux qu'il entendit un cri d'oiseau. Se relevant, il aperçut, flottant sur les vagues, une poutre de bois sur laquelle avaient trouvé refuge trois oiseaux noirs.

« Mais c'est bon signe, se dit Christiaan. Cela veut dire que la terre n'est pas loin. Peut-être vais-je m'échouer... »

Comme la tempête continuait à faire rage, que Christiaan n'avait plus la force de lutter contre les éléments déchaînés, il se blottit au fond de la barque et attendit la fin de la tourmente.

L'ÎLE MAGIQUE

Son attente fut de courte durée. Peu après, en effet, sa barque toucha terre. Christiaan, étonné, avait devant lui un champ de blé doré. Un peu plus loin, il aperçut un verger, et une vigne aux belles grappes de raisin noir. Non loin du champ se trouvait une grande maison en pierre. Un vieillard, portant une grande barbe blanche, en sortit :

– Bonjour, Christiaan. Bienvenue sur l'île d'Udröst, l'île de l'abondance.

Christiaan n'en revenait pas. Ainsi, cette île légendaire dont tous les marins parlaient, dont on disait qu'elle apparaissait pendant les tempêtes pour recueillir les naufragés, cette île donc, existait bel et bien ?

Alors Christiaan s'empressa de répondre au vieil homme :

– Merci de votre hospitalité. Mais comment connaissez-vous mon nom ?

– Je sais le nom de tous les pêcheurs et de tous les marins qui accostent sur l'île d'Udröst. Tu dois avoir faim et être fatigué. Et tu es tout mouillé. Entre, viens te réchauffer.

– Bien volontiers, répondit Christiaan.

Le vieil homme.

Il suivit le vieillard à l'intérieur de la maison. Il se retrouva dans une très grande pièce, au centre de laquelle se trouvait une table chargée de mets appétissants : il y avait des pâtés et des jambons, des poulets, des gigots, des légumes sautés, des légumes en salade, des fruits, des fromages, des tartes et des biscuits… Christiaan n'en croyait pas ses yeux.

– Assieds-toi, Christiaan, et sers-toi.

Ce dernier ne se le fit pas dire deux fois. Le vieil homme s'assit auprès de lui :

– J'attends mes fils qui ne devraient pas tarder. Mais tu as dû certainement les rencontrer en mer.

– En mer ? Non, je n'ai vu personne. À part trois oiseaux perchés sur une poutre…

Etonné

– C'étaient mes fils, justement, dit le vieillard. Ce sont eux qui t'ont indiqué le chemin de l'île. Ah, mais tiens, j'entends des pas. Ce doit être eux.

C'étaient eux en effet. Trois grands jeunes hommes entrèrent, vigoureux et athlétiques, qui vinrent saluer leur père avant de prendre place à table.

Tous mangèrent de bel appétit, notamment Christiaan qui n'avait pas l'habitude d'une telle abondance.

Mais, à la grande surprise du pêcheur, tous cinq avaient beau se servir et se resservir, les plats restaient toujours pleins. Il était impossible de les vider. Devant l'étonnement de Christiaan, le vieil homme expliqua avec un sourire :

– Tu oublies que tu es sur l'île de l'abondance..

Bientôt, une ambiance chaleureuse régnait entre eux. Les trois frères étaient heureux de voir que leur invité faisait honneur au dîner de leur père.

– Cela fait plaisir de vous voir manger de si bel appétit, dit un des frères.

– Oui. Vous semblez être un valeureux pêcheur et un homme de confiance, fit le second.

– Nous verrons cela demain, dit le plus âgé.

Le lendemain, les trois frères partirent pêcher. Ils invitèrent Christiaan qui accepta, malgré l'orage qui menaçait. En effet, peu après leur départ, la pluie se mit à tomber avec vigueur.

Le vent se leva, et les frères hissèrent la grand-voile. Les vagues soulevaient l'embarcation, mais cela amusait les frères qui se mirent à chanter. Christiaan, d'abord effrayé, oublia vite sa peur. Il chanta, lui aussi. Et pendant que les trois frères jetaient leurs filets et ramenaient quantités de poissons, il vidait avec un seau l'eau qui s'accumulait dans le fond du bateau.

L'ÎLE MAGIQUE

Insouciants, les frères continuaient à pêcher. Lorsque toutes les bachottes furent pleines, la mer s'apaisa, la pluie cessa et le vent se calma. Alors, ils virèrent de bord et se dirigèrent vers l'île d'Udröst. Le vieillard les attendait devant sa maison. Il demanda joyeusement à Christiaan :

Ton joyeux
— Alors ? Comment s'est passée la pêche ?
— Il y a eu une tempête. Vos fils ont pris des poissons, mais je n'ai quant à moi rien attrapé du tout.
— On voit bien là le vrai pêcheur qui se désole, dit un des frères. Ne t'en fais pas, nous y retournerons demain. Tu prendras certainement quelque chose.

Une bachotte

Le lendemain, avant qu'ils n'embarquent, le vieillard donna quelques hameçons à Christiaan. Comme la veille, une fois qu'ils furent en mer, la tempête se déchaîna. Cette fois-ci, Christiaan lança sa ligne en même temps que les frères et il chanta avec eux. Il attrapa autant, sinon plus de poisson que les trois frères réunis. Ces derniers le félicitèrent et Christiaan fut très heureux de sa journée.

Le soir, il raconta tout au vieillard, mais il s'attrista soudain :

Voix désolée
— Quel dommage de ne pouvoir en faire profiter ma femme et mes enfants. Je crains, hélas, qu'ils n'aient rien à manger.

Alors, le vieillard lui déclara :
— Tu es courageux et généreux. Mes fils m'ont rapporté que tu n'avais pas eu peur et que tu savais bien pêcher. De plus, tu n'as pas oublié les tiens. Cela arrive fréquemment à ceux qui abordent sur cette île. Tout est tellement facile… Toi, en revanche, tu as immédiatement pensé à ta famille. Je te le dis, c'est très rare. Aussi, je vais te récompenser. Sur cette île, personne ne doit être triste ou avoir des soucis. Alors, si tu le souhaites, je préparerai ton voyage de retour.

Ton joyeux
— Oh, oui ! Je vous aime bien, tous, mais j'aimerais revoir ma famille.

L'ÎLE MAGIQUE

— Je te comprends. Si tu veux, tu peux partir demain. À une condition, toutefois. Tu dois me promettre que tu n'emporteras aucun des poissons que tu as pêchés.

Christiaan fut un peu surpris et contrarié.

Avec étonnement — Qu'en ferai-je ? Je ne vais pas les jeter ?

— Tu peux les donner à quelqu'un, ou les vendre… Mais je te le répète, tu ne dois emporter aucun poisson chez toi. Il y a une bonne raison à cela, que je ne puis t'expliquer.

Alors Christiaan promit.

Le lendemain, sur le rivage, Christiaan sur le point de partir, vit une barque toute neuve.

— Elle est pour toi, dit le vieillard. En récompense de l'aide que tu as apportée à mes fils en écopant le bateau qui aurait sombré autrement. Maintenant, va ! Mes fils te guideront. N'oublie pas ta promesse, et sache que tu ne rentreras pas chez toi les mains vides.

Christiaan remercia le vieillard et il prit la mer, sur sa barque chargée de biscuits, de jambons et des poissons dont il devait se débarrasser avant d'arriver chez lui. Dans le ciel, les trois corbeaux lui indiquaient le chemin

La traversée fut calme. En début d'après-midi, il aperçut le rivage qui lui était si familier. Les trois oiseaux lui lancèrent quelques cris en guise d'au-revoir, puis ils disparurent dans le ciel. Alors, Christiaan se dirigea vers le port, où il savait que se tenait le marché.

— Ainsi, lorsque j'arriverai chez moi, je n'aurai plus de poisson et j'aurai tenu ma promesse.

Comme ses poissons étaient gros, il les vendit très rapidement. Mais ses paniers n'arrivaient pas à se vider. Plus il vendait de poissons, plus il en avait ! C'était à n'y rien comprendre ! Puis il se souvint : c'étaient les poissons de l'île de l'abondance, de l'île magique d'Udröst ! Et il se rappela tous les plats de la salle à manger qui ne se vidaient jamais…

Ses paniers étaient toujours pleins, mais comme Christiaan avait déjà gagné beaucoup d'argent, assez pour vivre pendant quelque temps sans inquiétude, il décida de donner ce qui restait et de rentrer. Il distribua alors sa pêche à de pauvres gens dans le besoin, qui n'avaient pas de quoi s'offrir d'aussi beaux poissons. Cette fois-ci, les paniers se vidèrent. Et au fond de l'un d'eux, Christiaan trouva un minuscule petit objet doré : c'était un petit poisson d'or ! Christiaan ne pouvait en croire ses yeux. Alors, oubliant sa promesse, il le glissa dans sa poche pour l'offrir à sa femme.

Le petit poisson d'or

Puis il s'embarqua et, longeant les côtes, il se dirigea vers sa maison. Il ramenait les jambons et les biscuits donnés par le vieillard, une bourse pleine de belles pièces d'or, et un bijou pour sa femme. Tout à coup, un orage violent éclata. Le vent soufflait, les vagues mugissaient et la barque tanguait dangereusement. Les côtes disparurent et Christiaan sentit que son bateau était entraîné vers la haute mer.

Comme la tempête faisait rage, Christiaan se souvint de la promesse qu'il avait faite au vieil homme et qu'il n'avait pas entièrement tenue. Aussitôt, il lança le petit poisson d'or dans la mer. Comme par miracle, les éléments s'apaisèrent, le soleil se remit à briller et, dans le ciel, Christiaan aperçut trois corbeaux noirs. Il sut alors qu'il avait bien agi. Il se mit à chanter, et prit la direction des côtes.

Il navigua quelque temps avant d'apercevoir sa chaumière et son petit débarcadère.

Ce fut une vraie fête pour sa femme et ses enfants. En effet, sans nouvelles de lui depuis une semaine, ils le croyaient disparu, comme tant de pêcheurs avant lui. Et maintenant, ils n'arrivaient pas à croire à son retour. Enfin, passé les premières émotions, ils admirèrent son nouveau bateau et Christiaan leur raconta son aventure. Tous l'écoutèrent, bouche bée.

Christiaan vécut très heureux de longues années. La bourse pleine de pièces d'or que lui avait rapportée la vente de ses poissons était magique : elle ne se vidait jamais. Il ne manqua donc plus jamais d'argent. Il put reconstruire sa chaumière et aménager un débarcadère plus grand, pour que son voisin Roald vienne y ancrer son bateau. Ce dernier, touché par la gentillesse de Christiaan, oublia ses griefs passés et devint son ami. Enfin, le vieil homme de l'île d'Udröst veilla toute sa vie sur Christiaan, en protégeant son bateau lorsque des tempêtes éclataient.

HISTOIRES D'ÎLES

Les Îles englouties

Adapté d'une légende du pays de Galles.
Certaines parties des terres à l'ouest de la Grande-Bretagne s'enfoncent dans l'eau. En plusieurs endroits, lorsque la marée est basse, des restes de forêts et d'anciens villages peuvent être aperçus émergeant des flots.
Le thème des îles ou des terres englouties se retrouve en Irlande, Finlande, Suède, France, Angleterre, Lituanie, Inde, Tuamotu.

À partir de
4 ans

5 min

Îles
Bateau
Village

Jeune
homme
Lutins

Il y a des centaines d'années, toutes les îles britanniques étaient peuplées de petits lutins. À présent, après de nombreuses invasions, les lutins se sont retirés dans des endroits plus solitaires. Ils se sont installés au pays de Galles, en Écosse et en Cornouailles. Ils sont discrets et restent entre eux, ne se mêlant pas au reste de la population. Toutefois, certains Celtes possédant des dons de double vue peuvent, parfois, les apercevoir. Les lutins s'habillent de vert, à l'exception de leur chapeau, qui est rouge. Il n'est pas bon de les froisser ou de les contrarier, car ils possèdent des pouvoirs magiques qui pourraient se retourner contre vous. La plupart des gens estiment qu'il est plus sage de se tenir éloigné du monde des petits lutins.

Toutefois, un Gallois retira de grands avantages en frayant avec les lutins. Il s'appelait Griffith et habitait un port du nom de Milford Haven.

Il y a très longtemps de cela, Milford Haven était une ville réputée pour son marché.

Un lutin

Les villageois venaient de loin pour y vendre leurs produits. Les lutins se rendaient au marché, eux aussi. Ils ne parlaient jamais, mais s'ils voulaient acheter un article, ils déposaient de l'argent à côté de l'objet qu'ils convoitaient. Si le marchand trouvait le prix raisonnable, il prenait l'argent et le lutin s'en allait en emportant sa marchandise. Si le montant n'était pas assez élevé, le marchand ne touchait pas à l'argent et le lutin savait qu'il devait rajouter quelques pièces. Ou bien, il reprenait son argent et repartait sans avoir rien acheté.

Les lutins qui venaient à Milford Haven étaient honnêtes. Ils ne volaient jamais, et les marchands du village étaient heureux de commercer avec eux.

Il n'était pas donné à tout le monde d'apercevoir les lutins. La plupart des commerçants voyaient l'argent apparaître sur leurs étals, puis la nourriture achetée qui disparaissait.

Toutefois, Griffith le marchand de blé, possédait ce don de double vue. Il voyait toujours les lutins, ainsi qu'un boucher qui vivait dans le centre de la ville. Griffith et le boucher vendaient énormément de blé et de viande à leurs clients lutins.

— Ils doivent être très nombreux pour avoir besoin de tant de provisions, dit un jour Griffith à son ami boucher.

— Oui, j'imagine. Et je me demande où ils peuvent bien habiter. Ce n'est certainement pas dans les vallées qui nous entourent, car je m'y promène souvent avec mon chien et je ne les ai jamais aperçus. Ou ils sont trop paresseux pour faire pousser du blé et élever des bêtes, ou ils vivent dans un endroit où il n'y a pas la place nécessaire pour faire de l'élevage ou de la culture.

Tout le monde, à la vérité, se demandait où vivaient les lutins, mais personne ne le savait.

Un jour, Griffith se promenait dans le cimetière St David, qui dominait le village et la plage, quand il regarda par hasard vers la mer.

À sa grande surprise, il vit des îles là où auparavant il n'y avait que de l'eau. Griffith sut que c'étaient là les Îles Vertes de l'océan, les îles englouties depuis des années.

— S'il plaît aux îles de se montrer, il faut en profiter. Je vais aller les voir de plus près, se dit Griffith.

Il descendit vers le village, mais lorsqu'il fut sur la plage, les îles avaient disparu. Il retourna au cimetière ; à nouveau, il put voir les îles. Griffith comprit ce qui se passait :

— On ne peut voir les îles que si l'on se trouve sur une terre sainte, murmura-t-il. Je sais ce que je vais faire.

Murmurer

Un homme plus simple serait resté dans le cimetière et aurait admiré les îles de là, mais Griffith était malin. Il découpa le morceau de tourbe sur lequel il marchait et l'emmena dans son bateau. Là, il grimpa sur la tourbe et se mit à ramer vers les îles sans les quitter des yeux.

Il les vit très distinctement, brillant sous le soleil. Toujours debout sur la tourbe, Griffith mit le cap sur les îles et débarqua sur la plus grande. Il reconnut les lutins qui venaient lui acheter du blé. Ces derniers l'accueillirent avec surprise et rirent de bon cœur en apprenant comment Griffith avait fait

Il grimpa sur la tourbe.

pour venir les voir. Puis, ils lui firent visiter leurs petites îles, qui toutes étaient très belles.

– Beaucoup d'îles ont disparu, recouvertes par l'assaut des vagues, lui expliquèrent-ils. Toutefois, certaines sont devenues invisibles par magie, et c'est sur ces îles que nous vivons, à l'abri des humains qui pour nous sont des géants qui piétinent tout.

Griffith retourna à Milford Haven les bras chargés de cadeaux. Il continua à commercer avec les lutins pendant de nombreuses années. Ce commerce le rendit très riche. Cependant, les lutins avaient voulu que Griffith leur laisse le morceau de tourbe sur lequel il avait navigué jusqu'à eux et, bien que ce dernier se rendisse très souvent au cimetière de St David, il ne put jamais plus apercevoir les îles de nouveau.

Les Tongans aux îles Fidji

Adapté d'une légende des îles Fidji.
Le récit évoque l'origine du peuplement des îles Fidji.

À partir de 7 ans

7 min
+ 5 min

Îles d'Océanie

Pêcheur
Tortue
Rois

Il était une fois un pêcheur des îles Samoa, Lekabaï, qui au cours d'une violente tempête, s'était beaucoup éloigné de son île. Le vent soufflait sans relâche et les vagues étaient toujours plus hautes. L'écume aveuglait Lekabaï et son bateau se remplissait d'eau. Le malheureux pêcheur finit par sentir que sa barque s'enfonçait dans la mer. Elle coula très vite, et Lekabaï se retrouva seul, sans appui, dans l'immensité des flots. Il se mit à nager. Soudain, il aperçut un rocher, non loin de lui. Il s'en approcha, et découvrit que c'était une petite île.

À bout de forces, il gagna la terre et s'endormit, épuisé, sur la plage.

À son réveil, Lekabaï comprit que, bien qu'il ait échappé à une noyade certaine, il n'était pas encore vraiment sauvé. Il se trouvait sur un gros rocher qui s'étirait vers les nuages.

– Peut-être trouverai-je, en grimpant, un petit ruisseau ? Peut-être même y a-t-il un village, de l'autre côté, qui sait ? Grimpons toujours.

Lekabaï commença à escalader. Il put se désaltérer en buvant de l'eau de pluie qui était restée dans les anfractuosités de la roche, mais il ne trouva rien à manger, et il ne rencontra personne.

Il continua à grimper. Bientôt, il atteignit les nuages. Il grimpait toujours. Curieusement, il avait l'impression que la montagne s'étirait et qu'il ne pourrait jamais en atteindre le sommet. Il grimpa, mais, à la fin du troisième jour, à bout de forces, affamé, il s'évanouit.

Lorsqu'il ouvrit les yeux, il se trouvait sur de la pelouse, entouré d'arbres chargés de fruits. Il entendait des oiseaux chanter et une brise tiède le rafraîchissait. Lekabaï put manger, et reprendre des forces, mais il s'ennuyait. Il était tout seul, sa famille lui manquait... Alors, il se mit à pleurer.

Mais l'île sur laquelle Lekabaï avait trouvé refuge était le royaume du roi du Ciel. C'était un endroit enchanté, où l'on n'avait jamais entendu aucun pleur. Aussi, le roi du Ciel vint-il en personne voir Lekabaï :

– Que t'arrive-t-il ? Pourquoi es-tu si triste ? As-tu faim ? Soif ?

Sanglotant – Non, Majesté, répondit Lekabaï qui sut tout de suite qu'il parlait à un roi. Votre royaume est merveilleux, il fait bon y vivre, mais, aussi beau soit-il, il ne vaut pas les Samoa où vivent ma famille et mes amis.

Le roi du Ciel sourit à Lekabaï, et lui dit :
– Ne pleure plus. Je vais te prêter une tortue sacrée, grâce à laquelle tu pourras retourner chez toi. Tiens, assieds-toi sur son dos et ferme les yeux. Quoi qu'il arrive, ne les ouvre pas avant que la tortue soit arrivée sur ton île des Samoa. Si jamais tu ouvres les yeux pendant la traversée, c'en sera fini de toi.
Lekabaï remercia le roi du Ciel. Il s'apprêtait à monter sur le dos de l'énorme tortue, quand le souverain céleste ajouta :
– Si tu veux me faire plaisir, donne à la tortue une noix de coco et une natte de feuille de cocotier qu'elle me ramènera ici, au Royaume du Ciel. Nous n'avons pas de noix de coco et j'ai entendu dire qu'elles étaient délicieuses. Fais-m'en parvenir une, et nous aurons des cocotiers. Envoie-moi une natte, et nous apprendrons à tisser les nôtres en suivant votre modèle.
Lekabaï promit avec joie. Puis il s'assit sur le dos de l'énorme tortue, ferma les yeux et posa ses mains sur ses paupières. Alors, la tortue se traîna au sommet de la montagne, puis elle sauta et fendit les airs comme une pierre avant de plonger dans la mer.

Il s'assit sur le dos de l'énorme tortue.

Lekabaï eut un peu peur, mais il garda les yeux fermés.
La tortue nageait sous l'eau à une très grande vitesse. Des requins passaient près d'eux et frôlaient Lekabaï de leurs grandes nageoires.

Avec insistance

– Ouvre les yeux, lui disaient-ils. Ces eaux sont dangereuses. On ne doit pas s'y risquer les yeux fermés. Tu ferais mieux de regarder autour de toi...
Lekabaï était terrifié, mais il se souvint de ce que lui avait dit le roi du Ciel et il maintint ses mains fermement appuyées sur ses yeux.
Puis, le jeune homme sentit que la tortue remontait vers la surface. En effet, peu après, ils émergeaient à l'air libre. Des dauphins sautaient au-dessus des vagues, non loin d'eux.

— Que c'est bête de ne pas voir où l'on va ! se moquèrent-ils. Ouvre les yeux, et regarde où tu vas.

Mais Lekabaï ne se laissa pas distraire. Les mains toujours appuyées sur les yeux, il serrait ses jambes autour du cou de la tortue.

Comme ils approchaient des Samoa, des mouettes vinrent à leur rencontre :

— Voici Lekabaï qui revient du royaume des morts, crièrent-elles. Ouvre les yeux, Lekabaï. Regarde où tu vas, ou la mer te reprendra.

Lekabaï se répétait les mots du roi du Ciel : « N'ouvre pas les yeux avant d'avoir atteint la terre ferme. » Il se les redisait sans fin. Ainsi, il ne se laissa pas tenter. Il attendit que la tortue évolue sur le sable pour écarter ses mains et ouvrir les yeux. Il regarda autour de lui, aperçut sa maison, sa femme et ses enfants. Un grand sourire éclaira son visage ; il était heureux.

Les habitants de l'île furent très étonnés de revoir Lekabaï car ils pensaient qu'il s'était noyé. Alors, pour fêter son retour, ils dansèrent, chantèrent, rirent toute la nuit. Soudain, peu avant l'aube, Lekabaï se souvint de sa promesse au roi du Ciel. Ne devait-il pas donner une noix de coco et une natte à la tortue ? Mais si, bien sûr ! Il se rendit en courant à la plage, mais la tortue était invisible. Lasse d'attendre, elle avait nagé jusqu'au récif pour manger des algues. Alors Lekabaï sauta dans une pirogue, et rama jusqu'au récif en espérant la retrouver. Hélas ! Des pêcheurs étaient arrivés avant lui, qui avaient attrapé, puis tué la tortue.

— Oh, là là ! Malheureux, qu'avez-vous fait ? hurla Lekabaï. Ce n'était pas une tortue comme les autres... Il fallait la laisser... Le roi du Ciel ne me le pardonnera jamais, se lamenta-t-il. (Puis, se tournant vers les autres, il leur dit :) Nous serons tous punis pour ce meurtre.

Les habitants de l'île s'effrayèrent. Ils décidèrent d'enterrer le corps de la tortue très profondément pour que le roi du Ciel n'apprenne jamais la terrible vérité.

Tous les hommes se rassemblèrent. Ils creusèrent pendant cinq jours et cinq nuits. Au matin du sixième jour, ils placèrent la tortue dans le trou avec une noix de coco et une natte de feuilles de cocotier. Puis ils jetèrent de la terre par-dessus et tentèrent d'oublier ce funeste incident.

Le roi du Ciel apprit ce qui était arrivé, mais il ne se mit pas en colère. Il ne punit ni Lekabaï, ni les habitants de l'île. Au lieu de cela, il envoya un oiseau planer au-dessus de la tombe de la tortue le jour de son enterrement. Comme on jetait la dernière pelletée de terre, l'oiseau vint se poser sur l'épaule d'un garçon du nom de Lava-Pani, puis il s'envola.

Ce fut tout.

Fin de la première partie.

Résumé.
Le pêcheur Lekabaï, perdu en mer, est reconduit chez lui sur le dos d'une tortue prêtée par le roi du Ciel. En guise de remerciement, il promet à ce dernier une natte et une noix de coco que doit lui rapporter la tortue. Mais l'animal est tué. On l'enterre alors avec la natte et la noix de coco.

Deuxième partie.
Les années passèrent. Lekabaï vieillit, et, un jour, mourut. Ses enfants vieillirent et moururent à leur tour. Et leurs enfants vieillirent et moururent, eux aussi. Ce qui était étonnant, en revanche, c'était que Lava-Pani ne grandissait pas, pas plus qu'il ne vieillissait. Il resta enfant à tout jamais.

De nombreuses autres années passèrent. Un jour, le roi des îles Tonga eut vent de la légende de la tortue du roi du Ciel qui, dit-on, était enterrée très profond sur une île des Samoa.

– Je voudrais l'écaille de cette tortue, avec laquelle on pourrait obtenir des centaines d'hameçons.

Il ordonna à un groupe de jeunes gens :

Ton autoritaire — Allez à Samoa, et ramenez-moi cette écaille de tortue.

Les jeunes gens firent voile dans une grande pirogue vers les Samoa. Lorsqu'ils expliquèrent leur mission aux Samoans, ces derniers éclatèrent de rire.

— Nous avons raconté cette vieille légende, c'est vrai, mais ce n'est qu'une légende. Personne ne sait où la tortue a été enterrée, ni même s'il y a jamais eu de tortue !

Alors les jeunes gens retournèrent à Tonga. ils déclarèrent à leur roi qu'il était impossible de retrouver l'écaille de la grande tortue. Mais le roi entra dans une violente colère :

En colère — Retournez immédiatement à Samoa, ordonna-t-il, et ne revenez qu'avec l'écaille de la grande tortue, ou il vous en cuira. Si vous revenez les mains vides, vous serez tous pendus !

Les jeunes gens repartirent à toute vitesse. À Samoa, ils se dirigèrent vers les anciens :

— Vous devez sûrement vous souvenir de l'endroit où la grande tortue a été enterrée ? demandèrent-ils avec anxiété.

Mais les vieilles personnes aux cheveux blancs secouaient la tête, et riaient :

— Nous ne pouvons vraiment pas vous aider. Ce n'est qu'une vieille histoire, rien de plus.

L'étrange garçon, qui, de mémoire d'homme, avait toujours été jeune, s'avança. C'était Lava-Pani, le garçon sur qui s'était posé l'oiseau envoyé par le roi du Ciel.

Petite voix — Calmez-vous, habitants des Tonga, dit-il doucement. Je vais vous montrer l'endroit où la grande tortue a été enterrée. J'étais là le jour où cela s'est passé.

Il se dirigea vers la plage, puis s'arrêta :

Petite voix — Voilà, c'est ici.

Les Tongans avaient du mal à croire à l'histoire de Lava-Pani. Comment un garçon si jeune avait-il pu assister à l'enterrement de la tortue ? Mais comme c'était la seule piste qu'ils possédaient, ils se mirent à creuser à l'endroit indiqué. Il creusèrent toute la journée, sans rien trouver. Pendant ce temps, les Samoans les regardaient creuser tout en se moquant d'eux :

Ricaner

— Vous croyez vraiment ce que vous a raconté ce garçon ? Pouh ! Vous ne trouverez jamais rien !

Les Tongans creusèrent pendant toute la journée du lendemain, mais ils ne trouvaient toujours rien. Alors, ils s'en prirent à Lava-Pani :

En colère

— Nos vies dépendent de cette écaille de tortue. Si nous ne la trouvons pas, nous serons tués à notre arrivée à Tonga. Alors, si nous devons rentrer sans elle, nous t'emmenons. Ainsi, tu partageras notre sort.

Ce fut au tour de Lava-Pani de rire. Tous les Samoans se tournèrent vers lui, car ils ne l'avaient jamais vu rire auparavant. Lava-Pani déclara :

Ton ironique

— Les Tongans ont déjà fait deux fois l'aller-retour depuis Tonga, et ils se plaignent dès qu'il s'agit de creuser un peu ? Écoutez-moi : creusez encore pendant trois jours et vous trouverez l'écorce de la tortue sacrée. Mais si vous êtes fatigués, laissez-tout et rentrez chez vous ! Je m'en moque !

En désespoir de cause, les Tongans continuèrent à creuser Le soir du cinquième jour, ils trouvèrent le corps de la tortue, mais il n'y avait plus trace de la noix de coco, ni de la natte. Peut-être avaient-ils pu atteindre le royaume du roi du Ciel, qui sait ?

Ravis, les Tongans placèrent l'écaille de tortue dans leur pirogue, et ils rentrèrent chez eux. En chemin, ils décidèrent qu'après tous leurs efforts, ils méritaient bien un bout de l'écaille. Alors, quand ils arrivèrent à Tonga, ils remirent au roi douze morceaux d'écaille de tortue. Un treizième morceau était resté caché dans leur pirogue. Mais on ne trompait pas le roi si facilement :

Ils trouvèrent le corps de la tortue.

LES TONGANS AUX ÎLES FIDJI

En colère — Il manque un morceau ! s'énerva-t-il. Où est-il ?

Il était impossible d'affronter le roi, tellement sa colère était grande. Aucun des jeunes gens n'osa lui dire qu'ils avaient gardé pour eux-mêmes le morceau d'écaille.

Cependant, l'un d'entre eux prit la parole :

— Ce sont les Samoans qui l'ont gardé. Ils n'ont pas voulu nous le donner.

Crier fort — Dans ce cas, hurla le roi, allez à Samoa et ramenez-le-moi ! Croyez-moi, lorsque je suis en colère, je suis bien plus méchant que les Samoans.

Pour la troisième fois, les infortunés jeunes gens montèrent dans leur pirogue et se dirigèrent vers la haute mer. Ils ne voulaient pas retourner à Samoa. D'autre part, ils étaient fatigués de supporter un roi tyrannique et capricieux. Alors ils laissèrent le vent les porter où bon lui semblerait.

Après plusieurs semaines de navigation, ils arrivèrent à Kadavu, où régnait le roi Rewa. Il accueillit les jeunes gens et leur donna une île où ils purent s'installer. Ils construisirent des maisons, se marièrent et furent heureux. C'est ainsi que les premiers émigrants des îles Tonga s'installèrent aux îles Fidji.

HISTOIRES D'ÉLÉMENTS

l'air du temps

Le Serpent arc-en-ciel

Adapté d'une légende des Indiens d'Amérique du Nord

Le thème du serpent devenu arc-en-ciel se retrouve en Afrique et chez les Indiens d'Amérique du Nord et du Sud. Parfois, l'arc-en-ciel est une échelle qui permet au serpent d'aller dans le ciel attraper des diamants.

À partir de 4 ans | 3 min | La Prairie | Serpent Sorcier

Il y a très longtemps, les Indiens d'Amérique de l'Ouest connurent une très grande sécheresse. L'herbe verte de la prairie était toute jaune et roussie. Il n'y avait plus la moindre goutte d'eau dans les lacs et dans les ruisseaux. Les animaux et les gens avaient chaud et soif tout le temps... Ils transpiraient et se lamentaient :

Voix désolée — Nous allons devenir secs et rabougris comme des morceaux de viande trop rôtie !

Voix désolée — Nos troupeaux vont s'en aller vers des pays mieux arrosés.

LE SERPENT ARC-EN-CIEL

Voix désolée	— Les poissons sont déjà partis vers des rivières mieux remplies.
Ton désespéré	— Les graines refusent de pousser et préfèrent se ratatiner sous la terre et sous les rochers.
	Un petit serpent les entendit et dit à ces Indiens un peu surpris :
Petite voix	— Je crois que je peux vous aider... Il vous suffit de me jeter en me faisant tournoyer par la queue, aussi loin que vous le pouvez, dans le grand ciel bleu.
S'écrier	— Mais tu vas te casser en deux ! s'écria le Grand-Sorcier.
Petite voix	— Ne t'inquiète pas pour moi..., dit le serpent d'une petite voix. Je tournoierai dans l'espace et m'accrocherai à la glace qui brille là-haut dans les cieux. Mes écailles se planteront dedans et, en grattant tout doucement, je détacherai des glaçons qui, en descendant, deviendront de la neige et de la pluie à votre intention.

Mais le sorcier n'aimait pas qu'on lui fasse la leçon. Il saisit le serpent par la queue et le lança dans le ciel bleu, afin de s'en débarrasser. Il le lança si fort et si loin que le serpent se déroula comme un serpentin. Il se déroula tant et tant, il devint si long et si grand, qu'il s'étira d'un bout à l'autre de l'horizon et que son dos, devenu tout rond, gratta le ciel bleu et en détacha des glaçons. Ceux-ci fondirent en flocons et les flocons fondirent en pluie au-dessus de la prairie. Comme le soleil brillait encore, ses rayons donnèrent des reflets chatoyants aux écailles du serpent. L'eau reparut dans les rivières... les graines et l'herbe repoussèrent... les animaux rentrèrent chez eux... et les Indiens, regardant les cieux, dansèrent pour le serpent-arc-en-ciel qui offrait son corps au soleil tout en douchant la prairie de brillantes gouttes de pluie.

Le serpent se déroula.

HISTOIRES D'ÉLÉMENTS

Le Soleil, le Froid et le Vent

Adapté d'un conte balte.

À partir de 3 ans

4 min

Campagne

Soleil
Vent
Froid
Paysan

Voix forte

Un jour, le Soleil, le Froid et le Vent décidèrent de partir ensemble en voyage. Chemin faisant, ils commencèrent à bavarder et, comme ils aimaient bien se vanter, chacun voulut prouver à l'autre qu'il était le plus fort du monde. Le Soleil déclara :
– Moi, j'apporte lumière et chaleur. C'est pourquoi les gens m'aiment de tout leur cœur. Mais je peux aussi être brûlant. J'assèche les rivières et rend les prés arides. On me respecte et on me craint. Je suis le plus fort, c'est certain.

LE SOLEIL, LE FROID ET LE VENT

En l'entendant, le Froid se mit à ricaner :

Ton moqueur

– Arrête de fanfaronner ! Tu perds tous tes pouvoirs en hiver. C'est moi qui fais geler les rivières et se fendiller les pierres.

Seul, le Vent ne disait rien et les suivait sur le chemin. Là, ils rencontrèrent un paysan qui revenait de la ville en sifflotant. En apercevant le Soleil, le Froid et le Vent, l'homme les salua bien bas.

– Tu vois, dit le Froid, cet homme me rend hommage.

Avec énervement

– Non, c'est moi qu'il a salué, répliqua le Soleil, vexé.

Afin de les empêcher de se disputer, le Vent demanda au paysan :

– Dis-nous devant lequel d'entre nous tu t'es prosterné. Le Froid, le Soleil ou moi ?

Le paysan les regarda tous les trois. Le Soleil brilla comme un sou. Le Froid fit la moue. Seul, le Vent ne fit rien du tout. Il se laissa rafraîchir au contact du Froid et souffla sur le Soleil trop ardent qu'il calma en un instant.

– C'est toi que je salue, joli Vent, dit alors le paysan.

Alors, le Soleil et le Froid, fous furieux, décidèrent de rentrer chez eux. Le Froid se cacha dans la forêt et le Soleil derrière des nuages épais. Seul, le Vent poursuivit son chemin en disant au paysan :

– Ne crains rien ! S'ils essaient de te tourmenter, tu n'auras qu'à m'appeler...

Et le brave homme rentra chez lui sans plus se faire de soucis.

L'homme salue les éléments.

Mais cette année-là, le Froid frappa à la porte de sa chaumière en plein cœur de l'hiver. Il gela si fort que le pauvre homme ne put mettre le nez dehors. Bientôt, les bûches vinrent à manquer et le paysan sentit se glacer son nez, ses moustaches et ses pieds. Il commença à se lamenter :

LE SOLEIL, LE FROID ET LE VENT

Voix suppliante

> Ô Vent gentil
> Viens me sauver
> Mon nez, ma moustache et mes pieds
> Sont tout raides et tout gelés
> Le Froid sévit
> La mort m'attend
> Ne m'oublie pas, joli Vent !

Alors, une brise tiède se mit à souffler. Le nez du paysan se mit à couler, ses moustaches à s'égoutter et le sang se remit à circuler dans ses pieds. L'homme commença à éternuer, mais il ne tarda pas à se rétablir et il oublia l'incident.

Il n'eut pas de soucis au printemps. Puis vinrent l'été et les travaux des champs. En faisant ses moissons, le paysan suait, rougissait et se desséchait tandis que le Soleil luisait. Il luisait même tant et tant qu'il faillit brûler le paysan comme une tartine de pain grillé. Alors, le pauvre homme se mit à se lamenter :

Voix suppliante

> Ô Vent gentil
> Viens me sauver
> Mon nez est tout ratatiné
> Ma peau commence à se plisser
> Car le Soleil veut me brûler
> Vent gentil
> Viens me soulager !

Alors, une brise fraîche commença à souffler. Elle fit onduler les blés. Le Soleil se fit moins chaud. Et le paysan, ragaillardi, reprit son travail, réjoui.

À la fin de la journée, il se coucha dans le champ en écoutant chanter le Vent à qui il dit tout doucement :

LE SOLEIL, LE FROID ET LE VENT

Chuchoter | – Entre toi, le Soleil et le Froid, je crois que le plus fort, c'est toi ! Mais, des trois, tu es surtout le plus gentil et le plus doux.

Le Feu et le Léopard

Adapté d'un conte d'Amérique du Sud.

Tous les peuples vivant en étroite dépendance de la nature ont inventé des légendes visant à expliquer l'origine de telle ou telle particularité des êtres vivants : couleur, forme, cri ou chant quand il s'agit des animaux. Le schéma de ces légendes est toujours le même : il fut un temps où l'animal n'était pas comme aujourd'hui ; à un moment donné, il a eu un comportement qui lui a permis d'acquérir une qualité que ses descendants possèdent encore. Ces récits sont appelés étiologiques.

À partir de 3 ans • 2 min • Savane • Léopard, Feu

Il y a très longtemps, longtemps, le feu était déjà brûlant, jaune, rouge et flamboyant. Le léopard était tout blanc. Tous deux étaient très bons amis. Le feu restait toujours chez lui, dans la caverne d'un gros rocher, et le léopard venait bavarder avec lui.

Un jour, le léopard tout blanc demanda gentiment au feu :

– Pourquoi ne viens-tu pas chez moi, dans ma hutte, au moins une fois ?

Prudemment, le feu répondit :

– Je crois que c'est mieux ainsi car, si je sors me promener, plus rien ne peut m'arrêter.

Mais le léopard insista :

– Je t'en prie, rien que pour une fois, accepte de venir chez moi !

Alors, le feu se laissa tenter et sortit se balader. En passant dans les fourrés, il commença à tout brûler. Les forêts se mirent à flamber et les prairies à grésiller... Quand il parvint devant chez son ami, son élan ne fut pas ralenti. Le léopard eut beau crier, protester, gémir et supplier, le feu ne pouvait plus s'arrêter ! Et la demeure fut calcinée !

Le léopard réussit à s'enfuir avant de griller et de rôtir. Mais sur son beau pelage blanc, autrefois si propre et luisant, étaient imprimées de grandes taches noires.

Depuis cette histoire, le léopard et le feu sont fâchés. Ils ne veulent plus se rencontrer et font même tout pour s'éviter.

Le léopard

Le faiseur de pluie

Adapté d'une légende australienne.

À partir de 4 ans   4 min   Savane   Sorcier Villageois

Un jour, survint une terrible sécheresse. La pluie cessa de tomber. L'herbe se dessécha et s'envola aux quatre coins du monde. Les animaux périrent et les gens furent affamés. Alors, les jeunes hommes de Noongahburrah regardèrent Wireenum, le faiseur de pluie et dirent :

– Si Wireenum a réellement le pouvoir de faire tomber la pluie, pourquoi ne le fait-il pas ? La terre est sèche. L'herbe s'envole aux quatre coins du monde. Les kangourous et les émeus sont morts. Les canards et les cygnes se sont enfuis. Nous allons tous bientôt périr. Si Wireenum a réellement ce pouvoir, pourquoi n'en use-t-il pas ?

Le faiseur de pluie remarqua que les regards qui convergeaient vers lui étaient pleins de colère. Mais il ne dit rien. Seul, il se

LE FAISEUR DE PLUIE

dirigea vers un point d'eau dans lequel il enfonça une longue tige dont le sommet était orné de plumes de cacatoès.

Le troisième jour, il dit aux jeunes hommes :

– Coupez de l'écorce et construisez des huttes. Puis, trouvez des fourmilières et édifiez-les en monticules de un pied de haut. Enfin, mettez du bois pour faire des feux à leur sommet.

Les jeunes gens firent ce qui leur avait été dit.

Wireenum rassembla la tribu et la guida vers le point d'eau. Il commanda à chacun de plonger et de jouer dans l'eau jusqu'à en frissonner de froid. Lui-même s'immergea avec les autres et tourna en rond autour de chacun d'entre eux, faisant mine d'attraper un fétu de paille sur leur tête. Quand il frissonna de froid, Wireenum sortit de l'eau et les autres firent comme lui. Ils étaient épuisés et s'en furent dormir dans les huttes que Wireenum leur avait ordonné de construire. Les plus âgés demeurèrent éveillés afin de voir l'averse qu'ils pressentaient venir.

Justement, de noirs nuages roulaient dans le ciel. Le tonnerre heurta la terre et les éclairs brillèrent. Tout le monde était terrifié. Les vieux et les chiens se tassèrent dans les huttes avec les jeunes. Les hommes se turent, les femmes se lamentèrent et les chiens gémirent.

Il enfonça une tige dans le point d'eau.

Enfin, Wireenum sortit pour parler à l'orage. Il chanta des incantations, lui disant d'éviter le campement de son peuple. Alors, le tonnerre et les éclairs s'éloignèrent. Une brise légère agita les arbres et la pluie commença à tomber. Elle tomba en torrents... Wireenum courut vers le point d'eau et ôta les tiges et les pierres qu'il y avait mises. Tout le pays reverdit et la tribu fut sauvée. Les hommes furent si contents qu'ils décidèrent d'élever une sorte de monument commémoratif afin de célébrer la fin de la sécheresse.

Mais Wireenum désirait encore faire la preuve de ses pouvoirs. Il ordonna aux jeunes hommes d'inviter le faiseur de pluie d'une tribu voisine. Quand il fut arrivé, Wireenum l'emmena, ainsi que tous les autres hommes, vers Googoorewon, une plaine asséchée. Les deux faiseurs de pluie joignirent leurs pouvoirs afin d'emplir la plaine d'eau et la transformer en un lac immense. Les hommes furent émerveillés. Mais Wireenum n'était pas encore satisfait.

| Voix autoritaire | – Pêchez donc dans ce lac ! leur ordonna-t-il. |

Les jeunes hommes se mirent à rire.

| Ricaner | – Il n'y a pas de poissons dans de l'eau de pluie, répondirent-ils. Ce lac n'a pas été formé par l'eau des rivières. Nous n'attraperons rien ! |
| Voix autoritaire | – Pêchez dans ce lac, insista Wireenum. |

Afin de le contenter, sans croire à leur réussite, les jeunes hommes se mirent donc à pêcher. Ils attrapèrent des carpes, des truites, des sandres et des goujons.

Ils reconnurent enfin les pouvoirs de Wireenum et celui-ci fut satisfait.

Alors la tribu connut des jours de prospérité.

HISTOIRES D'ÉLÉMENTS

Chinguebis et le Vent du nord

Adapté d'une légende des Indiens d'Amérique du Nord.
Les Indiens croient que tout dans la nature est habité par une puissance mystérieuse qui se répand au dehors et influence les autres êtres. Au-dessus de toutes les puissances se trouve le Grand-Esprit, qui habite le ciel. Il est le maître de la lumière et se manifeste par le soleil ; il est le souffle de la vie et pénètre partout sous la forme des vents.

À partir de 5 ans

5 min

Grand Nord

Pêcheur
Vent

Il y a longtemps, très longtemps, la nature suffisait à nourrir tous les gens. L'été, les hommes montaient vers le nord en canots et pêchaient dans les lacs les poissons les plus délicieux et les plus beaux. Mais, quand le Vent du nord se mettait à souffler, ils s'empressaient de s'en aller, car ils ne voulaient surtout pas le rencontrer ! Ce vent se nommait Kabibonocca et il était vraiment le roi des grands espaces du très rude Pays des Glaces.

Plus bas, régnait son frère aîné, le Vent du sud : Chawondasee. À l'automne, il remontait vers le nord pour faire fondre les rivières et permettre aux hommes de revenir en arrière. Il se dépêchait de faire mûrir les moissons, de mettre des fruits aux buissons, de colorer d'or et de pourpre les arbres de l'été indien, dans les forêts et au bord des chemins...

Puis il se retirait dans sa grotte où il dormait tout l'hiver comme une marmotte jusqu'au printemps suivant, sans plus prêter attention aux gens. Seul, son souffle régulier, lançait au ciel des signaux de fumée qui faisaient dire aux pêcheurs :

– Voici venir la dernière heure de la saison des poissons ! Rentrons... Chawondasee va bientôt s'endormir et Kabibonocca va venir. S'il nous rattrape, nous allons geler !

Et tous les hommes se dépêchaient. Seul, Chinguebis ne semblait pas pressé. D'un air tranquille et plein de gaieté, il continuait à pêcher et à faire des tours de magie qui enchantaient tous ses amis.

Cet hiver-là, il décida de rester. Et ses amis furent effrayés. Comment le retrouveraient-ils au printemps ? Figé ? Le visage blanc ? Les mains raides comme des glaçons en train de pêcher des poissons qu'il n'arriverait pas à retirer du trou au bord duquel il resterait collé ? Ils protestèrent :

– Kabibonocca est plus fort que toi. Ici, il est vraiment le roi ! Tu ne peux lutter contre lui, même avec tes tours de magie.

Mais Chinguebis leur répondit :

– Ne vous inquiétez pas pour moi... Avec un bon wigwam et un bon tas de bois, nous verrons lequel de nous deux vaincra !

Alors, les pêcheurs rentrèrent chez eux pendant que Chinguebis construisait son abri et y faisait un grand feu.

CHINGUEBIS ET LE VENT DU NORD

Sur les flammes, il fit griller des poissons délicieux tandis que le Vent du nord commençait à souffler au-dehors. Kabibonocca hurlait à pleine voix :

En colère

— Quel est donc l'impertinent qui n'est pas parti à temps ? Je vais arracher son wigwam, disperser ses cendres et ses flammes et le transformer en statue au nez tout gelé et pointu !

Mais Chinguebis ne lui prêtait pas attention et continuait à déguster ses poissons...

Le Vent du nord souffla si fort qu'il entassa les milliers de flocons sur l'abri du jeune garçon. Il en fit une couverture aussi protectrice qu'une fourrure.

Chinguebis se garda de bouger et continua à manger...

Alors, Kabibonocca comprit son erreur et redoubla de fureur.

Il souffla tant et si bien qu'il parvint à ses fins. Il dégagea l'entrée du wigwam et réussit à y entrer. Chinguebis fit comme s'il ne voyait rien et remit du bois dans le feu qui devint de plus en plus fort, chaud et lumineux. Tellement que, peu à peu, le Vent du Nord se sentit transpirer, fondre et se diluer... Il sortit de la tente encore plus vite qu'il n'y était entré et se mit à crier :

Crier

— Viens ici afin de te mesurer à moi ! Et, celui de nous deux qui vaincra deviendra roi de ce pays.

Alors, Chinguebis se dit : « Le vent s'est épuisé à souffler. Mon feu l'a même très affaibli. Moi, j'ai chaud et j'ai bien mangé. Je me sens de taille à lutter contre n'importe quel adversaire, fût-il un vent plein de colère. »

Et le jeune pêcheur sortit. Kabibonocca le fit rouler dans la neige... Tous deux luttèrent toute la nuit. Mais le vent était fatigué. Son souffle froid s'affaiblissait tandis que l'Indien résistait. Le dur combat le réchauffait. Son cœur courageux bondissait. Dans ses veines, son sang circulait. Et son énergie décuplait.

Il fit griller des poissons.

Au matin, le vent épuisé finit par s'enfuir pour ne plus revenir avant le long hiver suivant.

Toujours pêchant, toujours chantant, Chinguebis attendit le printemps. Et, quand ses amis reparurent, il leur conta ses aventures.

HISTOIRES D'ÉLÉMENTS

Le petit nuage qui ne fait pas la pluie

Texte d'Odile Hellman-Hurpoil, publié dans le magazine Toupie, *n° 72 (septembre 1991).*

À partir de 2ans | 3 min | Ciel | Nuages Brume

Il est, au pays des nuages, un petit nuage tout rose, tout rond, léger comme un papillon, duveteux comme un oisillon. Son papa est un gros nuage semant la tempête, sa maman est une douce brume d'été qui le berce quand le soleil part se coucher.

LE PETIT NUAGE QUI NE FAIT PAS LA PLUIE

Un matin, tous deux lui disent :
– Gustave, tu n'es plus un bébé nuage ! Maintenant, tu es assez grand pour te débrouiller tout seul !

Petite voix — – Mais, que vais-je devenir ? gémit Gustave. Je suis encore bien petit et je ne connais rien de la vie !

Son papa, tout noir et gonflé, est déjà parti semer la grêle sur les campagnes lointaines, tandis que sa maman s'évapore aux rayons du soleil levant en murmurant :
– Les petits nuages qui grandissent doivent trouver leur place eux-mêmes dans le vaste univers !

Gustave commence à pleurer. Un vieux nuage tout gris, qui passait par là, lui déclare :
– Ne pleure pas, petit nuage rose, sinon tu vas fondre avant même d'avoir connu le monde !

Gustave ravale ses larmes et demande :

Petite voix — – Puis-je t'accompagner ?

Ton bourru — – Non, non ! répond, grognon, le vieux nuage gris. Je n'ai que faire d'un si petit nuage rose ! On m'attend, plus loin, pour arroser les prés !

Gustave essaie de se mêler aux longs nuages striés de blanc et d'argent qui ressemblent à des traînées d'avion. Ils le renvoient très impoliment :

Ton agacé — – Veux-tu bien t'en retourner d'où tu viens, nous n'avons nul besoin d'un petit nuage rose !

Gustave se laisse pousser par les brises et les vents. Il survole la rivière. L'eau est si jolie qu'il a bien envie de se mirer dedans. Un héron, qui pêchait par là, lui crie :

Crier — – Remonte vite, petit nuage, sinon tu vas te noyer !

Gustave essaie de grimper au sommet de la plus haute montagne. Un aigle, qui tournoyait par là, le met en garde :

Crier — – Redescends vite, petit nuage, sinon tu vas geler et la montagne te gardera prisonnier !

LE PETIT NUAGE QUI NE FAIT PAS LA PLUIE

Gustave erre, seul et désemparé, dans le ciel immense. Il ne sait pas qu'un petit nuage rose au travers duquel passent les rayons du soleil, c'est un très joli spectacle pour les gens de la Terre !

Gustave s'arrête un moment au-dessus d'une école. Dedans, il y a un petit garçon, nommé Gaston, qui s'ennuie. Il n'a pas envie de faire de dessins, pas envie d'apprendre une nouvelle comptine. Il bâille et regarde par la fenêtre. Et qu'est-ce qu'il aperçoit ? Gustave ! Aussitôt, Gaston rêve qu'il est grimpé sur le dos du petit nuage rose. De là-haut, les gens ressemblent à des fourmis.

La maîtresse, Mlle Cannesèche, n'est pas plus haute qu'un pépin de groseille et ne l'intimide plus du tout. Gaston ne bâille plus, il s'envole au-delà du grand mur de briques, il survole les océans, la forêt d'Amazonie, la banquise et le cercle arctique...

Gaston survole les océans.

À la récréation, Gaston montre Gustave à ses copains. Ils lui font tous « coucou » de la main et lui crient :

Crier

– Reste ici, petit nuage rose !

En le voyant, même la maîtresse, Mlle Cannesèche, sourit et oublie de donner des punitions ! Gustave, tout heureux, en rougit de plaisir. Car, si les gros nuages noirs, blancs et gris font la pluie, Gustave, lui, fait rêver. Et, de même que les hommes et les enfants ne peuvent vivre sans eau, ils ne peuvent vivre sans rêve !

Vent, Ouragan et Vent Glacé

Adapté d'un conte lituanien.

On retrouve dans ce conte le thème des trois frères envoyés de par le monde pour faire leurs preuves. Souvent, au retour, les deux frères aînés rencontrent le plus jeune et prennent sa place ou lui volent l'objet magique qu'il ramène.

À partir de 4 ans | 5 min | Royaume | Frères Roi

Il existait autrefois, là-bas dans le Grand Nord, un vaste royaume enneigé. Ce royaume était gouverné par un roi très vieux et très sage. Il était si vieux qu'il se sentait fatigué de régner. Mais il était si sage qu'il ne voulait pas laisser son pays à n'importe qui. Or, ce vieux roi avait trois fils. L'aîné s'appelait Vent, tout simplement. Il était calme et mesuré. Le second se nommait Ouragan. Il était vif et agité. Le troisième

VENT, OURAGAN ET VENT GLACÉ

avait pour nom Vent Glacé. Il était brutal et gelé. Le souverain les fit venir et leur dit :

– Je vais vous donner trois pièces d'argent à chacun, et, celui d'entre vous qui me ramènera le plus de pièces gouvernera ce pays à ma place dans mon superbe palais de glace.

Le plus jeune des fils, qui était le plus fougueux et le plus pressé, se dépêcha de partir le premier. En chemin, il rencontra un bûcheron qui sciait des arbres avec application. Il travaillait tant et si bien, qu'il ôta ses gants de ses mains. Vent Glacé ricana :

Ricaner

– Je te tiens ! Quand tu voudras les réenfiler ils seront si durs et si gelés que tu me supplieras de m'en aller... Pour cela, il faudra me donner autant de ducats que tu en auras dans la poche de ta parka !

Et il s'introduisit dans les gants, sans être vu, tout doucement. Quand le bûcheron décida de rentrer chez lui, il ne put glisser ses doigts dans les gants tant ils étaient froids. Le cuir avait tellement durci qu'il était raide et rabougri. Alors, le bûcheron se dit : « Je vais les battre au-dessus du feu afin de les ramollir un peu. »

Le palais de glace.

Et, l'un contre l'autre, il cogna les gants, de toutes ses forces, sans ménagement. À l'intérieur, Vent Glacé, secoué, faillit mourir écrabouillé. Il réussit à se sauver mais, en chemin, il égara ses trois pièces de cent ducats. Quand il se présenta à son père, celui-ci se mit en colère et dit :

En colère

– Tu ne mérites ni mon pays ni même mon palais de glace. Car il faut que tu saches qu'un roi ne doit pas nuire à ses sujets. Ce qui t'est arrivé est bien fait !

Ouragan partit à son tour. Il fit un énorme détour pour arriver en plein été dans une jolie région où les gens faisaient les moissons. Il voulut se montrer gentil et proposa de ranger les épis. Mais pour cela, il souffla si fort dessus qu'en un instant la

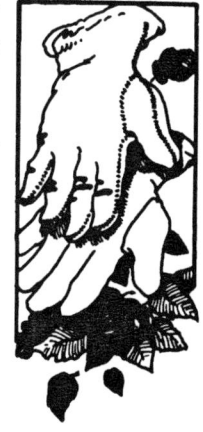

Les gants.

225

récolte avait disparu. Même le toit de la grange s'envola. Devant tant de dégâts, le paysan se désola et s'en fut se plaindre au roi. Mais, afin de se racheter, Ouragan s'était déjà dirigé vers la mer où il espérait venir en aide à quelques marins. Il souffla si fort et si bien que les voiles se déchirèrent et que les marins, en colère, s'en furent se plaindre au souverain.

Toujours soucieux de bien faire, Ouragan arriva chez un meunier. Il souffla sur les ailes du moulin avec beaucoup de force et de soin. Celles-ci tournèrent trop vite et trop fort et se brisèrent sous l'effort. Et le pauvre meunier, contrarié, prit les ducats d'Ouragan pour payer les réparations.

Découragé par les échecs de son benjamin et de son fils cadet, le souverain regarda s'éloigner son fils aîné.

Celui-ci arriva chez un fermier où l'on récoltait le blé. Il souffla tranquillement et les grains, délicatement, se détachèrent de la paille pour se ranger dans la grange. Le fermier fut si content qu'il remit un ducat d'or au Vent.

Le moulin.

Le fils aîné poursuivit son chemin et arriva au moulin où le meunier, en colère, attendait un souflfe d'air qui eût fait tourner les ailes de son instrument. Alors, Vent, tout doucement, souffla, souffla, sans s'arrêter, et les grains de blé furent broyés. Il y eut même tant de farine que plus personne n'eut à redouter la famine. Il y aurait du pain pour l'hiver et pour quelques années encore... Aussi le meunier donna-t-il à Vent une nouvelle pièce d'or.

Le fils aîné poursuivit son chemin et, le lendemain matin, il aperçut des marins qui ramaient à bord d'un bateau à la vitesse d'un escargot. Leurs voiles étaient toutes fripées et pendaient comme de vieux draps car c'était le calme plat. Alors, Vent se mit à souffler. Les voiles se mirent à gonfler et les marins à naviguer en chantant : « Ô gué ! Ô gué ! » Ils prirent tant de poissons qu'ils en vendirent à foison. Et ils donnèrent plusieurs ducats au fils du roi.

Chanter

Quand celui-ci rentra chez lui, riche, content et réjoui, son père le félicita et ce fut lui qui hérita du pays et du palais de glace. Il aurait voulu y faire de la place pour ses deux frères, mais Ouragan, en colère, préféra s'en aller sans se retourner. Depuis, il erre sur la Terre, sans abri ni personne à aimer. Quand au plus jeune, Vent Glacé, il s'est tout de même assagi. Il souffle sur les pentes où les enfants vont faire du ski et, quand il entend leurs rires et leurs chansons, il s'en retourne dans sa maison, une cabane de glaçons, perdue, là-bas, à l'horizon...

Les Fiançailles du Gel

Adapté d'un conte russe.

Ce conte, répandu dans le monde entier, est à rapprocher d'un thème bien connu, notamment par un conte de Perrault, Les Fées.

Une femme a deux filles, une bonne et une mauvaise. La première finira par profiter d'une aventure provoquée par l'hostilité de sa mère. En effet, en se conduisant aimablement envers un être surnaturel, elle en est récompensée ; à l'inverse, sa sœur se montre insolente et est punie.

À partir de 5 ans   8 min   Forêt   Paysans
                                        Sœurs
                                        Gel

Il était une fois un brave paysan dont la femme était morte, lui laissant une enfant au visage doux et charmant. L'homme se remaria et eut à nouveau deux filles aussi jolies que la première. Mais elles avaient mauvais caractère. Le paysan et sa femme vieillirent... Leurs trois filles embellirent

LES FIANÇAILLES DU GEL

encore et grandirent. La marâtre et les deux plus jeunes des sœurs ne se levaient jamais de bonne heure. Elles exigeaient que l'aînée leur apporte de l'eau fraîche pour leur toilette, que leurs jupes et leurs coiffes soient prêtes à être enfilées, bien propres et bien repassées. Les trois harpies criaient :

Crier — Marfa ! As-tu ciré mes souliers ?

Crier — Marfa ! Sers-nous un peu de thé !

Crier — Marfa ! Où es-tu donc cachée ?

Car, poursuivie par ces hurlements, la pauvre enfant se réfugiait souvent près d'une petite fenêtre où elle regardait le Gel apparaître. Il mettait des perles aux feuilles des arbres, des paillettes au bout des branchettes, et une fourrure immaculée au sommet des grands peupliers.

Voix douce — Petit Gel, disait-elle, tu es un magicien. J'aimerais te rencontrer sur mon chemin... Tu sèmes des perles et des diamants là où tu passes, dans le vent. Et, sous un rayon de soleil, tu accomplis des merveilles...

Elle regardait le gel apparaître.

Elle rêvait ainsi quelques heures dans un coin de la demeure. Son vieux père la plaignait de tout cœur, mais il n'osait rien faire tant il redoutait les colères de sa seconde épouse à la voix de mégère.

Un matin, celle-ci déclara :

— Il est temps de trouver un mari à Marfa, qui n'est vraiment bonne à rien.

— Nous verrons cela un jour prochain... répondit le fermier, prudent.

En colère — M'écouteras-tu enfin ! s'emporta la femme en trépignant. Attelle la jument au traîneau. Demain, il fera froid et beau. Tu emmèneras Marfa avec toi. Elle, elle emportera un coffre peint avec tous ses habits et ses coiffes les plus jolies. Tu la laisseras au pied d'un grand sapin jusqu'au lendemain matin. Et peut-être que le Gel viendra demander sa main ?

En l'entendant, le fermier refusa de bouger et Marfa se mit à pleurer.

Sanglotant — Je vais vers une mort certaine, fit-elle en laissant libre cours à sa peine.

En colère — De quoi te plains-tu, fainéante ? Ne sais-tu pas que le Gel hante les bois de bouleaux et les forêts d'épicéas ? Il les pare de fleurs givrées, de manteaux blancs et de duvet... Que désirerais-tu de plus ?

Le fermier ne voulut pas l'entendre hurler davantage. Il se saisit du bagage de sa pauvre fille aînée et le chargea sur le traîneau. Puis il fouetta la jument et le traîneau glissa plus vite que le vent sur la neige brillante et glacée. Bientôt, ils arrivèrent dans une forêt et s'arrêtèrent sous un sapin. Le fermier installa sa fille sur le coffre peint et lui conseilla gentiment :

— Ne désespère pas, mon enfant. Attends ici ton fiancé et, quand il sera là, garde-toi de le contrarier.

Puis le brave homme s'éloigna, en jetant plus d'une fois en arrière des regards désespérés en direction de sa fille aînée.

Marfa demeura là, abandonnée. Le vent se glissa sous son manteau de laine mais elle avait tant de peine qu'elle ne s'en aperçut même pas. Transie de froid, elle ne pouvait plus bouger les doigts, ses dents claquaient, les larmes sur ses joues se figeaient... Quand, soudain, elle entendit craquer. C'était le Gel qui avançait de bouleau en épicéa, d'épicéa en sapin. Il allait bientôt être là et s'arrêter sur le chemin. Alors, Marfa se souvint des mots qu'elle disait dans sa demeure quand elle réussissait à échapper à sa marâtre et à ses sœurs :

Voix douce — Petit Gel, tu es un magicien. J'aimerais te rencontrer sur mon chemin...

Et le gel apparut. Il s'arrêta près du sapin et caressa la joue de la jeune fille. Celle-ci faillit s'évanouir de froid mais s'écria à pleine voix :

— Petit Gel, mon fiancé, je me réjouis de tes caresses et de tes baisers. Ils me sont doux comme les flammes d'un foyer !

Heureux, le Gel l'enlaça à nouveau et l'entraîna dans une danse pleine de tourbillons de neige.

— Et maintenant, comment te sens-tu ?

— Émerveillée et émue... Tu rends toutes choses si belles que j'en suis comme étourdie !

Et la pauvre Marfa s'évanouit.

Devant tant de patience et de volonté, le Gel prit Marfa en pitié. Alors que la jeune fille, gelée, se laissait aller vers une mort encore plus glacée, il l'enveloppa de flocons sur lesquels il souffla pour en faire un moelleux édredon. Il prit des feuilles qu'il transforma en riches couvertures et des mousses qu'il changea en fourrures. Puis il partit, laissant la jeune fille endormie.

Le Gel.

Le jour suivant, persuadée que Marfa ne pouvait être que gelée, la fermière dit à son époux :

Ton autoritaire — Tu devrais aller chercher nos deux jeunes mariés !

Le vieil homme, plein de remords, retourna dehors. Il glissa sur son traîneau tiré par sa jument au galop. Quand il atteignit le sapin, il ne put en croire ses yeux. Sa fille était installée sur le coffre peint. Elle dormait d'un air heureux, enveloppée de fourrures, d'édredons, de couvertures. Un voile de mariée flottait autour de ses cheveux dorés. Et, du coffre peint entrouvert s'échappaient des diamants et des perles de verre, des ceintures de satin, des robe en lin le plus fin, des dentelles, des broderies et des manteaux d'organdi...

Il réveilla doucement sa fille, la déposa avec délicatesse dans le traîneau et rentra au petit trop chez lui. Là, l'attendaient son épouse et ses deux filles cadettes. Elles firent une drôle de tête quand elles virent les présents que le Gel avait offerts à Marfa.

LES FIANÇAILLES DU GEL

Et elles voulurent sur-le-champ en avoir autant que ça !

Le lendemain, les deux plus jeunes des sœurs se firent conduire de bonne heure sous le sapin, et s'installèrent sur leur coffre peint. Le froid commença à les tourmenter et elles ne tardèrent pas à rouspéter :

> Râler

– Quelle idée de vouloir nous marier à un homme aussi compliqué ! Pourquoi ne vient-il pas simplement boire avec nous du thé brûlant dans notre maison confortable ?

– Sans doute n'est-il pas très aimable ? Mais il est riche et nous devons lui faire bonne impression !

Tout à leur discours, elles n'entendirent pas arriver le Gel. Celui-ci les questionna :

– Avez-vous froid ?

Les jeunes filles répondirent :

> Ton agacé

– Bien sûr que nous avons froid ! C'est encore peu que de le dire... Nous attendons notre fiancé et il n'est vraiment pas pressé !

– En quoi puis-je vous aider ?

> Ton autoritaire

– Laisse-nous, étranger ! Tais-toi, car ton souffle est gelé. Ne nous touche pas, car tes doigts sont glacés. Seul, notre fiancé nous intéresse. Il nous apportera la richesse !

Écœuré de tant de cupidité, le Gel se pencha au-dessus des deux sœurs. Il souffla sur elles avec mépris un air glacial qui les surprit. Elles furent aussitôt changées en statues de glace pleines de cristaux étincelants qui brillaient sous le soleil et le vent.

Quand le pauvre paysan vint rendre visite à ses filles, il les trouva plus raides que des béquilles et plus gentilles qu'elles ne l'avaient jamais été puisqu'elles ne pouvaient plus parler.

Lui et sa femme pleurèrent leur disparition. Peu à peu, la marâtre, privée d'affection, se rapprocha de Marfa et finit même par l'aimer.

À quelques années de là, un jeune homme se présenta afin de demander sa main. Marfa ouvrit le coffre peint... Elle en retira les diamants et les perles de verre légères, les ceintures de satin, les robes en lin le plus fin, les dentelles, les broderies et les manteaux d'organdi... Alors, eut lieu le plus beau mariage que l'on eût jamais vu dans le village et même dans toute la région.

Mais, dans les rires et l'émotion, les danses et les chansons, Marfa ne put s'empêcher d'avoir une pensée pour son premier fiancé, le brillant, le joli Gel, avant de rentrer chez elle et d'y vivre sans soucis tout le restant de sa vie.

Les Géants de la Terre

Adapté d'une légende d'Amérique centrale.

Les pays d'Amérique centrale - Mexique, Guatemala - sont très souvent secoués par des tremblements de terre. Le livre sacré des Mayas, le Popol Vuh, *retrace l'origine du monde et explique la cause des tremblements de terre, si fréquents, qu'ils font partie du folklore de ces pays.*

Le Popol Vuh, écrit en quiché, peu après la conquête espagnole (environ 1550), a été redécouvert en 1854 au Guatemala.

Le thème des tremblements de terre occasionnés par l'agitation de monstres souterrains se retrouve en Islande, en Grèce, en Égypte, en Sibérie, en Arménie et en Inde.

À partir de 7 ans   8 min   Mexique   Jumeaux Géants

Le vent puissant, Ouragan, souffla sur l'univers. Et c'est ainsi qu'il créa la Terre. Il inventa les dieux. Il fit les animaux. Enfin, il créa l'homme. Mais celui-ci devint irrespectueux et

LES GÉANTS DE LA TERRE

insolent envers les dieux. Alors, ces derniers décidèrent de le supprimer. Ils envoyèrent des torrents de pluie dont le flot balaya la Terre. Ils incitèrent les bêtes à se révolter contre lui et à le tourmenter. Quand les hommes tentèrent de se réfugier au sommet de leurs toits, ils détruisirent leurs maisons. Quand les hommes tentèrent de grimper à la cime des arbres, ils les abattirent. Les hommes ne parvinrent même pas à trouver asile dans les grottes des montagnes qui se fermèrent devant eux. C'est ainsi que tous les hommes périrent, ne laissant sur la Terre que leurs petits cousins, les singes.

Durant de longues années, la Terre ne se remit pas de ce cataclysme. Et une petite bande d'humains fut à nouveau envoyée sur elle afin d'en dompter la nature. Avant que le monde ne fût reconstruit en son entier, un endroit agréable y fut aménagé. Deux géants vinrent habiter dans les montagnes du Mexique. Leurs noms étaient Zipacna et Cabrakan. Chaque jour, Zipacna édifiait les montagnes et, chaque jour, Cabrakan les détruisait avec un tremblement de terre. Les deux frères étaient fiers et vantards. C'est pourquoi, les dieux ne les aimaient guère... Aussi, les jumeaux célestes Hun-Apu et Xbalanque furent-ils envoyés sur Terre afin d'humilier les géants destructeurs.

Tout d'abord, Hun-Apu et Xbalanque conspirèrent avec une tribu d'humains dans l'espoir de dompter le géant Zipacna. Le groupe de quatre cents jeunes hommes robustes s'embusqua dans un endroit de la forêt qu'empruntait toujours Zipacna sur le chemin qui le conduisait aux montagnes. Les jeunes gens abattirent un arbre immense et attendirent le passage du géant.

Grosse voix — Pourquoi avez-vous coupé cet arbre ? demanda celui-ci de sa voix énorme et sonore, dès qu'il les eut aperçus.

— Nous désirons l'utiliser comme charpente d'une demeure

que nous sommes en train de construire, Votre Grandeur, répondirent les hommes avec respect, car ils craignaient la taille et la force du géant.

En grondant

— Et vous ne parvenez pas à le soulever, misérables petites créatures ? gronda Zipacna.

— Non, Votre Grandeur, nous ne sommes pas aussi forts que vous... répliquèrent les jeunes gens en s'inclinant devant lui.

Flatté de pouvoir montrer sa puissance, le géant souleva l'arbre et le mit sur son épaule.

— Montrez-moi l'endroit où vous désirez construire cette maison, dit-il aux jeunes gens, et j'y apporterai cet arbre.

Il traversa la forêt en tête de la tribu. Enfin, ils arrivèrent à l'endroit où les humains avaient creusé un profond fossé. Ils expliquèrent à Zipacna que ce trou était destiné aux fondations de leur demeure et le persuadèrent d'y descendre. Quand l'immense créature eut rampé à l'intérieur, ils précipitèrent sur elle trois troncs et des roches afin de la détruire. Mais, en entendant l'avalanche se précipiter sur lui, Zipacna se réfugia dans un tunnel latéral que les hommes comptaient utiliser plus tard comme cave de leur maison. Ne voyant plus rien bouger sous l'amas de troncs et de pierres, les jeunes gens pensèrent qu'ils avaient réussi à anéantir le géant. Alors, ils commencèrent à chanter et à danser pour fêter leur victoire.

Le géant souleva l'arbre.

Afin de leur laisser croire qu'il était bien mort, Zipacna s'arracha quelques cheveux et les confia aux fourmis pour qu'elles les ramènent à la surface de la Terre.

Voix autoritaire

— Dites-leur que vous les avez pris sur mon cadavre... ordonna le géant.

Et les fourmis obéirent.

Convaincus que le monstre avait péri, les humains construisirent une immense maison sur les fondations qu'ils avaient creusées. Ils apportèrent de la nourriture et des boissons dans le bâtiment et firent une grande fête. La demeure résonna longtemps de leurs chants et de leurs rires.

Durant ces longues heures, Zipacna resta couché dans la cave, récupérant ses forces et méditant sa revanche.

Soudain, il se releva et projeta la maison et ses habitants dans les airs. Le bâtiment fut détruit et les jeunes gens furent envoyés si loin dans le ciel qu'ils n'en redescendirent jamais. Ils y furent épinglés en une pléiade d'étoiles.

Les jumeaux célestes, Hun-Apu et Xbalanque, furent si déçus par la défaite de la tribu des humains, qu'ils décidèrent de s'employer eux-mêmes à vaincre le géant. Ils observèrent leur future victime durant plusieurs jours et remarquèrent qu'il était friand d'écrevisses. Alors, ils en pêchèrent dans une rivière qui coulait au pied d'une certaine montagne. Avec cela, les jumeaux célestes modelèrent une écrevisse énorme et suffisamment appétissante pour tenter un géant. Ils la mirent dans la rivière qui coulait au pied de la montagne, évidèrent celle-ci et attendirent...

Zipacna s'en vint justement flâner au bord du cours d'eau.

– Que cherchez-vous ? demanda Hun-Apu.

En grondant – Mêlez-vous de ce qui vous regarde ! gronda Zipacna. Je cherche des écrevisses et des poissons pour mon repas.

– Regardez donc par là... lui conseilla Xbalanque en tendant le doigt vers les profondeurs de la rivière. Il y a peu de temps, j'y ai aperçu une écrevisse assez grosse pour rassasier un géant comme vous.

Reconnaissant, Zipacna plongea dans le cours d'eau et, aussitôt, Hun-Apu et Xbalanque firent se refermer sur lui la montagne creuse comme un coquillage. Zipacna était si fort que, malgré les tonnes de terre entassées sur lui, il faillit plusieurs fois parvenir à se libérer. Les jumeaux célestes regardèrent la terre s'échauffer et trembler. Puis ils usèrent de leurs pouvoirs

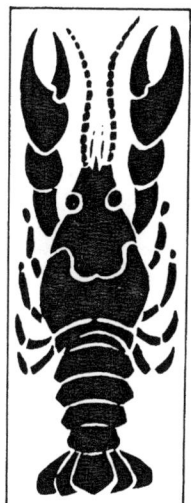

Une écrevisse.

magiques pour transformer Zipacna en pierre.

C'est pourquoi, depuis, au pied du mont Meahuan, près de Vera Paz, gît un énorme rocher.

Mais les jumeaux n'avaient pas fini d'accomplir leur tâche. Cabrakan, le frère de Zipacna, continuait à arpenter la Terre, hurlant, grondant et faisant s'entrechoquer les montagnes, terrorisant tous ceux qui habitaient alentour. Hun-Apu et Xbalanque partirent à sa rencontre.

– Bonjour ! lui lancèrent-ils en souriant. Qui êtes-vous et que faites-vous ?

Grosse voix

– Je suis le puissant géant Cabrakan, répondit l'énorme créature, et je suis capable d'arracher et de détruire n'importe quelle montagne. Laissez-moi vous montrer...

– Avec joie ! répliquèrent les jumeaux célestes, mais vous avez sans doute besoin de vous restaurer afin de prendre des forces avant cet exploit. Pouvons-nous vous venir en aide en chassant quelques oiseaux avec nos sarbacanes et en vous les cuisinant pour votre dîner ?

– Si vous le voulez... accepta le géant en regardant les dieux s'exécuter.

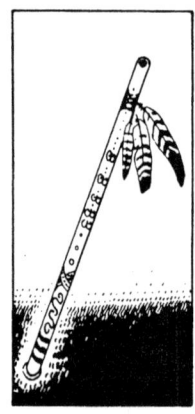

Une sarbacane.

Il aurait bien voulu s'emparer du gibier et le dévorer tout cru mais les jumeaux célestes insistèrent pour le recouvrir de glaise et le faire rôtir au-dessus d'un feu.

– C'est bien plus savoureux, cuit de cette façon, affirmèrent-ils en introduisant du poison dans la glaise qui le répandit à son tour sur la chair des oiseaux.

Quand le gibier fut rôti à point, il exhala une odeur délicieuse. Les jumeaux tendirent les mets à Cabrakan qui les avala en une seule bouchée.

– Maintenant, je vais vous montrer comment abattre une montagne, se vanta-t-il.

Mais, il ne fut pas plutôt debout que les poison se dispersa

dans ses veines. Il porta la main à ses yeux.
– Je n'y vois pas très bien aujourd'hui, grommela-t-il.
Il fit un pas en direction des montagnes et tomba à genoux.

<small>En grondant</small> – Où est passée ma force ? demanda-t-il.
Puis il se sentit refroidir et frissonner avant de mourir.
Ainsi périrent les derniers géants de la Terre avant que Hun-Apu et Xbalanque, les jumeaux célestes, ne retournent vivre avec les dieux.

HISTOIRES D'ÉLÉMENTS

Le Géant de Feu, Nuage Blanc et Neige

Adapté d'une légende d'Amérique du Nord.
Cette belle légende explique l'origine de la neige. L'ordre établi entre les éléments est détruit par un géant mais une jeune fille arrive qui recrée l'ordre du monde.
On peut rapprocher cette histoire d'un mythe basque qui lie l'origine de la neige dans les Pyrénées au mythe d'origine de l'agriculture.

À partir de 5 ans

4 min

Montagne
Ciel
Plaine
Grotte

Géant
Nuage
Soleil
Neige
Vent

Il y a longtemps, si longtemps que presque plus personne ne s'en souvient, les hommes vivaient dans la terreur et le chagrin à cause d'un Géant de Feu, très puissant et très coléreux, qui habitait dans un volcan. Ce géant était si puissant qu'il pouvait secouer la Terre. Quand il se mettait en colère, des montagnes entières s'écroulaient, les arbres se déracinaient, les rivières paisibles se transformaient en torrents et la mer la plus calme en un tumultueux océan. Le géant bavait une lave grise et brûlante qui calcinait sur son passage champs et forêts, hameaux et villages.

Comme tout le monde le craignait, ce géant habitait seul. Et il finit par s'ennuyer. Alors, il se dit : « Pourquoi ne pas me marier ? Une épouse jeune et jolie serait pour moi une agréable compagnie. »

Il chercha donc une femme, mais terrorisées par ses flammes, aucune des jeunes filles de la région n'osait se rendre à ses invitations.

Un matin, il remarqua dans les cieux une gracieuse demoiselle qui semblait avoir des ailes. Elle dansait très joliment et s'appelait Nuage Blanc. Il en tomba fou amoureux et lui demanda de l'épouser. La jeune fille le contempla de ses doux yeux... Puis elle lui répondit qu'elle était déjà fiancée au Soleil et qu'elle s'apprêtait à vivre heureuse, avec lui, dans le ciel.

Le géant lança des mots furieux de sa grande langue de feu. Il attrapa la jeune fille effrayée et s'empressa de l'emmener dans les profondeurs de la Terre. Le Soleil, désespéré, chercha vainement sa bien-aimée. Mais elle était bien cachée. Le géant, jaloux et toujours en colère, la tenait bien enfermée derrière une porte de fer tout au fond de son volcan. Il ne la laissait sortir que le temps de prendre un peu l'air, quand il faisait nuit et que le soleil était parti.

Le temps passa, et Nuage Blanc donna le jour à un enfant. C'était une petite fille aussi charmante que sa mère. Sa peau était si blanche que ses parents la nommèrent Neige. Son père en était fou. Et il la surveillait de jour comme de nuit sans jamais la laisser sortir.

LE GÉANT DE FEU, NUAGE BLANC ET NEIGE

Un soir, alors que Nuage Blanc se promenait autour du volcan, elle rencontra le Vent. Celui-ci l'aimait depuis le temps où elle était fiancée au Soleil. Ravi de la trouver solitaire, il l'emporta dans les airs, en une folle farandole autour de la Terre. La jeune femme eut beau crier, protester et se lamenter, il refusa de s'arrêter. Chaque fois qu'ils passaient près du volcan, Nuage Blanc le suppliait de la déposer un instant afin qu'elle puisse voir son enfant. Le Vent se laissait attendrir et acceptait de ralentir. Mais le géant tenait Neige enfermée dans le volcan. Déçue, Nuage Blanc pleurait doucement et ses larmes tombaient en pluie sur le volcan.

Le Géant de Feu levait alors la tête vers les cieux. Il y voyait sa femme en compagnie du Vent. Et cela le mettait en colère. Il rugissait et faisait à nouveau trembler la Terre, tant et si bien que la montagne se fendit et que Neige eut alors envie de se glisser dans la brèche du rocher pour aller se promener.

Elle découvrit toutes les beautés de l'univers : le ciel, les fleurs, les rivières, les forêts, les champs et la mer...

Pendant qu'elle s'émerveillait de toutes ces splendeurs, le Soleil la remarqua. Elle ressemblait tant à Nuage Blanc qu'il en fut tout ému. Quand il l'eut vue, il descendit vers elle et la prit dans ses bras. Mais, sous l'effet de sa chaleur, Neige fondit et se transforma en eau limpide et bondissante sur les flancs de la montagne. Elle ruissela et dégringola jusqu'au lac qui était en bas. Et, dans les rayons du Soleil, elle devint un arc-en-ciel. Alors, le Soleil cessa de trop briller, Nuage Blanc s'arrêta de pleurer, le Vent s'arrêta de souffler, Géant de Feu s'arrêta de gronder pour la regarder et s'émerveiller. Elle avait enfin réussi à les réconcilier !

Depuis, à chaque début de l'hiver, Neige rend visite à son père. Elle laisse tomber ses flocons sur son front.

Nuage Blanc pleurait doucement.

Au printemps, elle fond doucement en se laissant enbrasser par le Soleil ardent.
Et, quand arrive le Vent, elle se laisse emporter en tournoyant jusqu'au ciel où habite Nuage Blanc, sa maman.
Et c'est ainsi tous les ans et ce sera ainsi longtemps, peut-être jusqu'à la fin des temps.

Après la pluie

Si tu trottes dans la boue,
mets tes bottes, mets tes bottes.
Si tu trottes dans la boue,
Mets tes bottes en caoutchouc.

Flic ! Flac ! Floc !
Sous mes bottes, sous mes bottes,
flic ! flac ! floc !
sous mes bottes, y'a un p'tit trou !

Texte de Jean-Jacques Vacher,
publié dans le magazine *Toupie,* n° 61 (octobre 1990).

Rondeau

Le temps a laissé son manteau
De vent, de froidure et de pluie,
Et s'est vêtu de broderie,
De soleil luisant, clair et beau.

Il n'y a bête, ni oiseau,
Qu'en son jargon ne chante ou crie :
Le temps a laissé son manteau !

Rivière, fontaine et ruisseau
Portent, en livrée jolie,
Gouttes d'argent d'orfèvrerie,
Chacun s'habille de nouveau :
Le temps a laissé son manteau.

Charles d'Orléans

L'Hiver et l'Été

Hiver, vous n'êtes qu'un vilain,
Eté est plaisant et gentil,
En témoignent Mai et Avril
Qui l'accompagnent soir et matin.

Eté revêt champs, bois et fleurs
De sa livrée de verdure
Et de maintes autres couleurs,
Par l'ordonnance de Nature.

Mais vous, Hiver, trop êtes plein
De neige, vent, pluie et grésil ;
On vous dût bannir en exil.
Sans vous flatter, je parle plain,
Hiver, vous n'êtes qu'un vilain.

Charles d'Orléans

Chanson d'Automne

Les sanglots longs
Des violons
De l'automne
Bercent mon cœur
D'une langueur
Monotone.

Tout suffocant
Et blême quand
Sonne l'heure,
Je me souviens
Des jours anciens
Et je pleure.

Et je m'en vais
Au vent mauvais
Qui m'emporte
Deçà, delà,
Pareil à la
Feuille morte.

Paul Verlaine

histoires filantes

HISTOIRES D'ÉTOILES

La Lune dans le puits

Texte de Bernard Friot, publié dans le magazine Toboggan, *n° 103 (juin 1989).*

À partir de 3 ans
3 min
Puits
Ciel
Fermiers
Lune

Ce soir, la Lune est ronde et blanche comme un plat de porcelaine. Elle se regarde dans les mers, les océans, dans les lacs, dans tous les miroirs de la Terre. Et elle se trouve belle.
Elle se regarde même dans le puits de Martin. Mais le puits est bien petit. Pour mieux s'admirer, la Lune se penche par-dessus le ciel. Elle se penche… et tombe dans le puits. Plouf !
Martin se réveille en sursaut.

Voix affolée

— Berthe, Berthe, dit-il à sa femme, tu as entendu ? Quelque chose est tombé dans notre puits.

LA LUNE DANS LE PUITS

Il se lève et descend voir ce qui est arrivé. À moitié endormie, Berthe se lève aussi.

Tous les deux, ils se penchent sur la margelle du puits. Un grand rond de lumière les éblouit.

Voix étonnée — On dirait la Lune, dit Martin.

Voix suppliante — Eh bien, justement, c'est moi ! répond la Lune. Je vous en prie, sortez-moi de là. Que diront les étoiles quand elles s'apercevront que j'ai disparu ? Et le Soleil quand il se lèvera ?

— C'est vrai, dit Berthe. Il faut vite la raccrocher à la nuit.

Sans perdre de temps, Martin fait descendre la corde du seau jusqu'au fond du puits. Mais le seau est trop petit. Jamais la Lune ne pourra entrer dedans !

Berthe a une idée. Elle va chercher son grand baquet à linge, l'accroche à la place du seau et le descend dans le puits.

C'est juste ce qu'il faut. La Lune s'installe tout entière et Martin tire sur la corde pour la remonter.

— Merci beaucoup, dit la Lune.

— Ne dites pas merci si vite, dit Berthe. Vous n'êtes pas tirée d'affaire. Vous n'êtes pas encore repartie au ciel.

— C'est vrai, dit la Lune. Comment faire pour retourner là-haut ?

— J'ai une idée, dit Martin.

Il grimpe au grenier et en redescend une dizaine d'avions téléguidés. Il les gardait depuis l'enfance dans un grenier poussiéreux.

Il attache un fil à chaque avion et les noue ensemble à un ruban qu'il tend à la Lune.

— Accrochez-vous bien à ce ruban, lui dit-il. Surtout ne le lâchez pas.

Il met en marche chaque avion, puis annonce :

— Attention, prêts à décoller ?

— Attends une seconde, lui dit Berthe.

LA LUNE DANS LE PUITS

Elle s'approche de la Lune, sort quelque chose de son tablier et le donne à la Lune en disant tout bas :

– Je sais pourquoi vous êtes tombée dans notre puits. C'était pour vous regarder dedans. Tenez, prenez ce miroir. Avec ça, vous pourrez vous admirer sans danger !

La Lune rougit un peu. Elle prend le miroir et le passe autour de son cou.

– Merci, dit-elle, merci pour tout.

Alors, Martin fait décoller les dix avions en même temps. Ils s'élancent vaillamment, les dix petits avions, en tirant la Lune derrière eux. Ils grimpent, ils grimpent dans la nuit, les dix petits avions, et ne reviendront jamais.

Berthe et Martin sont remontés dans leur chambre. Avant de se recoucher, ils regardent vers le ciel. La Lune est à sa place, ronde et blanche comme un plat de porcelaine.

– On dirait qu'elle nous sourit, dit Berthe.

– C'est vrai, dit Martin, on dirait qu'elle nous sourit.

On dirait qu'elle nous sourit.

HISTOIRES D'ÉTOILES

Le Prince Soleil

Adapté d'un conte allemand.

Ce conte reprend un épisode que les folkloristes ont appelé : « Le troupeau de lapins ». Le héros doit garder un troupeau. Alors que les frères aînés ont échoué, le cadet, seul, réussit, souvent à l'aide d'un sifflet magique.

Ce conte est répandu en Europe et en Asie occidentale.

À partir de 5 ans

8 min

Vallée
Château

Jeune fille
Frères
Prince

Il était une fois, au cœur d'une haute chaîne de montagnes, une vallée si profonde que le soleil n'arrivait jamais à y descendre. Au cœur de cette vallée se trouvait un village et, au cœur de ce village, un chalet où vivaient un paysan, sa fille et ses trois fils. Les garçons aidaient le père aux travaux des champs, mais la jeune fille devait en même temps s'occuper de la maison, des poules et des moutons, de la cuisine, du ménage, de la couture et du repassage…

Le chalet.

Un jour, le paysan trouva à sa fille un fiancé. Il était solide, riche et musclé. Mais la fille refusa de l'épouser.

En colère
— Qui te faut-il ? Un prince charmant ? demanda le papa, mécontent.

Doucement
— C'est le Prince Soleil que j'attends… répondit la fille en souriant.

Le soleil l'entendit. La jeune fille était si jolie qu'il se dit : « Il faut que je luise comme je n'ai encore jamais lui ! »
Et il s'efforça de briller comme il n'avait jamais brillé.
Il brilla si fort que ses rayons réussirent à pénétrer au plus profond de la vallée, jusque vers le petit chalet. En cascadant le long des pentes, il fit fondre la neige et fleurir les plantes. Une tornade de lumière pénétra par la cheminée du chalet. Elle zigzagua sur le parquet de ses reflets rouges et dorés… Puis, le soleil se transforma en prince et prit la jeune fille par la main pour l'entraîner dans une danse sans fin.
Ils dansèrent… tourbillonnèrent… et la nuit vint !
Puis, soudain, au petit matin… plus rien !
Le ciel était redevenu gris, plat et uni. Le Prince Soleil était parti et la jeune fille avec lui ! Ils semblaient avoir disparu comme s'ils n'existaient plus.
Le père se désola :

Ton désespéré
— Hélas ! Le soleil m'a enlevé ma fille unique adorée ! Qui va désormais nous faire à manger, faire nos lits et balayer ?
Puis il ajouta :
— Il me reste heureusement trois garçons ! Je suis sûr qu'ils m'aideront à la ramener à la maison !
Aussitôt, l'aîné des garçons prit un cheval à l'écurie et s'en alla tout droit vers l'ouest, là où se couche le soleil.
Après avoir traversé bien des montagnes et des vallées, il arriva au pied d'un château. Il cria très fort et très haut :

LE PRINCE SOLEIL

Crier — Prince Soleil ! Je sais que tu es là… Montre-toi, même si tu es en pyjama !

Dérangé dans son sommeil, le soleil ouvrit ses volets. Auprès de lui, sa bien-aimée reconnut son frère aîné et lui envoya des baisers. Mais le frère ne voulut pas se laisser impressionner. Il préféra encore crier :

Crier — Soleil, puisque tu es un grand seigneur, montre-nous que tu as bon cœur ! Rends-nous notre petite sœur pour quelques jours, afin que nous lui prouvions notre amour en la dorlotant dans notre chalet comme nous ne l'avons encore jamais dorlotée !

Le Prince Soleil répondit d'un ton poli :

Avec calme — D'accord, mais avant, tu devras me prouver que tu sauras t'en occuper ! Chez vous, elle gardait les moutons assez loin de la maison et vous étiez toujours prêts à la gronder quand, par malheur, un agneau s'égarait. Voyons de quoi tu es capable. Sors mes bêtes de l'étable et mène-les au pâturage. Et… gare à toi si l'une d'entre elles s'échappe !

Le jeune homme fit ce qu'on lui avait dit. Et dans le pré, vers midi, il se sentit plein d'appétit. Il abandonna un instant les moutons pour aller cueillir des champignons. Quand il revint, il se fit un feu afin de les faire griller un peu. Mais après avoir bien déjeuné et s'être bien régalé, quand il se mit à recompter ses animaux dans le pré, il s'aperçut avec effroi qu'il lui en manquait trois ! Il eut beau les chercher partout, il ne les trouva plus du tout. Alors, il rentra tout penaud au château. Après l'avoir écouté, le Prince Soleil s'écria :

En colère — Comment pourrais-je confier ma bien-aimée à un garçon aussi étourdi ?

Et le frère aîné fut obligé de rentrer chez lui.

Dans le chalet, le désordre s'était installé. La pile de vaisselle sale augmentait de jour en jour…

Ton désespéré	— Ma petite fille… Mon amour… Quand pourrai-je la retrouver ? gémit le père, désolé.
	Alors, le frère cadet prit son mulet et se dirigea à son tour vers le château du soleil. Quand il y arriva, tout était plongé dans le sommeil. Alors, il cria :
Crier	— Prince Soleil, je sais que tu es là… Montre-toi, même si tu es en pyjama !
	Le soleil ouvrit ses volets. Auprès de lui, sa bien-aimée reconnut son frère cadet et elle lui envoya des baisers. Mais le frère ne se laissa pas impressionner. Il hurla :
Crier plus fort	— Soleil, si tu es un grand seigneur, montre-nous que tu as bon cœur ! Rends-nous notre sœur pour quelques jours afin que nous lui prouvions notre amour en la dorlotant dans notre chalet comme nous ne l'avons encore jamais dorlotée.
	Mais le soleil n'avait pas changé d'avis et lui demanda, à lui aussi, d'aller garder ses troupeaux dans un pâturage, là-haut…
	Le jeune homme accepta. Le temps passa… Et les moutons le conduisirent près d'un torrent tumultueux et bruyant. Un agneau tomba dans l'eau, mais le courant était si fort que le garçon se dit aussitôt : « Un agneau de plus ou de moins… Le
Avec fatalité	soleil n'y verra rien ! » Mais, le soir, lorsqu'il se présenta au château, le Prince recompta son troupeau et réclama l'agneau manquant. Le jeune homme lui expliqua qu'il était tombé dans le courant et qu'il n'avait pu le rattraper malgré sa bonne volonté.
En colère	— Comment pourrais-je te confier ma bien-aimée si tu es capable de la laisser se noyer ? se fâcha le souverain.
	Et, dès le lendemain matin, le frère cadet rentra chez lui.
	Des vêtements jonchaient les lits, l'évier débordait de vaisselle et les ordures des poubelles…
	Alors, le plus jeune des frères décida de tenter sa chance à son tour. Il marcha jusqu'au lever du jour et cria au maître des lieux d'un ton furieux :

LE PRINCE SOLEIL

Crier — Prince Soleil ! Si tu es là, montre-toi... Même si tu es en pyjama !

Le soleil ouvrit ses volets. Auprès de lui, sa bien-aimée rayonnait de joie et de santé. Le jeune homme se remit à crier :

Crier — Soleil, si tu es un grand seigneur, montre-nous que tu as bon cœur. Rends-nous notre sœur pour quelques jours afin que nous lui prouvions notre amour et que nous la dorlotions dans notre chalet comme nous ne l'avons jamais dorlotée.

Le soleil promit d'accepter, à condition qu'il amenât ses moutons au pré. Et le plus jeune des frères partit sans se faire prier. Au bout d'un moment, il arriva au bord du torrent. Là, tous les moutons bondirent dans l'eau en un seul saut ! Le garçon effrayé se décida à plonger afin de les rattraper.

Il réussit à s'accrocher aux cornes d'un puissant bélier qui le traîna sur l'autre bord. Alors, le jeune berger vit une grande bâtisse de pierre couverte de feuilles de lierre. Il y pénétra avec les animaux qui se transformèrent aussitôt en chevaliers et en seigneurs.

Voix autoritaire — Viens t'occuper de nous, serviteur ! dirent-ils au voyageur.

Et le garçon dut leur faire à manger, mettre la table, se dépêcher, porter à boire, débarrasser, laver, ranger et balayer. Quand le repas fut terminé, les riches et brillants chevaliers se retransformèrent en moutons et voulurent rentrer à la maison. Le garçon dut retraverser le torrent sans avoir peur du courant... Il arriva si trempé, si hagard et si épuisé, qu'il entendit à peine le soleil s'écrier :

Ton admiratif — Je vois que tu t'es bien comporté ! Je te confie ma bien-aimée, à condition que ton père, tes deux frères et toi promettiez de vous en occuper comme tu l'as fait pour ces chevaliers.

Ce soir-là, le jeune homme s'écroula aux pieds du souverain mais, dès le lendemain matin, il reprit le chemin de sa vallée en portant sa sœur sur son dos comme il ne l'avait jamais portée.

Les animaux se transformèrent.

En arrivant dans le chalet, la jeune fille le trouva rangé, lavé, épousseté, astiqué comme il ne l'avait jamais été. Son père et ses deux frères aînés avaient eu le temps de penser à tout ce qui était arrivé. Quand le plus jeune des garçons déposa sa sœur dans la maison, éclatèrent les rires, les chansons, les refrains et les câlins juqu'au lendemain matin. Le soleil n'oublia pas de briller pour fêter cette belle journée. Et il permit que, chaque année, la famille pût se retrouver.

Phaéton, tête brûlée

Adapté de la mythologie grecque.

Phaéton – littéralement : celui qui éclaire – est à l'origine le surnom donné par les Grecs au dieu solaire Hélios. Peu à peu, Phaéton acquit une personnalité distincte de celle d'Hélios. On lui créa une légende propre. La plus ancienne le donne pour fils d'Aurore. Aimé d'Aphrodite, il est enlevé par la déesse. Plus récente et plus répandue, une autre légende fait de Phaéton le propre fils d'Hélios et de l'Océanide Clyméné. Il obtint un jour la faveur de conduire l'attelage d'Hélios à travers le ciel.

À partir de 7 ans — 7 min — Olympe — Phaéton, Soleil, Zeus

P haéton gagnait toujours. Il lançait le disque plus loin que les autres garçons, chevauchait plus vite, nageait plus profond. Et surtout, il parlait plus fort.

— Je suis d'une autre race, moi, disait-il à ses compagnons de jeux.

Se pavanant

Le soir, quand il rentrait chez lui, il claironnait ses exploits à la ronde. Clyméné, sa mère, ne savait pas s'il fallait rire ou pleurer de tant de vantardises. Assise au bord de l'âtre, elle regardait du coin de l'œil Phaéton se pavaner devant ses deux sœurs, qui lui vouaient une admiration sans bornes.

Voix douce

— Prends garde, mon garçon, lui disait-elle. Un jour, tes fanfaronnades te retomberont sur le nez.

Phaéton riait.

Fanfaronnant

— Je suis le fils du Soleil, mère. Que peut-il m'arriver ?

Voilà. Phaéton était le fils d'Hélios, le dieu flamboyant qui règne sur l'azur et il regardait les autres garçons avec l'arrogance des enfants illustres.

Ses cheveux n'avaient-ils pas la couleur du feu ? Ses yeux ne s'embrasaient-ils pas quand il lançait des défis à ses camarades ? Fils du Soleil, son destin était d'être le premier, et de le clamer, partout et toujours.

Un matin qu'il avait été particulièrement odieux avec ses amis, l'un des garçons lui mit la main sur l'épaule.

— Phaéton, il t'est facile de nous battre à la course. Mais pourras-tu jamais accomplir un véritable exploit, un de ceux dont les hommes se souviennent ?

Phaéton plissa le front, mal à l'aise soudain.

— Nager plus vite que le poisson ?

L'autre ricana et ses compagnons aussi.

Ton moqueur

— Une grande prouesse, Phaéton ! Pas une pitrerie !

Et tous les enfants s'égaillèrent en riant.

Ricaner

— Phaéton est un pitre ! Phaéton est un pitre ! chantèrent-ils en descendant la colline.

Phaéton en fut blessé comme jamais. Les larmes lui vinrent aux yeux et il courut se réfugier près de sa mère.

PHAÉTON, TÊTE BRÛLÉE

Clyméné lui caressa les cheveux, émue. C'était la première fois qu'elle voyait son fils rempli de tant de tristesse.

Voix douce — Va donc voir ton père, Phaéton. Il sait consoler les plaies et réchauffer les cœurs.

Elle montra une immense montagne au lointain.

— Son palais est au-delà de l'horizon, là où son char s'arrête, le soir, quand la lumière est engloutie par les ténèbres.

Phaéton sécha ses larmes d'un revers de main. Il embrassa sa mère, ses sœurs et se mit en route.

Son père lui dirait comment répondre aux insultes. Et il leur fermerait le bec, à ces galopins de basse-cour !

Le voyage fut long. Il marcha pendant des jours.

Enfin, il atteignit le faîte de la montagne plantée au-delà de l'horizon. Devant lui, touchant le ciel de ses coupoles scintillantes, s'élevait un gigantesque palais d'or et de marbre. L'entrée était béante, flanquée d'une multitude de colonnes d'argent. Phaéton se sentit soudain minuscule.

Et si Hélios le renvoyait sur Terre ? S'il se moquait de lui, comme les autres ?

Il entra en tremblant dans la demeure divine. Les murs étaient étincelants de pierreries et le sol rougeoyait.

Grosse voix — Que veux-tu donc, mon fils ? dit une voix puissante.

Phaéton se retourna. Hélios était derrière lui, majestueux, coiffé de ce casque flamboyant qui jette sur la Terre mille rayons de lumière.

Hélios.

Phaéton se jeta aux pieds du dieu.

Ton désespéré — Père, on me traîne dans la boue ! Pire, on m'insulte !

Les yeux d'Hélios lancèrent des éclairs.

En colère — Par le Styx, je jure de t'aider à réparer l'outrage, fils.

Phaéton raconta son malheur.

Quoi ? Des gamins moqueurs ? Hélios haussa les épaules.

Voix forte — Ignore-les, Phaéton. Tu es mon fils, et cela suffit.

Mais Phaéton insistait.

— Père, je veux leur montrer de quoi je suis capable.

Il désigna le casque étincelant sur la tête d'Hélios.

— Dès que l'étoile du matin brillera, tout à l'heure, je veux conduire le char doré du soleil. Ce sera là mon exploit.

Hélios éclata d'un rire énorme. Son fils était devenu fou !

Avec étonnement — Conduire mon char ! Mais mon pauvre ami, c'est une tâche bien au-dessus de tes forces ! Même Zeus, le Très-haut, n'a jamais osé tenir les rênes de mes étalons d'or !

— Tu as juré par le Styx, père.

Le serment était de taille. Hélios eut beau expliquer à son fils tous les dangers d'une telle course, et le pouvoir terrible des astres, Phaéton baissait le front, têtu, en répétant :

— Je veux conduire ton char, père.

Hélios soupira. Il avait juré par le Styx et n'avait qu'une parole. Il enduisit son fils d'un onguent magique, pour le protéger de la formidable chaleur du casque aux mille rayons et le mena jusqu'au char.

Ton résigné — Vois, mon fils. L'aurore luit de sa robe rose et les étoiles ont fui avec la lune. C'est le moment. Que Zeus te protège, toi et ta folie !

Il coiffa l'enfant du casque étincelant. Phaéton agrippa les rênes des fougueux coursiers, et, le visage tourné vers l'horizon pourpre, se mit à rire.

Fanfaronnant — On parlera de Phaéton jusqu'à la fin des temps, père. Et tu seras fier de moi !

Il fit claquer son fouet et l'attelage s'élança. Bientôt, le palais d'Hélios ne fut plus qu'un minuscule point au lointain.

Crier fort — Je suis le soleil, hurlait Phaéton, ivre de joie.

Mais la main du garçon ne pesait pas lourd sur les rênes.

Les chevaux s'en aperçurent vite et le char cahota dans les ornières célestes, vacillant de droite et de gauche.

Surpris, Phaéton lâcha les courroies de cuir doré, et les cavales solaires, affolées, se mirent à galoper vers la Terre.

Crier — Arrêtez ! Arrêtez ! s'époumonait Phaéton.

Mais que peut la voix d'un enfant ? Le char fut précipité vers le sol et la formidable chaleur du casque flamboyant alluma mille incendies, fit fondre les glaciers, dessécha les océans et noircit la peau des hommes. Pris de panique, les chevaux montèrent alors vers les cieux, loin au-dessus des nuages et embrasèrent l'Olympe, la demeure des dieux.

Phaéton pleurait de rage. Recroquevillé au fond du char, il regardait, impuissant, l'attelage fou bondir aux quatre coins du ciel et y semer la désolation.

Le grand Zeus vit l'effroyable désordre, l'Olympe incendié, la Terre embrasée. Il décida d'y mettre fin avant que l'aventure ne tournât au désastre. Bien sûr, Phaéton était le fils d'Hélios, et Hélios était son propre fils.

Mais le caprice d'un enfant ne valait pas que le monde basculât dans le chaos.

Phaéton sur son char.

Il fit tournoyer une gerbe de foudre dans sa main puissante et la jeta sur le char affolé.

Le ciel trembla d'un fabuleux coup de tonnerre et l'attelage, foudroyé, tomba dans la mer, et le jour avec lui.

Phaéton, lui, tournoya longtemps dans l'air, les cheveux et les habits enflammés, avant de s'abattre dans les eaux tumultueuses du fleuve Éridan.

Ainsi périt Phaéton, l'enfant fanfaron. Hélios pleura la mort de son fils et les jours eurent longtemps la pâleur de l'hiver.

Plus tard, beaucoup plus tard, quand, sur la Terre ravagée, réapparurent les récoltes et les bourgeons, alors on vit deux aulnes pousser au bord de l'Éridan. Et au bout des feuilles des deux arbres perlaient mille et mille larmes.

C'étaient celles des deux sœurs de Phaéton, qui avaient vainement cherché le corps de leur frère, et que les dieux avaient ainsi transformées.

HISTOIRES D'ÉTOILES

Gougourhgah, l'oiseau qui appelle le soleil

Adapté d'une légende australienne.
Selon la mythologie australienne, le monde des origines s'était pas comme celui d'aujourd'hui. Dans une époque lointaine appelée le Temps des Rêves, divers évènements se sont passés, au cours desquels les hommes, les plantes, les animaux et même le monde inanimé, ont acquis des caractères bien précis qu'ils ont gardés depuis.
D'après une légende du sud-est du pays, c'est un œuf d'émeu, lancé dans le ciel par un homme en colère, qui a donné naissance au soleil en mettant le feu à un tas de bois à brûler. La divinité céleste, voyant l'utilité de ce feu pour le monde, a décidé de le faire brûler tous les jours.

À partir de 5 ans | 5 min | Plaine | Homme
Émeu
Esprit

GOUGOURHGAH, L'OISEAU QUI APPELLE LE SOLEIL

L'émeu.

Aux temps des Rêves, bien avant que les hommes n'apparaissent, les animaux régnaient sur la Terre. Personne encore ne les poursuivait avec des flèches et des arcs, personne ne creusait de trous pour les chasser. C'était une époque agréable et les animaux se débrouillaient très bien entre eux.

Mais voilà : il n'y avait pas de jour, il n'y avait pas de nuit. Depuis le commencement du monde, la Terre était plongée dans les ténèbres et seule la pâle clarté de la lune et des étoiles éclairait la plaine.

Les animaux s'en accommodaient tant bien que mal, volant parfois dans l'obscurité la plus noire, ou trottant à l'aveuglette parmi les buissons épineux. Puisqu'ils ne connaissaient pas le soleil, ils ne le désiraient pas.

Un jour Dineewann l'émeu et Brolga le kangourou cheminaient côte à côte près de la rivière Murrumbidgee.

Comment en vinrent-ils à se quereller, nul ne le sait. Le ton monta, ils échangèrent des coups de bec, des coups de pattes.

Crier — Face de lune jaune ! hurla Dineewann.

Devant une telle insulte, le sang de Brolga ne fit qu'un tour. Il courut jusqu'au nid de Dineewann et saisit un des énormes œufs de l'oiseau.

Crier — Tu vas voir qui est la face de lune jaune ! cria-t-il.

Et il lança la grosse coquille de toutes ses forces vers le ciel. L'œuf monta, monta, monta si haut qu'il dépassa les nuages et éclata comme la foudre, illuminant le ciel de rouge et d'or pendant quelques instants.

Les animaux furent émerveillés. C'était la première fois qu'ils voyaient si clairement le sol et les arbres autour d'eux. Même Dineewann l'émeu oublia son œuf cassé, les yeux tout éblouis de la fabuleuse lumière.

GOUGOURHGAH, L'OISEAU QUI APPELLE LE SOLEIL

Là-haut, dans la nuit étoilée, vivait un esprit bienfaisant. Quand il vit l'œuf éclater et son incendie rouge et or, il sut que la lumière était bonne pour la Terre et les animaux.

« Et si je l'installais dans le ciel ? » se dit-il.

Il songea qu'en allumant un grand feu au-dessus des nuages, sa lumière éclairerait la Terre entière.

Avec ses aides, il se mit à ramasser autant d'arbres morts, de grandes branches et d'herbes sèches qu'il put trouver et bientôt l'immense bûcher fut prêt à enflammer.

— Ne crois-tu pas que les animaux vont s'effrayer d'une si soudaine lueur ? demanda l'un des aides.

L'esprit hocha la tête. Oui, peut-être valait-il mieux prévenir les animaux avant d'allumer le brasier.

Il envoya donc l'étoile la plus brillante annoncer à tous, sur Terre, qu'un grand feu allait embraser le ciel. Mais les animaux dormaient, et seuls quelques oiseaux virent l'étoile scintiller au-dessus d'eux.

L'esprit appela Gougourhgah, le kookaburra.

— Ton cri ressemble à un rire et il est si puissant qu'il peut réveiller toute la plaine, lui dit l'esprit.

L'oiseau se gonfla de fierté.

— Réveille-toi à l'aube, continua l'esprit, comme l'étoile du matin, et juste avant que le grand feu ne s'allume dans le ciel, pousse ton cri : Gou-gour-gah-gah !

Le kookaburra s'envola pour se poser sur la branche d'un grand arbre. Il se tourna vers l'étoile du matin, regarda l'énorme bûcher empilé par l'esprit au-dessus des nuages et lança son cri strident : Gou-gour-gah-gah !

Crier

Alors, toutes les créatures de la plaine, près de la rivière Murrumbidgee, s'éveillèrent. Et leurs yeux s'arrondirent : là-haut, dans les cieux, l'esprit bienfaisant venait d'allumer le soleil.

Ce fut le matin du premier jour : la lumière du grand feu était

Le Kookaburra.

GOUGOURHGAH, L'OISEAU QUI APPELLE LE SOLEIL

encore timide, teintant les collines de rose et de safran. Puis elle grandit et, à midi, les flammes embrasaient le ciel.

Les animaux couraient en tout sens, découvrant de nouveaux paysages, humant des odeurs inconnues. Jamais ils n'avaient connu un tel bonheur.

Vers le soir, la fournaise s'éteignit, et les dernières flammèches colorèrent la plaine de pourpre et d'or. Quand il n'y eut plus que des braises rougeoyantes, l'esprit bienfaisant les enveloppa dans un drap de nuages.

La nuit tomba. La lune et les étoiles succédèrent à la lumière du jour et les animaux dormirent comme ils n'avaient jamais dormi, d'un sommeil bienheureux. Et Dineewann l'émeu ne songeait plus à son œuf brisé.

À l'aube, l'esprit ranima les braises pour faire naître un second matin.

Depuis lors, les jours et les nuits se suivent éternellement.

Le kookaburra lance toujours son Gou-gour-gah-gah avant le lever du soleil.

Bien sûr, en entendant ce drôle de cri sortir d'une si grande bouche édentée, les enfants ont envie de rire. Mais les mères grondent : « Si tu insultes le kookaburra, il arrêtera d'appeler le soleil et la Terre sera plongée pour toujours dans la nuit sombre. »

Ton menaçant

Les enfants obéissent : ils ont peur de la nuit. Mais il en est qui défient leur mère : ils courent derrière le kookaburra en criant Gou-gour-gah-gah et en se moquant de lui.

Alors, à ceux-là, il leur pousse une grosse dent pointue par-dessus leurs dents de devant, ils sont horribles à voir et chacun sait qu'ils se sont moqués de Gougourhgah, celui qui appelle le soleil.

Un enfant défiguré.

Le Lait d'Héra

Adapté de la mythologie grecque.

Hercule est le plus célèbre des héros grecs. Toutes les régions de la Grèce et la plupart des contrées du bassin de la Méditerranée ont été visitées par Hercule. Il est par excellence l'être fort et bienfaisant, qui consacre sa vie entière au salut de l'humanité, parcourant terres et mers pour secourir les opprimés et dompter les monstres aux dépens de son repos et de sa propre vie, et qui, pour prix de son courage et de son désintéressement, obtient enfin le droit de siéger à jamais dans le chœur des dieux immortels.

À partir de 8 ans

4 min

Olympe

Zeus
Héra
Hercule

En ce temps-là, Zeus, le lanceur de foudre, régnait sur l'Olympe. Assise à sa droite, Héra, son épouse, présidait avec lui les banquets des dieux, tout en jetant sur lui des regards inquiets. Car le grand Zeus lui était parfois infidèle, lui préférant la compagnie des nymphes, et même des simples mortelles.

LE LAIT D'HÉRA

Zeus.

Un jour, Zeus eut vent d'Alcmène. C'était une femme connue pour sa beauté et sa vertu. Elle était l'épouse d'Amphitryon, roi de Thèbes.

Profitant de l'absence de l'époux, parti guerroyer, Zeus décida de séduire Alcmène. Il prit l'apparence d'Amphitryon et la jeune femme tomba dans le piège.

Au petit matin, quand le véritable Amphitryon revint au palais, Alcmène comprit la supercherie. L'enfant qui allait naître serait donc le fils de Zeus.

Le roi des dieux, ravi de l'aventure, annonça partout la naissance de son fils. Héra était furieuse. Ainsi donc, une fois de plus, son divin époux l'avait trompée ! Folle de jalousie, elle jura de tuer le nourrisson.

Une sombre nuit, se glissant près du berceau de l'enfant, elle fit tomber d'une besace deux énormes serpents.

En colère — Vengeance ! siffla-t-elle.

Quel bambin aurait résisté à ces monstres hideux ? Déjà la déesse repartait vers l'Olympe dans son char de nuages. Mais le bébé était fils de Zeus. Et il avait nom Héraclès.

Quand les reptiles rampèrent sur la soie des draps, il lança ses menottes en avant et, comme s'il jouait avec quelque poupon de bois, les étrangla sans effort.

Là-haut, dans l'Olympe, Héra était atterrée. Elle maudit Héraclès et courut s'enfermer dans sa chambre. Zeus riait.

Voix forte — Ce garçon sera fort comme mille taureaux ! s'exclama-t-il.

Hermès, un des fils de Zeus, soupira :

En soupirant — Il mourra pourtant comme un simple voyageur, Père, s'il ne boit pas le lait d'Héra.

Zeus hocha la tête. Ainsi Clotho, Atropos et Lachésis, les trois Moires qui tranchaient le Destin des hommes, avaient-elles prédit l'avenir d'Héraclès.

Zeus ne pouvait l'admettre.

LE LAIT D'HÉRA

— Trouve donc un moyen, Hermès, et tâche de faire téter mon fils au sein d'Héra.

Facile à dire. Mais la parole de Zeus était sans appel et Hermès s'en fut dans le palais d'Amphitryon. Léger comme un elfe, il entra par une fenêtre béante et prit l'enfant dans ses bras.

Voix douce — Viens, mon frère. Viens téter le lait divin.

Le bébé pleurait. Depuis sa naissance, il avait déjà épuisé bon nombre de nourrices, tant son appétit était grand. Et cette nuit-là, son estomac criait encore famine.

Hermès l'apaisa en le berçant dans la grande nuit noire, bondissant d'un nuage à l'autre. Puis, silencieusement, il se glissa dans les appartements d'Héra. La déesse dormait.

Voix douce — Vois, petit, ta nouvelle nourrice, dit Hermès.

Doucement, il posa l'enfant au flanc d'Héra, sur le drap de satin. Héraclès, affamé, se jeta sur la mamelle divine et téta goulûment, glouton comme un veau au pis de sa mère.

La douleur fut si vive qu'elle réveilla la reine de l'Olympe.

Et Héra vit, accroché à son sein, l'enfant qui la suçait avec voracité. Elle reconnut le nourrisson haï.

D'une violente bourrade, elle le repoussa. Héraclès tomba en arrière et, du sein d'Héra jaillit une giclée puissante, qui inonda le ciel d'une pluie de lait blanc.

Voix suppliante — Emmène cet enfant loin de moi, hurla la déesse.

Et elle se mit à sangloter.

Hermès prit le nouveau-né, bondit dans le ciel. Le bébé criait, du lait coulant de ses lèvres gourmandes.

Hermès leva les yeux.

— Regarde, mon frère ! Regarde la voûte céleste ! dit-il.

Au-dessus d'eux, allant d'un bout à l'autre de l'horizon, il y avait une large traînée blanche scintillante. C'était le lait d'Héra.

Maintenant encore, quand les nuages ont fui le ciel noir, on peut voir cette gigantesque éclaboussure : c'est la voie lactée.

Héraclès avait tété Héra. Il fut ce héros aux douze fabuleux exploits et plus tard, bien plus tard, il devint immortel et rejoignit l'Olympe, aux confins de cet immense champ d'étoiles qui, une nuit, jaillit du sein divin.

La Lune perfide

Adapté d'une légende africaine.

Toutes les cultures vivant en contact avec la nature ont des récits visant à expliquer - souvent avec beaucoup d'ingéniosité et de précision - l'origine du monde qui les entoure. Le thème du soleil qui mange ses propres enfants, à l'exception de l'étoile du matin, alors que la lune cache ses enfants, se retrouve en Inde.

À partir de 4 ans | 5 min | Ciel Rivière | Soleil Lune Enfants

En ce temps-là, le soleil et la lune étaient unis comme les cinq doigts de la main. Mon cher soleil par-ci, ma chère lune par-là : ils ne rataient pas une occasion de rouler leur bosse ensemble, aux quatre coins du ciel.

Chacun avait une folle ribambelle d'enfants et bien souvent les nuages étaient secoués de cris et de rires. Le soleil et la lune les regardaient courir sur l'arc-en-ciel, attraper une à une les gouttes de pluie, jouer à cache-cache avec la foudre.

C'était le bon temps. Mais cela ne dura pas. Car un jour, on ne sait pourquoi, peut-être à cause d'un ciel chagrin, ou d'une nuit trop noire, la lune se mit à jalouser le soleil.

Elle trouva qu'il était injuste d'être seulement faite d'argent, alors que l'autre, cette grosse pastèque jaune, était tout en or. De plus, le soleil flamboyait au milieu du jour radieux et réchauffait les fleurs, les arbres, les gens. Il était adoré de mille et mille papillons chamarrés et passait son temps à se baigner dans l'azur.

Elle tapait du pied et le ciel en tremblait.

Râlant

— Et moi, continua-t-elle, moi, je suis la boule blême, celle qui éclaire à peine les voyageurs perdus, celle que le moindre petit nuage avale, et mes papillons ont les couleurs de l'hiver.

Alors, elle décida d'arranger cela à sa manière : un jour que leurs enfants avaient été particulièrement insupportables, la lune alla voir le soleil.

Ronchonnant

— Et si nous les jetions à l'eau, tous ces garnements qui nous empêchent de dormir ? grogna-t-elle.

L'autre fut surpris. C'est vrai, les enfants l'agaçaient aussi, parfois, mais de là à les noyer... Cependant, la lune était son amie : le soleil ne voulait lui déplaire pour rien au monde. Il hocha la tête.

— Tu es sévère, cher astre, mais nous ferons comme tu dis.

La lune était ravie.

Voix enjouée

— Il n'y a qu'à les enfermer dans un sac et le tour sera joué. Un sac pour les tiens, un sac pour les miens.

À cette époque-là, comme vous le voyez, il était simple de noyer ses enfants.

Le soleil était un peu triste, mais il fit ce qu'avait dit la lune, sans deviner une seconde le tour qu'elle voulait lui jouer.

Drôle de tour, vraiment, peu digne d'une si belle amitié !

« Qu'il ne compte pas sur moi pour noyer mes enfants, ce gros

LA LUNE PERFIDE

ballot, songea la lune. Quand il aura jeté les siens dans l'onde noire, il pourra toujours faire le paon avec sa queue dorée, moi, je continuerai à promener mes enfants dans la voie lactée. Le soleil sera d'or, mais tout seul ! Les choses seront plus justes ainsi. »

Elle ricana doucement et empila dans son sac quelques grosses pierres.

(Voix enjouée) — C'est le moment, mon ami, gloussa-t-elle, et elle lança de toutes ses forces le sac dans la rivière.

Le soleil tremblait. À la pensée de perdre ses enfants, il était d'une grande tristesse, comme vous le pensez bien.

Mais un pacte est un pacte, même terrible. Il jeta donc son sac dans l'eau sombre et bientôt, tout disparut.

Les deux compagnons se séparèrent en se jurant éternelle amitié. Le soleil, très chagriné, alla se coucher et le ciel devint noir d'encre.

C'est alors que la lune fit signe à ses enfants de sortir de leur cachette et la troupe s'enfonça dans l'obscurité silencieuse

(Ton joyeux) — Chantez, dansez, mes enfants, la vie est belle ! glapit la lune.

Et tout le monde se mit à hurler, à faire des rondes endiablées. Tant et si bien que le soleil ouvrit un œil. Il fut suffoqué !

(En colère) — Menteuse ! Tricheuse ! C'est ça, ton amitié ? Et moi, pauvre sot, qui voulais t'être agréable !

Il était furieux et dardait ses rayons. La nuit en fut illuminée comme en plein jour.

(Doucement) — Du calme, mon ami, dit la lune. C'est pour le bien de la Terre que j'ai fait cela. Regarde en bas : tu as fait de la région un désert brûlant. Tu assèches les rivières et les puits, tu consumes les récoltes. Pauvres gens ! Imagine quel serait leur sort si tes enfants faisaient de même à tes côtés !

Mais le soleil ne l'écoutait plus.

« Quelle méchanceté ! pensait-il. Dire que je la croyais mon amie. »

Il repartit derrière l'horizon et se jura de ne plus jamais, au grand jamais, adresser la parole à la lune, cette noyeuse d'enfants.

Et c'est depuis ce temps-là que le soleil boude la lune et qu'il n'apparaît plus que le jour, et tout seul. La lune, elle, sans doute confuse et inquiète, ne se lève que la nuit. On voit encore ses enfants, les étoiles innombrables, qui continuent de danser et de faire leurs folles rondes autour d'elle.
C'est injuste, oui. Les enfants du soleil ne méritaient pas de périr noyés, même si parfois, ils faisaient des bêtises. Tous les parents du monde vous le diront.
Mais rassurez-vous : le soleil, lui aussi, avait triché. En enfermant ses enfants dans le sac, il n'avait pas noué la cordelette. Aussi, une fois dans l'eau, avaient-ils pu s'échapper en se transformant en poissons. Vous savez, ceux qui frétillent et scintillent comme des rayons de lumière, à la surface des rivières d'Afrique.
C'est le soleil, leur père, qui les fait briller. À malin, malin et demi.

Le berger et la Fileuse de nuages

Adapté d'un conte chinois.

L'origine de la voie lactée donne lieu à onze interprétations différentes de par le monde. Parfois, c'est une route (Indiens d'Amérique du Sud), ou un passage pour les démons (Finlande), ou de la fumée (Afrique), ou du lait de femme (Sibérie, mythologie grecque : voir Le lait d'Héra)

Le thème de la voie lactée-rivière se retrouve au Japon et en Sibérie.

À partir de 5 ans

9 min

Montagne
Royaume
céleste

Berger
Princesse
Vache

Dans les palais de l'empereur de Chine, le sol était en jade et l'on festoyait à longueur de jour. Dans la maison des parents de Liu, on marchait sur la terre battue et il n'y avait à manger que quelques grains de riz et du poisson cru. Encore fallait-il que la mer s'apaise et laisse partir le bateau des pêcheurs.

La famille de Liu était si pauvre qu'à dix ans, le garçon fut envoyé chez un fermier de la vallée, afin qu'il rapportât au moins de quoi se nourrir. On lui confia une vache.

Chaque jour, il la menait paître dans la montagne.

Voix douce — Ma sœur la vache, disait-il en lui caressant la tête.

Car comme lui, la pauvre bête était d'une maigreur pitoyable, un sac d'os aux flancs pendants. Et Liu se sentait proche d'elle. Alors, tous les deux, ils montaient dans les plus hauts pâturages, près des brumes du sommet, là où l'herbe est la plus juteuse.

Voix douce — Mange, ma vache, mange. L'herbe, elle, au moins ne coûte rien, disait Liu.

Ainsi les années passèrent. Liu devint un jeune homme plein de vigueur. Il emmenait toujours la vache brouter les meilleurs prés. C'était maintenant une bête magnifique, au pelage luisant, à la robe lisse et douce, aux flancs rebondis.

Son lait était onctueux et quand Liu en goûtait, il lui semblait boire un nectar des dieux.

Le jour de ses dix-huit printemps, il mena la vache dans le pâturage le plus haut de la montagne, juste à côté du ciel, pour fêter l'évènement.

Chuchoter — Aujourd'hui, tu auras l'herbe la plus grasse qu'on puisse rêver, ma belle, lui chuchota-t-il à l'oreille.

Il s'assit sur un rocher et la regarda brouter.

Voix douce — Tu es ma meilleure amie, dit-il à la bête. Mais si tu pouvais parler, je me sentirais moins seul, encore.

La vache tourna la tête.

— C'est vrai, répondit-elle. J'aurais pu le faire depuis longtemps. Mais j'attendais ce jour, berger.

Les yeux de Liu s'arrondirent. Il ouvrit et referma la bouche plusieurs fois, stupéfait. Sa vache parlait…

– Je ne suis pas un animal comme les autres, continua-t-elle. Je suis une vache sacrée.

Elle s'approcha de Liu et mit son museau sur l'épaule du berger.

– Aujourd'hui, je vais te récompenser de tous les soins que tu as eus pour moi, mon ami.

– Je n'ai besoin de rien, bafouilla le garçon, bouleversé.

La vache sacrée leva les yeux vers le ciel.

[Voix douce]

– Écoute, Liu : tu m'as emmenée maintes et maintes fois dans les plus hauts pâturages. Moi, je vais te faire visiter le ciel. Nous irons ensemble dans l'empire du Seigneur suprême, qui s'étend bien au-delà de la crête des nuages.

[...sser les épaules]
[Ton bourru]

Le berger haussa les épaules.

– J'aime ma montagne, moi. Pourquoi aller ailleurs ?

– Sais-tu que le maître suprême des Cieux a neuf filles, aussi belles que les lotus qui s'épanouissent au bord des lacs ? La septième est la plus belle d'entre les belles. Ses doigts sont si agiles et si fins qu'elle seule peut tisser pour son père des brumes de soie, ceux qui mouillent la terre et font pousser les fleurs. On l'appelle la Fileuse de nuages.

Liu hocha la tête, les yeux rêveurs.

– Comme elle doit être délicieuse à regarder !

– Je veux que tu l'épouses. Tu mérites le bonheur, berger.

Le garçon sauta sur le dos de la vache et tous deux se mirent à escalader la montagne, bondissant de rocher en rocher, jusqu'à toucher le ciel. Bientôt, ils volaient dans l'espace, dépassant les nuages, droit vers l'empire des Cieux.

Cela dura une éternité, ou peut-être une seconde. Et soudain, ils débarquèrent dans un autre monde. Un monde où l'herbe était de jaspe, les arbres d'ivoire, les fruits de rubis. Liu marchait parmi des fleurs de corail et le bruit de ses pas avait la douceur de la soie.

– Regarde, dit la vache.

À leurs pieds luisait un lac immense, d'une eau cristalline, et les poissons qui sautaient çà et là avaient la couleur de l'or.
— Aujourd'hui, c'est la fête du septième soir, Liu. Vois les baigneuses, là-bas : ce sont les neufs filles du Maître des Cieux. Parmi elles, il y a la Fileuse de nuages.

Le jeune homme soupira :

En soupirant

— Comment faire pour qu'elle soit ma femme ?
— C'est simple : approche-toi sans bruit de la berge et prend le kimono couleur cerise. C'est celui de la Fileuse de nuages. Tu ne le lui rendras que lorsqu'elle aura promis de t'épouser.

Ainsi fit Liu le berger. Et quand les filles du Maître suprême sortirent de l'onde, la septième, découvrant le larcin, retourna bien vite dans l'eau bleue.

Le berger s'avança, le kimono rouge serré contre son cœur.

En colère

— Qui es-tu pour voler l'habit de la fille du Seigneur des Cieux ? dit-elle. Ne sais-tu pas que ses colères sont terribles ?
— Promets-moi de devenir ma femme, répondit Liu. Alors, je te rendrai ton vêtement.

La Fileuse de nuages regarda ce jeune homme aux larges épaules et qui lui souriait. Il lui plut. Mais il était d'un autre monde.

Voix douce

— Mon père ne voudra jamais notre union, berger. Si je t'épousais, tu deviendrais immortel et cela ne s'est jamais vu dans l'empire céleste.

La vache s'approcha des deux jeunes gens.
— Sais-tu que ton père a déjà donné son accord à votre mariage, Fileuse de nuages ?

Elle se tourna vers un grand saule doré.
— Interroge cet arbre, il te dira le message de l'empereur.

Le saule pencha ses longs rameaux luisants vers l'onde pure et murmura à l'oreille de la jeune fille :

LE BERGER ET LA FILEUSE D'ÉTOILES

Chantonner tout bas

> Un soir pâle, sur le lac bleu du ciel,
> Ma douce fille, tu le verras sourire.
> Danse, chante, et joue sur ta lyre
> L'heure exquise de la lune de miel.

La Fileuse de nuages écouta jusqu'au bout la chanson du saule. Et puisque son père consentait à leur union, à son tour elle sourit à Liu, d'un sourire de femme heureuse.

Voix solennelle

— Je t'épouserai donc, berger.

Le jeune homme lui rendit son kimono couleur de cerise et, tandis qu'elle le revêtait, se tourna vers la vache sacrée pour la remercier. Mais, ravi du bonheur de son ami, l'animal avait disparu. Sa mission accomplie, elle broutait paisiblement dans la plaine céleste l'herbe de jaspe.

Alors, le berger et la Fileuse de nuages s'en allèrent à travers les forêts d'agathe et d'onyx, radieux comme tous les amoureux du monde. Sept jours et sept nuits ils marchèrent, la main dans la main.

La fileuse de nuages

Mais au crépuscule du septième soir, la jeune fille, soudain pâle et triste, posa sa tête sur l'épaule du berger.

Voix triste

— Sais-tu que depuis sept jours et sept nuits je n'ai pas tissé le moindre nuage de soie ? Vois le sol de la Terre : il est devenu aride. Le lit des rivières s'est asséché et mes amis les arbres et les plantes se désolent. Laisse-moi partir. Dans un an, au soir du septième jour, nous nous retrouverons. Nous avons l'éternité pour nous aimer, berger.

Se séparer pendant un an ? L'éternité ? Liu ne comprenait rien. Il ne savait qu'une chose : le bonheur d'être avec sa femme. Il se mit à courir derrière la jeune fille qui s'éloignait déjà.

Voix suppliante

— Reste avec moi, ô ma fleur de lotus ! Reste !

Mais avant qu'il ne la rattrape, la Fileuse de nuages tira une épingle de sa longue chevelure, et traça un signe sur le sol.

À l'endroit du trait, des flots d'argent bouillonnèrent et un grand fleuve se mit à couler.

Le berger était désormais sur une rive, et son épouse sur l'autre.

Crier — Ce n'est pas juste ! hurla Liu.

Il sortit de sa besace une longue corde, en fit un nœud coulant et le lança par-dessus le Fleuve d'argent, sur l'autre rive, pour attraper sa belle. Mais la corde tomba aux pieds de la Fileuse.

Ils se regardèrent avec une infinie tristesse. Le destin était si cruel. Alors, bouleversée par cet amour si fort, si pur, la Fileuse de nuages déposa un furtif baiser sur l'écheveau qu'elle portait toujours à la ceinture et le jeta par-dessus les eaux. Il tomba aux pieds du berger.

Depuis, on peut les voir, chacun debout sur une rive du Fleuve d'argent, se regardant intensément. Ils attendent le soir du septième jour, au septième mois de l'année.

C'est ce jour-là que, sur la Terre, toutes les corneilles noires disparaissent : elles s'envolent vers le Fleuve d'argent pour y bâtir un pont de jade. Et les deux tourtereaux courent l'un vers l'autre. Ils s'enlacent, ils pleurent de joie. Ce sont ces larmes qui viennent mouiller la Terre. Car pendant sept jours et sept nuits, ne comptez pas sur la Fileuse pour tisser des nuages de soie. Les amoureux sont seuls au monde !

Alors, les gens allument des lampions et c'est la fête de l'été, la grande fête de la pluie.

Ces soirs-là, regardez bien le ciel étoilé. Voyez ce Fleuve d'argent qui coule dans l'empire suprême : c'est la voie lactée.

Et sur l'une des rives, ces trois étoiles scintillantes, c'est la Fileuse de nuages. Ces six autres, sur la berge d'en face, c'est Liu le berger.

Regardez, regardez encore : près de la Fileuse, il y a trois petites étoiles, et quelques-unes aux pieds du berger. Oui, ce sont la corde et l'écheveau.

Le pont de jade.

Le grand livre céleste couleur de nuit raconte ainsi l'histoire de Liu le berger et de la fille du seigneur des Cieux, la Fileuse de nuages.

Écoutez encore : dans l'immense champ d'étoiles, parfois, quand le vent souffle au nord, on entend sonner la cloche de la vache sacrée.

Nana et le Dieu des serpents

Adapté d'une légende aztèque.
D'après un mythe mexicain appelé « Histoire des quatre soleils », les dieux créèrent successivement quatre mondes qui disparurent. Un cinquième soleil nous éclaire actuellement

À partir de 7 ans 6 min Mexique Dieux Déesse

Depuis la naissance du monde, trois soleils s'étaient déjà consumés. La déesse Chalchuitlicu était le quatrième. Dorée comme le cuivre, habillée d'émeraude à faire pâlir la mer, elle éclaira et réchauffa l'univers pendant près de quatre cents ans.

C'est lors de son règne que les hommes apparurent. Chalchuitlicu leur consacra toute sa fougue, tout son éclat. Cela irrita les dieux.

Ton agacé

— Qu'ont fait les hommes pour mériter ta chaleur et ta lumière, Chalchuitlicu ? grogna Tezcatlipoca, le dieu sombre des ténèbres, au visage de nuit. Voilà que tu te pavanes comme une oie !

Tezcatlipoca était terrible quand il se mettait en colère. Il cria si fort que Chalchuitlicu fondit en larmes. Tant d'injustice lui était odieux.

Secouée d'énormes sanglots, elle pleura toute l'eau de son corps. Bientôt, le flot de ses yeux éteignit ses flammes et répandit sur le monde un déluge innommable. Ainsi mourut le quatrième soleil.

L'univers disparut dans les ténèbres les plus noires et les eaux avalèrent gloutonnement les terres, forçant les hommes à se transformer en poissons pour échapper à la mort. Seule une famille survécut à la catastrophe et sauva l'espèce humaine du néant.

Ton désespéré

— Qu'avons-nous fait là ? se lamenta Tezcatlipoca en s'arrachant les cheveux. La Terre ressemble maintenant à une vieille orange noirâtre !

Les dieux s'agitèrent pour réparer l'effroyable désolation. Aidés par quatre géants, ils ouvrirent quatre brèches sous l'univers, y plantèrent quatre arbres gigantesques, et, s'arc-boutant de toutes leurs forces, hissèrent l'univers englouti hors de l'océan de larmes.

Crier

— Poussez ! Poussez ! hurlait Tezcatlipoca.

Peu à peu, le monde noyé réapparut à la surface. Alors, les dieux fixèrent d'immenses cordes aux quatre coins du monde et l'attachèrent aux cieux.

La Terre était sauvée. Mais les ténèbres régnaient toujours, profondes et terribles. Sans lumière, le monde était un désert noir et les quelques rares humains levaient vers le ciel des yeux pleins d'effroi.

NANA ET LE DIEU DES SERPENTS

— Il faut donner à l'univers un cinquième soleil, dirent les dieux, et aussi, créer la lune, pour qu'elle éclaire la Terre au cœur de la nuit.

Qui donc parmi les dieux pouvait réussir un tel tour de force ? Personne ne dit mot. Car voilà : pour renaître soleil ou lune, et gagner de nouveau l'éternité, il fallait d'abord accepter de mourir. Un sacrifice hors du commun. Et les dieux, tous les dieux, tenaient à leur vie présente, comme le plus simple des mortels.

Au sein de l'assemblée divine flotta un lourd silence. Et puis Tecuciztecatl, le dieu des serpents, fit un pas en avant.

Voix forte

— Je serai celui qui fera renaître Terre et mers, clama-t-il d'une voix arrogante.

En disant cela, il gonflait la poitrine et redressait les épaules.

À vrai dire, il était vaniteux comme un paon, et courait surtout après la gloire immortelle.

— Qui sera la lune ? demanda Tezcatlipoca.

Personne ne leva la main et le regard des dieux se posa sur Nana. Timide et disgracieuse, son pâle visage toujours tourné vers le sol, la petite déesse n'était pas en mesure de résister à la volonté des dieux. Elle s'inclina donc, et conçut même quelque fierté à être l'astre blême, celui qui éclaire le pas des voyageurs perdus.

Les dieux préparèrent les deux autels de pierre où Tecuciztecatl et Nana devaient périr brûlés par le feu. Bientôt, les brasiers grondèrent comme mille orages. Mais à la vue des flammes, le dieu des serpents se mit soudain à trembler, et ses colliers chamarrés, ses plumes, ses bracelets d'or, ses boucles d'émeraude, tout cliquetait avec lui.

Nana, elle, était devenue aussi blanche que sa pauvre robe de papier. Elle ferma les yeux, immobile, les mains posées sur ses genoux.

Le dieu des serpents.

NANA ET LE DIEU DES SERPENTS

<small>Crier</small> — Saute, Tecuciztecatl !

Le dieu des serpents avança lentement vers la fournaise, d'un pas majestueux. Du moins essaya-t-il, car à peine les langues rouges lui léchèrent-elles le bas de sa robe, qu'il bondit en arrière. Par trois fois, il recula devant le brasier, les yeux terrifiés.

<small>Voix tremblante</small> — Je ne peux pas, larmoya-t-il.

Furieux, les dieux se tournèrent vers Nana. Elle comprit. Sans un mot, sans une plainte, elle marcha jusqu'aux flammes, et sauta dans la fournaise rugissante. Honteux, blessé dans son orgueil, ridiculisé par cette petite déesse à la robe de papier, le dieu des serpents bondit, en hurlant :

<small>Crier</small> — C'est moi, le soleil, moi !

Maladroit Tecuciztecatl ! Dans sa rage, il n'atteignit qu'un lit de cendres grises, où brûlaient quelques ultimes et maigres flammèches. Alors, surgi de la nuit, un grand aigle traversa le brasier, saisit dans son bec une boule de feu crépitante et, à peine effleuré par les flammes, monta haut dans le ciel pour la poser au firmament.

Quand Nana reprit conscience, elle était assise sur le trône céleste, étincelante, ses longues tresses dorées parées des plus précieux bijoux, et le regard qu'elle posa sur le monde fut chaud et lumineux.

La petite déesse timide à la robe de papier était devenue soleil. Ainsi il y eut l'aurore sur la Terre. Dans la brume ouatée du petit jour, les hommes étaient émerveillés et, dans le ciel, les dieux criaient leur joie. Le cinquième soleil était né et le jour avec lui. Mais ce n'était pas tout. Venu de nulle part, un faucon plongea à son tour dans le brasier encore flamboyant, s'y brûla les ailes, et, voletant avec peine, alla placer à côté du soleil une boule blafarde.

Nana étincelante.

La lune venait de naître : c'était Tecuciztecatl. Le dieu fanfaron avait payé cher son manque de courage. Et il brillait d'une si pâle clarté que l'un des dieux, furieux, le bombarda de la première chose qu'il trouva. Ce fut un malheureux lapin et l'animal alla s'écrabouiller sur la grande figure blanche de l'astre. Voilà pourquoi, les nuits de lune ronde, on peut voir les traces des oreilles et des pattes du pauvre rongeur !

Depuis ce jour, la lune roule dans le ciel et poursuit le soleil sans jamais le rattraper. Mais que peut-elle, si terne, si froide, en guenilles de brumes, contre l'astre de feu et de lumière ? Que peut désormais le grand dieu des serpents contre la petite Nana ?

Sept Enfants oubliés

Adapté d'une légende des Indiens d'Amérique du Nord.
Les plus importantes constellations figurent dans la mythologie indienne. Chacune a sa légende qui varie de tribu à tribu. Ainsi, par exemple, la Grande Ourse est tour à tour : une hermine, un cercueil suivi des parents en deuil ou sept frères poursuivis par un ours monstrueux.
Ici, c'est l'origine de la Pléiade qui est évoquée.

À partir de 4 ans

6 min

Prairie
Ciel

Frères

Ils étaient sept frères. Là-bas, dans la grande prairie aux mille herbes, ils avaient planté leur tipi solitaire.
Pauvres enfants oubliés de tous : personne ne songeait à les vêtir. N'osant se montrer nus, ils ne sortaient qu'à la tombée de la nuit. Ainsi échappaient-ils aux moqueries du village.
Personne ne songeait à les nourrir. Alors, pour tromper leur faim, ils chantaient, ils dansaient et leurs pieds tambourinaient sur l'herbe, dans une ronde endiablée. Pauvres enfants

oubliés de tous : pour seuls compagnons, ils avaient la lune et la nuit noire.

Parfois, ils allumaient un grand feu de branches et d'herbes sèches, et rêvaient, serrés les uns contre les autres : ils s'imaginaient croquer une cuisse de bison, avaler une pleine assiette de pemmican ou mordre dans un gigot d'élan. Et leurs bouches salivaient, et leur regard brillait de plaisir.

– J'aime entendre la viande craquer sous mes dents, disait l'un.

Les autres tendaient l'oreille et riaient. Puis, ils s'essuyaient la bouche avec la main et faisaient claquer leur langue. Ainsi jouaient-ils.

Mais quand le feu s'éteignait, le rêve s'évaporait comme l'eau sous le soleil. La nuit froide les engloutissait à nouveau et ils retrouvaient le tipi sombre, les yeux pleins de chagrin.

Bientôt, ils n'eurent même plus le courage de rêver, tant ils étaient maigres et sans forces, comme la tige du chardon sous la tempête.

– Allumons un grand feu de conseil, dit l'aîné. Peut-être le Grand Esprit nous viendra-t-il en aide.

Alors, assis en rond, tous les sept, ils regardèrent crépiter les flammes, muets, immobiles.

Le plus jeune rompit soudain le silence.

En soupirant – Ce monde n'est pas fait pour nous, soupira-t-il. Peut-être devrions-nous quitter nos corps et nous changer en argile.

Le second frère secoua la tête.

– L'argile, c'est la mort. Si nous nous transformions plutôt en rocher ? Nous serions éternels, comme lui.

Et il arrondit son dos pour montrer à ses frères.

– Un rocher, ça se lézarde, ça s'effrite sous le gel, dit le troisième. Devenons de grands arbres feuillus, aux branches noueuses et au tronc fort.

Il se leva et étendit les bras pour mimer l'arbre. Le quatrième frère le fit doucement asseoir.

– L'orage nous fracasserait. L'eau est toute-puissante : devenons l'eau !

– Que peut l'eau contre le feu du soleil ? interrompit le cinquième frère. Il nous asséchera !

L'enfant ferma les yeux.

– Soyons donc la nuit ! Elle nous a toujours protégés dans son grand manteau noir.

La nuit ! Des sourires fleurirent sur la bouche des garçons. Sept papooses sombres comme la nuit ! Pourquoi pas ?

Le sixième frère leva la main.

– La nuit est éternellement chassée par le jour. Que peut-elle contre l'aube qui naît derrière la montagne ?

Il montra les flammes du brasier.

– C'est la lumière qui règne sur la prairie. Soyons le jour!

Les sept frères restèrent longtemps silencieux, les yeux vagues, songeant à l'argile, aux rochers et aux arbres, à l'eau, à la nuit et au jour.

Puisqu'ils voulaient quitter ce monde-ci, il leur fallait choisir.

Alors, l'aîné se leva. Il pointa son doigt vers le ciel noir où scintillaient cent mille lumières. Et les mots se mirent à couler de ses lèvres comme le miel.

– Je sais que là-haut, le peuple des étoiles nous accueillera avec joie. Soyons des étoiles, mes frères. Nous brillerons éternellement.

Les garçons ouvrirent de grands yeux. Luire parmi les étoiles de la nuit, à l'infini : c'était la réponse qu'ils attendaient.

Dans le feu encore rougeoyant, ils entassèrent tout ce qu'ils purent trouver de bois mort, d'herbes et d'écorces. Le brasier devint immense et clair, illumina le ciel d'une nuée d'étincelles.

SEPT ENFANTS OUBLIÉS

Les sept frères se mirent à danser, martelant l'herbe rase de leurs pieds nus, lentement d'abord, puis de plus en plus vite, comme si le feu des flammes coulait dans leurs veines. À chaque pas, ils devenaient plus forts, plus joyeux, et bientôt, portés par la chaleur de la fournaise, ils s'élevèrent doucement en tournoyant, main dans la main.

Leur corps devint léger comme le pollen. En dessous d'eux, ils virent la grande prairie disparaître, le feu s'éteindre. Ils montèrent encore et encore, jusqu'à la grande piste blanche de Wakinu : ils étaient maintenant dans l'immense plaine étoilée, au-dessus du pays indien.

Enfin, quand la nuit les eut avalés, ils s'arrêtèrent de danser. Tout autour, brillant comme des pépites d'or, les étoiles semblaient leur sourire.

– Regardez ! cria l'aîné.

Les frères se mirent à danser.

Il montrait sept tipis qui flottaient dans la nuit, illuminés d'une douce clarté.

À l'intérieur, ils trouvèrent des vêtements merveilleux, chauds et dorés, des mocassins soyeux, de fabuleuses coiffures de chef et un succulent festin. Ils burent, ils mangèrent puis, l'un après l'autre, ils revêtirent leurs habits somptueux.

Dans le grand ciel sombre, ils se mirent alors à scintiller d'un étrange éclat d'or, à côté de leurs sœurs, les étoiles.

– Le Grand Esprit nous a entendus, mes frères, dit l'aîné. Nous voilà devenus des étoiles.

Il avait raison. Sept nouvelles étoiles brillaient désormais sur la grande piste blanche de Wakinu.

Depuis, quand l'automne chasse l'été et que les érables se costument de pourpre et d'or, les enfants du pays indien peuvent contempler les sept frères, tout là-haut, au sein de l'immense Pléiade, ce champ d'étoiles où les âmes des guerriers montent après leur mort.

Les Pléiades.

Peut-être regrettent-ils de ne pas les avoir rencontrés, dans la grande prairie aux mille herbes, près du tipi solitaire et oublié.

J'ai un peu de Soleil

Dans le creux de ma main,
J'ai un peu de soleil...
Je l'ai pris ce matin,
Très tôt, à mon réveil.

Maman m'a dit : « Pourquoi
Fermes-tu tes deux mains ? »
Chut ! Entre mes petits doigts,
Le soleil m'appartient...

Et ce soir, dans mon lit,
J'ouvrirai mes deux mains
Pour que ma chambre rie
Jusqu'à demain matin.

Texte de Colette Seigue,
publié dans le magazine *Toboggan,* n° 9 (juillet-août 1981).

HISTOIRES DE FLORE

j'ai descendu dans mon jardin

Le Pissenlit

Adapté d'une légende des Indiens d'Amérique du Nord.
Cette histoire peut se lire comme une image didactique visant à montrer le retour des saisons, au fil de l'année. Il faut être attentif aux signes de la nature.

À partir de 4 ans   5 min   Prairie   Vieil homme Vents Pissenlit

Il était une fois, dans le Grand Nord, des enfants qui se demandaient pourquoi le vent du sud, qui apporte la chaleur et les beaux jours, n'arrivait pas à repousser le vent du nord qui montrait invariablement le bout de son nez au début de l'automne.

En soupirant   – Ce serait bien si l'été durait toute l'année !
Ton joyeux   – Oh oui ! Nous pourrions dormir à la belle étoile et cueillir des myrtilles pour notre petit déjeuner !
Alors les anciens leur expliquaient pourquoi Chawondasee, le

vent du sud, se laissait chasser par le vent du nord, Kabibonocca.

— Vous savez, Chawondasee est un grand fainéant. Il passe son temps à rêver et à fumer et il ne quitte guère son lit. Il arrive peut-être à éloigner ses chagrins, mais il n'a pas du tout la force d'éloigner Kabibonocca lorsqu'il débarque, rempli d'énergie.

— Et pourquoi est-ce que le vent du sud est triste, demandaient les enfants, intrigués ?

— Ah, vous ne le savez pas ? Venez, je vais vous raconter son histoire, déclara un vieil Indien.

Les enfants s'assirent en cercle autour du grand-père et, ravis, burent ses paroles.

— Vous savez, mes enfants, qu'avec Chawondasee, c'est l'été, avec ses fleurs, ses oiseaux et ses papillons, qui revient.

Il y a très longtemps et, à l'époque, c'était un jeune homme, Chawondasee aperçut dans notre prairie une ravissante demoiselle. Le soleil brillait, une brise tiède caressait les brins d'herbe, le ciel était d'un bleu d'azur. Tout portait à la rêverie. Aussi, quand il vit la jeune fille blonde, élancée, toute seule dans le pré, il en tomba aussitôt amoureux.

Il ne cessait de la regarder, de la contempler à longueur de journée, mais il était bien trop paresseux pour aller la voir de plus près. Il se contentait de l'admirer, sans se lasser.

Il la fixait jusqu'à en avoir mal aux yeux.

Alors, pour se reposer, il se tournait sur le côté et s'endormait. À son réveil, il reprenait sa contemplation, inlassablement réjoui du spectacle qu'il admirait : la belle aux cheveux d'or, reine en sa prairie. Parfois, l'envie le prenait de se rapprocher de sa princesse et d'aller lui parler. Mais, toujours, sa paresse avait le dessus, et il retournait se coucher. Et ainsi, peu à peu, les jours passaient sans que jamais Chawondasee se décide à aller vers sa toute belle.

LE PISSENLIT

La belle aux cheveux d'argent.

Un beau matin, à son réveil, quelle ne fut pas sa surprise de voir que les cheveux blonds de sa bien-aimée étaient devenus tout gris ! Tout gris, oui. C'était désormais la belle aux cheveux d'argent ; en effet, on aurait dit qu'ils étaient recouverts de gelée blanche. Très vite, il comprit ce qui s'était passé, et il regretta aussitôt sa fainéantise. Bien sûr, c'était Kabibonocca, le vent du nord, rapide, énergique, glacial qui avait séduit la belle demoiselle et qui la retenait dans un piège de givre.

Désespéré, Chawondasee éclata en sanglots, il se lamenta, il s'en voulut, mais c'était trop tard. Il continuait à pleurer et à soupirer. C'est alors qu'un vent glacé balaya la prairie. De gros nuages apparurent et une neige fine se mit à tomber. On ne revit jamais plus la jeune fille.

Ton étonné

– Ah bon ? Mais comment a-t-elle fait pour disparaître ? s'étonnaient les enfants.

– Et où est-elle allée ?

– Attendez, je vais tout vous expliquer, continuait le grand-père. Eh bien, voilà : Chawondasee n'était pas tombé amoureux d'une véritable jeune fille. Il s'était épris d'une fleur de pissenlit, aux pétales jaune d'or.

Et comme Chawondasee est aussi myope qu'il est paresseux, il n'avait pas remarqué la différence. Et vous savez tous, mes enfants, que lorsque le pissenlit perd sa robe dorée, il remplace ses pétales par un léger duvet blanc-gris qui s'envole au moindre souffle.

Alors quand le vend du sud s'est mis à soupirer, croyant que le vent du nord avait séduit sa belle, il a dispersé les délicats flocons argentés. Et après, bien sûr, il ne pouvait plus voir la jolie demoiselle ! Mais il ne devait s'en prendre qu'à lui !

Il est si paresseux qu'il n'a pas essayé de comprendre le fin mot de l'histoire. Il a préféré se rendormir. Mais tous les vieux Indiens savent que lorsqu'une triste brise souffle sur la prairie, à la fin de l'été, c'est Chawondasee qui soupire, mélancolique, en regrettant sa bien-aimée, qui n'était qu'un rêve !

Les Fraises

Adapté d'un conte français, répandu dans tout le territoire indo-européen, en Amérique et en Afrique.

Les héroïnes sont deux demi-sœurs, une laide et méchante cajolée par sa mère, et une belle et bonne malmenée par sa marâtre. La jeune fille aimable reçoit des dons, mais la fille de la marâtre reçoit des dons inverses, négatifs.

À partir de 6 ans

7 min

Forêt
Maison

Sœurs
Mère

Il était une fois une veuve qui avait deux petites filles. La cadette était sa propre fille, mais l'aînée était la fille que son mari avait eue lors d'un premier mariage.

Sa propre fille, Sylvie était sotte et disgracieuse, elle passait son temps à pleurnicher et à ronchonner, mais sa mère l'adorait. En revanche, Anne l'aînée était jolie comme un cœur, bonne et généreuse. Elle était tout sourire et joie de vivre.

Leur mère était maigre comme un clou, sèche, renfrognée. Elle détestait sa fille aînée, et râlait encore plus de la voir rire et

LES FRAISES

sourire. Chaque fois qu'Anne riait, Sylvie pleurait un peu plus, et leur mère s'en prenait à sa fille aînée, l'accusant d'embêter et de torturer sa sœur.

À la maison, tout ce que faisait Sylvie était bien. Il lui arrivait de trop faire cuire un rôti, ou de brûler un gâteau, mais sa mère l'excusait et lui pardonnait toujours. En revanche, tout ce que faisait Anne était méchamment critiqué : le parquet était trop ciré et l'on glissait dessus ; ou le ragoût était trop salé... Bref, leur mère ne savait qu'inventer pour constamment rabrouer la malheureuse.

Pour son anniversaire, qui avait lieu en décembre, la fille de la veuve voulut manger des fraises.

Elle dit à sa mère en pleurnichant :

Pleurnicher — Je veux des fraises !

Ton étonné — Des fraises ? En cette saison ? Mais tu rêves ! On ne peut pas en trouver. Il faut attendre le printemps.

Ton autoritaire — Mais j'en veux !

— Tu peux avoir autre chose, tu sais. Je ne sais pas, moi... Des pommes, tiens, ou des oranges ?...

Ton autoritaire — Non, je veux des fraises !

À ce moment-là, Anne entra dans la pièce avec une grosse bûche. Tout en chantonnant, elle entreprit de tisonner le feu.

Ton excédé — Ah, enfin, te voilà, toi ! Tu en prends, un temps ! Eh bien, écoute : toi qui aimes te promener, va donc me chercher des fraises, ta sœur en a envie. Et ne reviens pas les mains vides, car je te jetterai dehors.

Les larmes aux yeux, la pauvre fillette s'en alla dans la neige et le froid, en se demandant où et comment elle pourrait cueillir des fraises.

Elle se dirigea vers la forêt. Elle marcha longtemps, longtemps. Elle s'enfonçait dans la neige, glissait sur les plaques de glace, mais nulle part elle ne vit la moindre feuille. Tout était gelé, givré, figé.

Ton désespéré — Comment faire pour trouver des fraises ? C'est impossible ! Même avec la meilleure volonté du monde… Et si je rentre sans rien à la maison… Ce sera terrible. Que faire ? Que faire ?

Les arbres se couvrirent de fraises.

Peu à peu, la nuit était tombée. Puis la lune était apparue. Curieusement, elle éclairait la forêt comme en plein jour. Alors, au grand étonnement d'Anne, des oiseaux se mirent à chanter et à voleter de branche en branche. Des feuilles poussèrent sur les arbres dénudés, qui ensuite se couvrirent… de fraises ! De belles fraises bien rouges, parfumées, à l'aspect juteux.

Anne ne sentait plus le froid. Elle remplit ses poches et son panier de fraises, en chantonnant gaiement. Puis elle rebroussa chemin.

Sa mère et sa sœur furent très étonnées de voir ce que rapportait la petite fille. Gourmandes toutes les deux, elles se jetèrent sur le panier, et eurent tôt fait de manger toutes les fraises. En un rien de temps, le panier fut vidé.

En grondant — Paresseuse ! Tu n'en a pas cueilli assez, lui déclara sa mère. Nous en avons encore envie ! Allez, retourne là-bas, et rapporte nous deux paniers bien pleins. Oh, et puis non, attends ! Nous allons t'accompagner pour voir qui te les a données.

Petite voix — Mais c'est moi qui les ai cueillies. Personne ne m'a rien donné !

En grondant — Et tu mens, en plus ! continuait sa mère. Je sais bien que tu ne peux pas les avoir cueillies. Avec l'épaisse couche de neige qu'il y a par terre, je me demande comment tu aurais fait pour voir les fraisiers…

Doucement — Je les ai cueillies sur les arbres, dit la petite, doucement. Tout d'un coup, tous les arbres de la forêt se sont couverts de fraises.

LES FRAISES

<small>Ton excédé</small> — Tu crois vraiment que nous allons croire tes bêtises ? Allez, montre-nous le chemin, et arrête tes histoires !

Toutes trois sortirent. La veuve marchait derrière Anne et de temps en temps, elle lui donnait un coup sur les mollets avec une baguette de coudrier. La bise soufflait, et comme il neigeait, la pauvre petite avait du mal à avancer. Elle s'enfonçait à chaque pas jusqu'aux genoux. La veuve la suivait en maugréant avec son bâton, accompagnée de Sylvie qui pleurnichait à cause du froid mordant.

Anne arrivait péniblement à l'orée de la forêt. Elle commençait à être fatiguée, car c'était la seconde fois dans la journée qu'elle effectuait le parcours. Cependant, pour fuir les coups que lui donnait sa mère, elle se mit à courir, de plus en plus vite, jusqu'à ce que, exténuée, à bout de souffle, elle s'écroule au pied d'un arbre, dans la neige immaculée.

Sa mère et sa sœur avaient tenté de la rattraper. Mais à peine avaient-elles franchi la lisière de la forêt, qu'elles virent les arbres se couvrir d'épines et les branches s'agiter en tout sens. Mieux, les arbustes épineux se mirent à sortir de terre, à leur barrer la route, et à les griffer. Elles eurent beau tenter de s'échapper, elles ne purent y arriver. Elles durent rester prises au piège. Et comme les épines ne cessaient de s'allonger, bientôt toutes deux ne purent même plus bouger. Alors, elles s'immobilisèrent à tout jamais.

Pendant ce temps, la petite fille s'était réveillée. Elle ne sentait plus le froid, les étoiles lui souriaient et la lune veillait sur elle. On y voyait presque comme en plein jour. Émerveillée, Anne vit que tous les arbres, autour d'elle, s'étaient couverts de fraises odorantes. Les oiseaux chantaient, et venaient se poser sur son épaule en lui apportant de délicieux fruits juteux.

Alors, réchauffée, réconfortée, débarrassée de sa méchante mère et de sa vilaine sœur, Anne rentra tranquillement chez elle. Les oiseaux de la forêt l'escortèrent, en dansant une ronde tout autour d'elle. Elle vécut dans la cabane qui désormais lui appartenait, et les animaux de la forêt venaient fréquemment la voir. Et, chaque fois qu'ils voulaient lui faire plaisir, les arbres se couvraient, pour elle, de belles et juteuses fraises bien rouges.

Le Frêne

Adapté d'une légende lituanienne.

Les Lituaniens adoraient les forces de la nature. Ils possédaient des forêts sacrées et vénéraient les arbres. Le culte des arbres était lié, chez eux, à celui des âmes des morts qui se transfèrent dans les arbres. Parfois, le bruit de la forêt et le murmure des branches étaient considérés comme un signe que les âmes des morts y séjournaient. Le frêne est la justification, par un récit, de la façon d'être d'un arbre.

À partir de 4 ans   4 min   Forêt   Arbres

Dès que la neige commence à fondre et que le soleil réchauffe la Terre, les habitants de la forêt célèbrent la venue du printemps. Les jacinthes et les jonquilles se mettent à fleurir, dans leur jolie robe bleue, rose ou jaune. Les oiseaux sortent de leur nid et chantent gaiement en voletant de branche en branche. Les loirs se réveillent et sortent du long engourdissement de l'hiver.

Les arbres aussi se préparent. Ils revêtent leur nouvelle parure pour être élégants lors de cette grande fête.

LE FRÊNE

Les plus impatients et les premiers à bourgeonner sont les saules et les joncs qui poussent au bord de l'eau. Ainsi, ils peuvent se mirer à loisir et jouer les dandies. Puis viennent les bouleaux au corps mince et élancé comme celui des danseuses. Leur feuillage argenté les distingue des autres arbres ; on dirait des jeunes filles poudrées impatientes d'aller valser.

Il fallut un peu plus de temps au vieux chêne centenaire pour se préparer. Il hésita longtemps avant de choisir la tenue qui le flatterait le plus. Enfin, il se fit faire par un tailleur habile un feuillage dentelé, qui le faisait ressembler à un respectable académicien.

Il n'y a qu'un arbre qui ne s'était occupé de rien. Il continuait à dormir, comme si la neige tombait encore, ou que le brouillard régnait en maître. C'était le frêne, que n'avaient réveillé ni le gazouillis des oiseaux, ni le bourdonnement des abeilles. Il continua même à dormir lorsque la douce pluie de mars entreprit de rafraîchir la forêt. Il fallut que la brise tiède aille chercher du renfort auprès d'un vent énergique pour que le frêne sorte de sa léthargie. Alors, il ouvrit timidement un œil, et s'étonna de voir, tout autour de lui, les arbres qui avaient verdi.

Voix étonnée — Déjà ? Nous sommes au printemps ?

— Eh oui, grand paresseux ! répondirent les bouleaux. Nous sommes tous prêts, habillés, pomponnés. Dépêche-toi, ou tu ne trouveras rien à te mettre. Tu ne peux pas rester ainsi, nu comme un ver !

Et les bouleaux se mirent à rire, bientôt suivis par les joncs et le chêne.

Alors le frêne, de peur de ne rien trouver, se prépara à la va-vite. Tellement vite, qu'il ne prit pas le temps de faire des essayages, ni même de choisir des feuilles à sa taille. Elles étaient petites, peu découpées et le feuillage n'était pas assez touffu pour dissimuler sa nudité.

LE FRENE

Les joncs, les bouleaux et le chêne se moquèrent de lui :

Ton moqueur — On dirait que tu n'es qu'à moitié habillé !

Ton moqueur — Il te manque des feuilles ! On aperçoit ton tronc et presque toutes tes branches !

Ton moqueur — Hou ! Hou ! Il est presque nu ! Il est presque nu !

Mécontent, le frêne reconnut que sa tenue laissait à désirer. Aussi, il résolut de se débarrasser très vite de ses feuilles lorsque viendrait l'automne.

Et en effet, à la fin de l'été, au moment où les jours raccourcissent, mais alors que le soleil est encore chaud et que les vendanges commencent à peine, le frêne s'impatienta.

Ton impatient — Est-ce l'automne ? Ne sentez-vous pas souffler le vent du nord ?

— Attends un peu, lui répondirent les autres arbres. Laisse-nous profiter encore du beau temps, et de notre belle parure. L'hiver est si long, nous aurons si froid, et plus de feuillage pour nous tenir chaud.

Mais le frêne s'en moquait. Au contraire ! Trop content de se défaire de son vêtement raté, il perdit toutes ses feuilles et se dressa tout droit dans la forêt, attendant l'hiver. Autour de lui, les joncs, les bouleaux et le chêne luttaient de toutes leurs forces contre la bise pour garder le plus longtemps possible toutes leurs feuilles.

Mais le frêne, étourdi, n'avait tiré aucune leçon de son expérience. L'année suivante, à la fin de l'hiver, il dormait encore et il oublia de se préparer à temps. Encore une fois, il resta mal habillé tout l'été, et fut le premier à se déshabiller lorsque les jours raccourcirent.

Le frêne dénudé.

HISTOIRES DE FLORE

Un tout petit jardin secret

Texte de Claude Clément.

À partir de 6 ans   7 min   Ville   Enfants Pissenlit

Les coccinelles s'y cachaient.

Au cœur d'une grande cité aux maisons grises, hautes et serrées, se nichait un jardin abandonné. Il semblait tout échevelé d'herbes et de fleurs parfumées.

Les chenilles s'y faufilaient, les papillons y dansaient, les escargots venaient y flâner, les abeilles y faire leur marché, les coccinelles s'y cacher, les libellules y boire à petites gorgées aux fraîches gouttes de rosée et les oiseaux y papoter...

Dans ce minuscule jardin ignoré des autres gens de la cité, Pim et Pomme venaient s'amuser. Ils jouaient parfois au ballon en fredonnant des chansons... Ils tissaient des colliers de

fleurs, se racontaient les petits malheurs et les plaisirs de leur journée... Ce qu'ils aimaient par-dessus tout, c'était partager des secrets, en chuchotant, sans faire de bruit quand, doucement, le soleil fuit, derrière les feuilles, en fin d'après-midi...
Un jour, à l'ombre d'un saule pleureur, ils découvrirent une drôle de fleur. Elle avait une tige longue, une curieuse tête ronde, une collerette un peu fripée mais elle n'était parée d'aucun pétale de couleur ! On aurait dit qu'elle avait oublié de s'habiller et dormait d'un sommeil profond...
Afin de la réveiller, Pim et Pomme se mirent à chanter :

Chantonner

    Debout ! Debout ! Petite sotte !
    Tu ronfles comme une marmotte...
    Le printemps est arrivé !
    Il faudra bien te lever
    et danser pour le saluer !

Aussitôt, l'étrange fleur bondit et, tout étonnée, elle dit :

Voix agacée

— Poil de cactus et poil de géranium ! Où est donc passée ma couronne ?
Ses cheveux étaient dressés sur sa tête en une curieuse houpette. Pim et Pomme riaient aux éclats :

Ton étonné

— Ta couronne ? Que racontes-tu là ?
La petite fleur se fâcha :

En colère

— Figurez-vous que je suis roi ! L'été dernier, j'étais vigoureux et fort avec ma crinière d'or... Les fleurs m'ont élu souverain de ce jardin. Elles m'ont même donné un nom: je suis le

Voix triste

fameux « Dent-de-Lion » ! Mais l'hiver m'a déplumé... Il m'a tout ratatiné !

Ton moqueur

— Il n'est ni roi, ni rien du tout ! cria quelqu'un tout à coup. Son vrai nom c'est « Pissenlit » ! Et si vous le cueillez, vous ferez pipi au lit... Hi ! Hi ! Hi !

"L'hiver m'a déplumé"

Pim et Pomme s'élancèrent, furieux, vers Thomas qui se moquait d'eux. Ils voulurent le persuader que ce végétal bizarre, – pas très joli mais très bavard ! –, pouvait être extraordinaire… Mais Thomas se mit en colère !

En colère — C'est un vulgaire pissenlit qui ne vaut même pas un radis !

Alors, les trois enfants commencèrent à se disputer, à s'envoyer des coups de pied, à se tirer les oreilles et le nez…

Soudain, le pauvre Thomas trébucha… Il pleura de rage et cria :

En colère — Dent-de-Lion est un porte-malheur ! D'ailleurs, votre jardin abandonné va très bientôt être rasé… Vous n'aurez plus d'endroit pour jouer seuls ni pour chuchoter des secrets ! Il ne vous restera que le trottoir pour raconter vos histoires…

Il essuya ses larmes avec son mouchoir, renoua ses baskets et partit le cœur gonflé de jalousie.

Pim et Pomme voulurent le rappeler afin de se réconcilier avec lui, mais le moteur d'une énorme tondeuse à gazon faisait déjà trembler les maisons. Les enfants retrouvèrent Dent-de-Lion dans une drôle de position : les feuilles pendantes et froissées, la tête toute ébouriffée…

Ton pressant — Vite ! cria le petit roi. N'hésitez pas à souffler sur moi ! Dispersez mes cheveux transparents… Mes graines s'envoleront au vent… Qui sait où elles repousseront ?

Le temps passa… Et chaque fois que la tondeuse vrombissait, le jardin rapetissait ! Il n'y eut bientôt à sa place qu'un grand espace vide et nu. Seul, un recoin tout riquiqui avait échappé comme par magie à cette espèce de folie coupeuse, grondeuse et ratisseuse…

Pim et Pomme entendirent raconter qu'on allait bientôt édifier des immeubles et des maisons entre lesquels ne pousseraient que de maigres touffes de gazon. Les deux enfants se désolaient. Il n'y avait plus que le trottoir pour se raconter des histoires et pour jouer au ballon.

UN TOUT PETIT JARDIN SECRET

Soudain, par une fente du pavé ils entendirent crier :

Petite voix — Coucou ! C'est moi... Dent-de-Lion, le petit roi ! Je pousse où l'on ne m'attend pas. Vite ! Vite ! Cachez-moi afin que l'on ne me découvre pas !

Pim et Pomme emportèrent la fleur, tendrement serrée contre leur cœur. Ils la déposèrent près des poubelles où, même quand la nuit est belle, il ne vient jamais personne...

Là, le petit souverain prit la situation en main. Il rassembla les dernières fleurs et leur dit :

Ton autoritaire — Chardons, pensées ou pissenlits, nous sommes tous dans le même pétrin : on nous a volé notre jardin ! Réveillez donc les papillons ! Et bousculez les escargots... Prévenez aussi les abeilles, les chenilles et les vermisseaux... Je veux qu'ils poussent ces bouts de fer, ces vieilles boîtes de conserve, ces détritus et ces boulons dans le moteur de la tondeuse à gazon ! Qu'elle en étouffe ! Qu'elle craque ! Et qu'elle en soit toute patraque...

Au matin, Dent-de Lion, courageux, s'en fut s'asseoir dans le jardin presque tout rasé où il ne restait plus que quelques herbes dressées dans l'air tout illuminé d'une fine brume rosée. Quand le jardinier appuya sur le bouton de l'énorme tondeuse à gazon, la machine toussa, s'étrangla, sursauta, rugit et cracha. Elle avança en vrombissant, hoquetant, grinçant et vibrant jusqu'au pied du pissenlit tout tremblant... Puis, brusquement, elle s'arrêta, souffla et se tut d'un seul coup.

Les fleurs s'écrièrent :

Ton joyeux — Hourra ! Vive Dent-de-Lion, notre roi ! C'est vraiment lui le plus malin... Il a sauvé notre jardin !

Pim et Pomme accoururent, heureux... Même Thomas s'était joint à eux ! Il ne pouvait en croire ses yeux et ne se sentait plus jaloux ! Ce bout de jardin de rien du tout serait le cœur

de la cité. Ensemble, ils pourraient y jouer, s'y raconter des secrets, courir après les papillons ou même jouer au ballon...
Alors, les habitants du quartier se penchèrent à leur fenêtre. Ils songèrent que des enfants et des petites fleurs des champs, c'était peut-être plus joli que des immeubles et des murs gris. Ils décidèrent de protéger le minuscule jardin secret, d'y laisser pousser les chardons, les pensées et les dents-de-Lion.
C'est ainsi que le pissenlit demeura parmi ses amis. Il y est encore aujourd'hui... Quand le vent d'hiver le déplume, parfois, il tremblote et s'enrhume. Mais à chaque printemps il repousse entre les herbes et les mousses. Chacun peut alors voir éclore sa radieuse couronne d'or.

HISTOIRES DE FLORE

D'où viennent les noix de coco ?

Adapté d'une légende de Nouvelle-Guinée.

Dans toute les îles de la Nouvelle-Guinée, une légende a cours, selon laquelle le premier cocotier serait issu de la tête d'un humain que l'on aurait enterrée.

Ce récit reprend aussi un élément traditionnel que les folkloristes ont appelé « L'arbre merveilleux » : l'animal qui protège l'héroïne est mis à mort. Sur son conseil, l'héroïne réclame une partie de sa dépouille qu'elle va enterrer. Quelque temps après s'élève à cet endroit un arbre merveilleux qui donne des fruits en toute saison. Ce conte est répandu en Europe, en Inde, dans toute l'Amérique, aux Antilles.

À partir de 5 ans | 6 min | Nouvelle-Guinée | Jeune fille Roi

À cette époque, les noix de coco ne poussaient pas en Nouvelle-Guinée. Les Guinéens se nourrissaient de taros, d'ignames, de bananes et de tapioca ; ils pêchaient poissons et crustacés, mais ils ne mangeaient pas de noix de coco.

Mina vivait à Konedugu. C'était une ravissante jeune fille, qui adorait nager dans un étang non loin de chez elle.

Un jour, alors que la jolie Mina se baignait, elle sentit quelque chose lui effleurer la jambe. C'était une énorme anguille ! Affolée, la jeune fille remonta sur la berge. De là, elle aperçut l'anguille enroulée sur elle-même, au fond de l'eau.

Le lendemain, lorsque Mina retourna à l'étang, elle ne vit aucune trace de l'anguille. Comme il faisait très chaud, elle plongea, rassurée, dans l'eau fraîche. Tout d'un coup, elle vit l'énorme anguille décrire des cercles autour d'elle. Le poisson la fixait de ses grands yeux doux, et la jeune fille n'eut plus peur du tout. Elle continua à nager, puis elle commença à jouer avec l'anguille. C'était une longue bête, impressionnante, mais tout à fait inoffensive. Pendant tout l'été, les deux amies nagèrent et s'amusèrent ensemble dans l'étang. Mais un beau matin, alors que Mina était assise sur la rive, occupée à sécher ses cheveux, l'anguille vint la rejoindre et, à la stupéfaction de la jeune fille, se transforma en un beau jeune homme.

– Je suis Tuna, le roi des anguilles, déclara-t-il. Il est de mon devoir de nager dans les ruisseaux, les lacs et les étangs pour protéger mes sujets. Mais lorsque je vous ai vue évoluer dans l'étang, belle comme une sirène, j'ai oublié mes sujets et mon devoir. Je pense tout le temps à vous. Puis il lui demanda sans ambages : Voulez-vous m'épouser ?

Lorsque Mina vit ce jeune homme, elle tomba aussitôt amoureuse de lui. Aussi, elle accepta avec joie de lui donner sa main et ils se marièrent.

Ils vécurent des jours heureux. Ils vivaient près de l'étang, dans une petite maison au toit de pandanus. Lorsque Tuna se trouvait avec Mina, il avait l'apparence d'un beau jeune homme. Quand Mina le quittait pour aller retrouver ses amis, ou travailler dans son jardin, il redevenait une anguille qui parcourait les lacs, les étangs et les ruisseaux.

Un soir, Tuna, le roi des anguilles, sortit de l'eau et se tint devant sa femme, avec son apparence humaine :

– Les dieux sont en colère contre moi, lui déclara-t-il. Ils me reprochent de négliger tous mes devoirs de souverain, et bientôt, je ne pourrai plus même vivre avec toi. On me rappelle au royaume des eaux. Pour nous punir de notre faiblesse, les dieux vont faire déborder l'étang, et nous allons être inondés. Je n'ai qu'un seul moyen de te sauver, mais il faut auparavant que tu me promettes de faire exactement ce que je te dirai. Tu me le promets ?

Voix douce — Oui, mon bien-aimé. C'est promis.

Mina avait le cœur brisé à l'idée d'être séparée de l'homme qu'elle aimait, mais elle n'avait guère le choix : force lui était de se conformer aux instructions de son mari.

– L'inondation envahira notre jardin, puis les eaux arriveront jusqu'à notre maison, expliqua Tuna à sa femme, qui l'écoutait avec attention. Dès que tu entendras l'eau clapoter à notre porte, il faudra agir très vite. À ce moment-là, une anguille viendra poser sa tête sur le seuil de notre maison. Il faut que tu lui tranches la tête, et que tu enterres cette tête dans le jardin. Alors, tu seras sauvée et je te donnerai en prime un cadeau d'une grande valeur.

Les larmes aux yeux, Mina consentit à tout.

Tendrement — Au revoir, ma chère Mina, dit Tuna avant de retourner dans l'étang.

Sa femme agita la main, et vit une anguille se faufiler entre les herbes sous-marines.

Durant la nuit, la pluie se mit à tomber. Au petit matin, lorsque Mina se réveilla, le jardin commençait à être envahi par les eaux qui, peu à peu, gagnaient la maison. Mina, craignant d'être noyée, eut un premier mouvement de frayeur, mais elle se reprit, et se saisit d'une machette.

Elle attendit. Comme les eaux montaient, Mina vit une anguille qui s'approchait du seuil où elle se tenait. Puis l'anguille posa sa tête sur le perron. D'un coup vif, en un éclair, Mina leva sa machette et trancha la tête du poisson. Mais, alors que la tête coupée se séparait du corps, cette tête devint en un instant la tête de Tuna. L'anguille décapitée était son mari, le beau Tuna, l'homme qu'elle aimait. Mina poussa un cri déchirant qui résonna loin autour d'elle, mais elle trouva malgré tout le courage nécessaire pour agir comme son mari le lui avait indiqué. Elle regarda autour d'elle. Il ne pleuvait plus, et, par terre, les eaux commençaient à se retirer. Elle en profita pour enterrer la tête de son bien-aimé non loin de sa cabane.

Quelques semaines plus tard, à la grande surprise de Mina, une plante inconnue poussa à l'endroit précis où elle avait enterré la tête de Tuna :

– C'est peut-être le cadeau dont m'a parlé Tuna, le jour où il m'a fait ses adieux... Je vais entourer cette pousse de soins vigilants.

Deux yeux et une bouche la regardaient

Elle l'arrosait tous les jours, lui parlait tendrement, lissait ses feuilles avec amour. En peu de temps, le plant devint un arbre, sur lequel des feuilles poussèrent. Puis l'arbre se couvrit de fruits et ces fruits mûrirent. Un jour ils tombèrent par terre. Mina les ramassa, et elle vit, comme dessinés sur l'écorce, deux yeux et une bouche qui la regardaient. On aurait dit que c'était Tuna en personne qui lui souriait. Mina comprit que ce fruit nouveau, qu'elle appela noix de coco, était le cadeau que lui avait promis Tuna.

Et depuis, la noix de coco a été un véritable bienfait pour tous les habitants de l'île, qui continuent à en faire la base de leur nourriture.

CONTES DE LACS ET DE RIVIÈRES

pour les malins d'eau douce

CONTES DE LACS ET DE RIVIÈRES

Le Roi du lac

Adapté d'un conte balte.
Le thème de « l'époux surnaturel » et de « la recherche de l'époux disparu » est très largement répandu, sur une aire allant de la Scandinavie à l'Inde et à la Chine, à travers presque toute l'Europe et l'Asie mineure.
Son attestation la plus ancienne est celle du mythe d'Amour et Psyché transcrit par Apulée dans le recueil L'Âne d'or *(deuxième siècle).*
On recense en France plus de 120 versions de ce conte.
Une jeune fille épouse un être victime d'un enchantement (transformé en animal, en être mi-humain mi-animal, ou invisible). Une interdiction est attachée à ce mariage. L'héroïne désobéit, son époux la quitte. Après des épreuves et avec l'aide d'un être secourable, l'héroïne parvient à retrouver son époux.

À partir de 5 ans | 5 min + 8 min | Lac Royaume lacustre | Sœurs Roi Enfants

Il était une fois un fermier qui vivait tranquillement dans son village avec sa femme et ses enfants. Non loin de là se trouvait un lac si beau que dès le printemps, les trois filles du fermier adoraient s'y baigner.

Mais un jour, en sortant de l'eau, Egle, la cadette, eut une grande frayeur : en enfilant sa chemise, elle sentit un serpent qui glissait de sa manche et qui siffla à son oreille.

Ton horrifié — Va-t'en, sale bête ! cria-t-elle, horrifiée.

Mais le serpent ne bougea pas. Il siffla à nouveau, puis, d'une voix humaine, dit à la jeune fille :

— Je ne m'en irai que si tu promets de m'épouser.

Figée de surprise, Egle ne sut que répondre... mais ses sœurs rirent aux éclats :

Ricaner — Oh, oh, le beau mari que voilà ! se moquèrent-elles. Débrouille-toi avec lui, nous, nous rentrons à la maison !

Et tandis que les deux espiègles s'éloignaient en riant, Egle, affolée, répondit à l'animal :

Voix affolée — Bon, bon, je te prendrai pour époux, c'est entendu. Mais laisse-moi ma chemise !

Aussitôt le serpent se laissa glisser jusqu'au sol et, avec un sifflement satisfait, plongea dans l'eau du lac.

Le jour suivant, Egle était tranquillement assise à broder quand elle entendit tout un brouhaha de sifflements et de froufrous dans la cour : des dizaines de serpents, de couleuvres, d'orvets et de lézards arrivaient en cortège à la porte de sa maison !

Le plus gros s'adressa à son père :

— Nous venons chercher ta plus jeune fille, que le roi du lac épousera tout à l'heure !

Ton moqueur — Ma fille avec le roi du lac ! Laissez-moi rire ! s'esclaffa le fermier.

— Ne ris pas, car hier, ta fille a promis d'épouser notre roi.

En soupirant — Dans ce cas, on ne peut l'empêcher... soupira le paysan. Et, se tournant d'un air entendu vers son épouse : Femme, au lieu

LE ROI DU LAC

de te lamenter, va chercher notre blanche colombe pour le roi du lac...

La mère, faisant semblant de ravaler ses larmes, s'en fut au colombier et en rapporta sa plus blanche colombe.

Ainsi les serpents, satisfaits, se retirèrent avec la fausse fiancée.

Mais derrière le village, sur un bouleau, perchait un coucou qui voyait tout... et qui chanta ceci quand le cortège passa près de lui :

Le coucou.

> Coucou-coucou pauvres fous !
> Cette colombe n'est pas
> La promise de votre roi !
> Coucou-coucou pauvres fous !
> On s'est moqué de vous !

La chanson ne plut guère aux serpents, qui retournèrent aussitôt à la chaumière :

En colère

— Cette colombe n'est pas la promise de notre roi ! dit le plus gros serpent, mécontent.

Voix désolée

— Oh, je suis désolé, dit le paysan. Ma femme s'est trompée ! C'est que voyez-vous, nous avons trois filles, toutes trois blanches et belles. Nous allons immédiatement vous donner votre fiancée.

Et la mère, rusée comme le père, rapporta aux serpents une petite oie blanche et grassouillette. À nouveau, le cortège se retira.

Mais sur le bouleau, le coucou était toujours là, et il chanta cette fois :

Chanter

> Coucou-coucou pauvres fous !
> Cette oie blanche n'est pas
> La promise de votre roi !
> Coucou-coucou pauvres fous !
> On se moque encore de vous !

Les serpents firent demi-tour, en grande colère. Et quand ils furent devant le fermier, le plus gros lui dit avec force sifflements :

Voix forte
— Assez de ruses et de mensonges, maintenant. Laisse ta volaille en paix, et donne-nous ta fille, la promise de notre roi. Autrement, tes champs seront dévastés et ton puits empoisonné !

Le père, effrayé par ces menaces, ne savait plus quoi inventer, quand Egle surgit de sa chambre en pleurant :

Sanglotant
— Hélas, père, j'ai promis hier d'épouser le roi du lac, et je vois bien que je dois l'épouser. Tu ne peux l'empêcher. Adieu !

Alors les serpents entourèrent la jeune fille et ils s'en allèrent pour de bon. Le coucou, en les voyant passer, corrigea sa chanson :

Chanter
>Coucou-coucou-coucou !
>La promise de votre roi,
>C'est la belle que voilà !
>Coucou-coucou-coucou !
>On ne se moque pas de vous !

Quand le cortège s'arrêta près du lac, un grand serpent noir fendit les flots vers la rive. En touchant la terre ferme, il se transforma en un beau jeune homme, magnifiquement vêtu et portant sur la tête une couronne d'or. Il sourit à la jeune fille :

— Je suis Zaltys, le roi du lac. Hier, tu m'as promis de devenir mon épouse. Y consens-tu toujours, et accepteras-tu de vivre avec moi dans les profondeurs de mon royaume ?

Zaltys était si beau et semblait si gentil qu'Egle oublia sa frayeur et répondit sans hésiter :

— Oui, je veux t'épouser et t'aimer toute ma vie.

Fin de la première partie.

LE ROI DU LAC

Le palais des coquillages.

Résumé :
Egle, une jeune fille, a promis d'épouser Zaltys, le roi du lac, qui peut tour à tour prendre l'apparence d'un serpent ou celle d'un beau jeune homme.

Deuxième partie.

Les noces furent célébrées dans le palais des coquillages, au fond du lac. Et c'est là que les jeunes époux vécurent de longues années, sans voir passer le temps, tant ils étaient heureux. Egle eut trois enfants : deux fils, forts, beaux et fiers comme leur père, puis une petite fille, douce et tendre comme sa mère.

Neuf ans passèrent ainsi...

Un jour, vers la fin de la neuvième année, Egle entendit une colombe blanche qui chantait tristement, sur le lac :

Voix triste
— Egle, Egle, ton père est malade et t'appelle !

La reine pria Zaltys de la laisser partir, mais il ne voulut pas en entendre parler.

Le lendemain, sur le lac, une oie blanche se lamenta tout le jour :

Voix triste
— Egle, Egle, ton père se meurt et t'appelle !

La reine bouleversée implora à nouveau son époux.

Rien n'y fit.

Le troisième jour, une brebis blanche bêla pitoyablement depuis la rive :

Voix triste
— Egle, Egle, ton père est à l'agonie, et tu ne viens pas !

La reine supplia encore et cette fois, Zaltys céda devant ses larmes :

— Pendant neuf ans, tu as vécu pour moi et pour nos enfants ; je t'accorde donc neuf jours pour rendre visite à tes parents.

— Permets-moi aussi d'emmener nos enfants, répondit la reine. Ainsi, mes parents verront combien nous sommes heureux ici.

Zaltys accepta, appela les enfants et leur dit gravement :

Ton grave
— Mes chers enfants, quand vous serez là-haut, surtout ne dites mon nom à personne, parent, ami ou inconnu. Sinon, jamais

plus nous ne nous reverrons. Quant à toi, Egle, dans neuf jours exactement, lorsque vous serez de retour, appelle-moi ainsi :

Zaltys, mon époux, mon bonheur,
Viens à nous de tes profondeurs.
Ta femme est là, elle t'attend,
et avec elle, tes chers enfants.

Alors le lac se couvrira de vagues argentées et j'apparaîtrai. Mais si le lac se couvre de sang, cela voudra dire qu'il m'est arrivé malheur...

Sur ces mots, le roi devint un long serpent noir. Il transporta Egle et ses enfants sur son dos jusqu'à la rive du lac, où il reprit forme humaine :

– Un dernier mot, ma reine : sache que désormais, toi aussi tu peux changer d'apparence. S'il vous arrivait quoi que ce soit, sache que, les enfants et toi, vous pourrez vous changer en ce que vous voudrez. Adieu !

Et il disparut dans le lac.

Quand Egle surgit avec ses trois enfants dans la chaumière, son père fut si heureux qu'il se rétablit instantanément. Quant à sa mère, ses sœurs et ses frères, ils ne purent qu'admirer la reine et se réjouir de son bonheur. Tous ensemble passèrent une nuit entière à bavarder, à se regarder, à raconter leur vie sans se lasser.

Les enfants d'Egle se plurent à la ferme, auprès de leurs grands-parents qui les aimèrent tout de suite. Cependant, dans le village, les mauvaises langues s'agitaient :

Ton moqueur– Reine du lac ! Pouah ! Elle doit sentir fort le poisson !

Ton méprisant– Les enfants sont assez beaux... mais tout de même : élevés avec des grenouilles et des crapauds !

Ton moqueur– Et le mari, à votre avis : serpent, truite ou goujon ?

Ainsi parlaient les gens de mauvais esprit, assez fort pour être entendus de tout le monde.

Hélas, les frères d'Egle furent blessés à vif par ces ragots. Et au lieu de clouer le bec à tous les jaloux, ils s'en prirent à leur sœur :

— Cesse de nous faire honte, avec ton époux de l'eau ! lui dirent-ils. Laisse-le à ses poissons, et reste ici avec nous.

Ton horrifié — Vous êtes fous ! répondit Egle. Jamais je n'abandonnerai mon époux bien-aimé, le père de mes chers enfants !

— Dis-nous au moins son nom, nous irons lui parler pour qu'il te rende ta liberté ! insistèrent les frères.

Ton autoritaire — Cessez donc de m'importuner avec vos méchantes idées ! s'emporta Egle.

Les frères, furieux, se retirèrent pour comploter :

Tout bas — Nous ne pourrons rien obtenir d'elle, mais ses enfants nous diront tout ce que nous voudrons savoir !

Le soir-même, comme les trois frères emmenaient les chevaux paître pour la nuit, ils invitèrent le fils aîné d'Egle à les accompagner. L'enfant, ravi de cette aventure, accepta.

Plus tard, devant le feu de camp et les pommes de terre rôties, le garçon répondit à toutes les questions de ses oncles sur sa vie au royaume du lac. Mais quand ils lui demandèrent le nom de son père, il devint immédiatement muet comme un poisson. Ils eurent beau le prier, le supplier, puis le secouer et le frapper, ils ne purent lui arracher un mot.

Au matin, Egle vit que son fils avait les yeux battus.

— Tes oncles t'ont-ils fait du mal ? l'interrogea-t-elle.

— Pas du tout, répondit l'enfant. C'est la fumée du feu qui m'a piqué les yeux.

Ce soir-là, les trois frères proposèrent au fils cadet de les accompagner. Comme à l'aîné, ils lui demandèrent d'abord avec douceur, puis en le brutalisant, le nom de son père ; et comme l'aîné, le petit fut aussi muet qu'une tombe.

Au matin, il répondit à sa mère, inquiète, que la fumée du feu lui avait piqué les yeux.

Le troisième soir, les mauvais frères invitèrent la fillette, douce et tendre, qui babilla gaiement aux questions de ses oncles. Mais quand ils voulurent à tout prix savoir le nom de son père, elle se mit à pleurer :

Sanglotant — C'est un secret ! Si je le disais, un malheur arriverait !

En colère — Tu le diras pourtant, coquine ! se fâcha l'un des oncles, car ton malheur, le voilà !

Et il frappa la petite avec une baguette.

La pauvrette, en sanglots, finit par avouer le secret de Zaltys.

Aussitôt, les trois frères reconduisirent l'enfant à la chaumière. Au petit matin, sans un bruit, ils prirent leurs faux et s'en allèrent vers le lac... Adoucissant sa voix, l'un d'eux récita la formule secrète

> Zaltys, mon époux, mon bonheur,
> Viens à nous de tes profondeurs.
> Ta femme est là, elle t'attend,
> et avec elle, tes chers enfants.

À ces mots, la surface du lac devint argentée, et le grand serpent noir parut. Mais il ne trouva sur la rive que les trois hommes, qui se jetèrent sur lui et le tuèrent.

Après quoi, ils nettoyèrent leurs armes tachées de sang dans l'eau du lac et rentrèrent chez eux.

Le jour se levait à peine quand Egle, de sa chambre, entendit le tintement sinistre d'une lame d'acier tombant sur la pierre.

LE ROI DU LAC

Prise d'un horrible pressentiment, elle se précipita dans la cour, et vit ses frères en train de ranger leurs faux.
— Vous rentrez des champs, à cette heure ? s'étonna-t-elle.
— À l'aube, l'herbe est couverte de rosée : c'est le bon moment pour faucher, expliqua l'aîné sans la regarder.
Mais la jeune femme ne put chasser l'idée qu'un malheur était arrivé. Elle réveilla vite ses enfants, fit ses adieux à sa famille et, refusant qu'on l'accompagne, courut vers le lac avec les trois petits. A peine sur la rive, elle cria ces mots :

La lame de la faux tombe sur la pierre.

Voix forte

Zaltys, mon époux, mon bonheur,
Viens à nous de tes profondeurs.
Ta femme est là, elle t'attend,
et avec elle, tes chers enfants.

Le lac resta un instant immobile, inchangé. Puis d'un seul coup, des vagues sanglantes le couvrirent et roulèrent jusqu'à la berge. Le malheur était arrivé. La reine et ses enfants éclatèrent en sanglots, tandis qu'une voix triste montait du lac :

Voix triste

Trois frères perfides m'ont tué
Et ont tourmenté mes enfants.
Mes garçons sont restés muets,
braves devant ces méchants.
Trop tendre pour résister,
La petite a dit mon secret.
Je suis mort, seul et loin de vous,
Mais vous que j'aime, vivez.

Egle comprit alors comment ses frères l'avaient trahie.

Ton grave

— Mes enfants, dit-elle gravement. Votre père est mort et nous ne pouvons retourner ni dans le lac, ni chez mon père, car je maudis mes frères à jamais. Nous demeurerons sur le rivage, près de ces eaux où nous avons été si heureux.

Toi, mon fils aîné, tu seras un chêne, fort et solide ; toi, mon fils cadet, tu te transformeras en un frêne souple et résistant ; car tous deux, vous avez été braves devant nos ennemis. Et toi, ma chère petite fille, tu seras le tremble aux feuilles frémissantes, comme tu as tremblé devant tes oncles. Et moi, je serai le saule pleureur penché sur le lac, et je pleurerai mon bien-aimé.

Ainsi fut fait...
Depuis ce jour, quatre arbres magnifiques se dressent au bord du lac. Le chêne et le frêne, grands et puissants, semblent protéger le tremble frémissant et le saule pleureur, dont les branches souples effleurent doucement le lac, chaque nuit...

Le saule pleureur.

Le Fleuve amoureux

Adapté de la mythologie grecque.
Aréthuse était une nymphe de la suite d'Artémis. La déesse la changea en source pour la soustraire aux poursuites du dieu-fleuve Alphée, qui s'était épris d'elle.

À partir de 7 ans

4 min

Forêt
Bassin

Nymphe
Dieu

Il était une fois, dans la Grèce des anciens temps, toute une dynastie de dieux assez mal élevés… Quelques-uns vivaient dans les cieux, et d'autres sur la Terre, au milieu des hommes. Mais les uns et les autres, au lieu de se contenter de leur travail divin, faisaient pas mal de bêtises. Ainsi, quand ils étaient amoureux, certains ne se privaient pas d'employer toutes sortes de ruses pour arriver à leurs fins…

Aréthuse est bien placée pour le savoir.

Comme sa mère, la déesse Artémis, Aréthuse était une fille des bois : elle n'aimait que la vie libre de la forêt, les animaux sauvages, et elle fuyait les hommes plus que tout.

LE FLEUVE AMOUREUX

Un jour, alors qu'elle venait de poursuivre un lapin pendant un bon moment, la jeune fille s'arrêta, à bout de souffle, au bord d'un ruisseau. Il faisait bon, l'eau formait un bassin et chantait délicieusement à l'ombre des saules... C'était l'endroit idéal pour une petite baignade. Aréthuse n'hésita pas : elle laissa tomber ses vêtements et se glissa dans l'eau fraîche.
Pendant quelques instants, elle se laissa flotter tranquillement sur le dos... quand soudain, elle sentit de drôles de remous, juste sous elle. Effrayée, elle nagea vite vers la berge et sortit précipitamment de l'eau.

Grosse voix — Eh, là, une minute, ma belle ! Ne t'en va pas comme ça ! entendit Aréthuse derrière elle.
C'était une grosse voix virile.

Avec dégoût « Pouah ! » songea la jeune fille. Et sans même se retourner, elle saisit ses vêtements et s'enfuit à toutes jambes.

Crier — Inutile de courir, ma jolie ! cria la grosse voix. Je suis Alphée, le dieu de la rivière, et tu me plais ! Où que tu ailles, je te rattraperai !

Aréthuse pensait trouver refuge dans la forêt : quand elle y arriva, hors d'haleine, Alphée l'y attendait, sous l'apparence d'un séduisant jeune homme. Mais sa beauté n'émut pas le moins du monde la jeune fille, et elle reprit sa course de plus belle. Elle parvint bientôt au sommet d'un certain rocher qui était son repaire secret... Alphée était encore là, souriant, sûr de sa victoire !

Jusqu'au soir, la pauvre Aréthuse courut de cachette en cachette, affolée. Mais toujours, le dieu amoureux la retrouvait...

N'en pouvant plus, Aréthuse se rendit chez Artémis :

Ton suppliant — Ô ma mère, je t'en supplie, lui dit-elle, fais quelque chose ! Tu sais combien j'ai horreur des hommes, ne laisse pas ce vilain dieu mettre la main sur moi !

La déesse eut pitié de sa fille :

Aréthuse se baignant.

— Je ne peux empêcher Alphée de te rejoindre, car il est dieu, et ses pouvoirs sont aussi grands que les miens. Mais je vais faire en sorte qu'il ne te poursuive plus : dès cet instant, je te change en fontaine. Ta source jaillira en Sicile, assez loin d'ici pour que ce jeune frivole t'oublie et retourne à sa rivière. Qu'il en soit ainsi !

Et avant qu'Aréthuse eût pu dire merci, elle fut transformée en source vive. Artémis forma sous la terre un tunnel reliant la Grèce à la Sicile. La source plongea dans le tunnel, et ressortit sur l'île d'Ortygie, où elle est toujours.

Hélas - ou tant mieux -, Alphée était moins frivole et plus malin qu'Artémis ne le pensait. Reprenant sa forme de fleuve, il s'engouffra lui aussi dans le tunnel, et jaillit dans la fontaine d'Aréthuse, mêlant ses eaux à celle de sa bien-aimée.

C'est pourquoi, aujourd'hui encore, on ne s'étonne pas, en Sicile, lorsqu'on voit flotter sur la fontaine d'Aréthuse des fleurs venues de Grèce : ce sont les eaux souterraines d'Alphée qui les ont apportées.

Quand les dieux sont amoureux, tout est possible !

Les Voués au Fier

Adapté d'une légende savoyarde.

Les sirènes, les ondines, posées sur les rochers, attiraient les marins grâce à leur chant mélodieux, les conduisant à se fracasser sur les récifs. Très souvent malveillantes envers les hommes, elles tentaient de les entraîner vers leur royaume aquatique. Parfois, cependant, il leur arrive de sauver le héros d'un naufrage ou une jeune fille passée par-dessus bord.

 À partir de 6 ans

 6 min

 Torrent

 Jeune homme
Grand-mère
Ondine

Il était une fois une brave femme qui vivait tout au bord d'un torrent, le Fier. Autrefois, la petite maison de Célestine Ramoz retentissait de voix joyeuses et fortes. Mais aujourd'hui, au fond de la vallée étroite, on entend seulement le bruit de l'eau sur les cailloux.

Le Fier.

Célestine avait un mari, un homme brave et plein d'entrain.

Un soir, après avoir bu un peu trop que de raison, le mari était tombé dans Le Fier.

Célestine avait trois fils, trois grands et beaux garçons.

François, que sa fiancée avait trahi, se jeta dans le Fier. Deux ans plus tard, Eugène et Jean-Marie, qui s'amusaient à descendre les rapides en barque, ne revinrent jamais.

Alors on entendit çà et là, dans le pays, que les hommes de Célestine Ramoz étaient « voués au Fier ».

Célestine avait encore un petit-fils.

Amédée était l'enfant de Jean-Marie. La mère s'était remariée très vite, abandonnant Amédée à sa grand-mère. C'était un garçon au grand cœur, un peu sauvage, timide avec les filles et poète à ses heures. Il étudiait en ville pour être instituteur, et passait tous les étés avec sa vieille Célestine.

Ainsi, de juillet à septembre, quand il n'était pas en train de clouer, de scier, de raboter, pour réparer la maison qui tombait en ruine après chaque hiver, on le trouvait dans un petit coin au bord du torrent, en train d'écrire ou de faire des vers...

Au début de cet été-là, Célestine reçut une lettre - c'est le facteur qui la lut pour elle - où Amédée disait :

« ... Cette année, je viendrai plus tard, et je partirai plus tôt »

Cette petite phrase resta comme un refrain dans le cœur de Célestine. « ... Je viendrai plus tard et je partirai plus tôt. »

Elle se la répéta pendant tout le mois de juillet...

Puis pendant les trois premières semaines d'août...

Puis un jour, enfin, voilà l'Amédée qui surgit à la porte de la maisonnette, bruyant et joyeux comme un homme tout neuf !

Et il serre sa Célestine à l'étouffer, et il la couvre de baisers, et il parle, et il rit !

— Elle est merveilleuse, grand-mère, je l'aime ! Et elle m'aime !

Et il explique, il raconte, il recommence, il donne des précisions, il s'embrouille et il reprend tout depuis le début !

La vieille Célestine, abasourdie, écoute en souriant. Elle écoute tous ces jolis mots : amour, espoir, avenir, bonheur, vie !

Et quand Amédée a tout raconté déjà trois ou quatre fois, il s'en va dans son petit coin préféré au bord du Fier.

— Je vais lui écrire une lettre ! À tout à l'heure !

Amédée déclame un poème à la belle Yvonne, sa bien-aimée :
« Yvonne, ton nom si doux résonne... » murmure-t-il tout bas.
Mais il ne s'entend pas : ce torrent est bien bruyant...
« Yvonne, ton nom si doux résonne... », dit-il plus fort.
Mais l'eau du Fier résonne encore plus fort.
« Yvonne, ton nom si doux résonne... », clame-t-il.
Mais les flots tourbillonnent de plus belle, et Amédée, effrayé, se tait.
Aussitôt, le torrent reprend son cours plus doucement.

« Yvonne, Yvonne... », murmure encore Amédée, avec un frisson glacé.
Et vlan ! une vague se dresse en un éclair et s'abat sur lui comme une gifle ! Tandis qu'il se redresse, stupéfait, il voit une ondine surgir au milieu des flots, une ravissante ondine aux yeux verts, couverte de perles d'eau.

Amédée est poète, et l'ondine, après tout, est une espèce que les poètes fréquentent régulièrement en rêve, tout comme les muses, les anges et toutes sortes de sirènes. Aussi, le jeune homme se reprend, et regarde sa visiteuse avec curiosité. Comme elle semble triste ! Mais voici qu'elle s'anime :

— Amédée ! soupire-t-elle. Comme je t'ai attendu cette année !

« Quelle musique, songe Amédée. Quelle belle voix ! »

Voix très enjouée

Voix joyeuse

Murmurer

Plus fort

Voix forte

Chuchoter

Soupirant

Ton admiratif

Et il s'approche un petit peu, pour mieux l'entendre.
— Comme chaque été, je t'ai guetté en secret, poursuit l'ondine. Le Fier, mon père, m'a laissée faire, car il sait bien que je t'aime... Mais toi, tu ne le sais pas. Pour toi, depuis toujours, j'ai fait la lumière plus belle, les reflets plus éblouissants, le chant de l'eau plus mélodieux.

Ton admiratif — « Quelle douceur, songe Amédée. Elle est amoureuse ! »
Et il se penche un petit peu, pour la voir mieux.

Voix plaintive — — Hélas, gémit l'ondine, une fille de la Terre t'a volée à moi. Et c'est elle que tu oses venir chanter ici ! Mais qu'est-elle auprès de moi qui t'aime ? Rien du tout !
Et la belle sort un instant des flots, se montrant tout entière dans sa robe d'eau.

Ton admiratif — « Quelle beauté, songe Amédée. Elle est jalouse ! »
Et il s'avance autant qu'il peut sur le rocher.

Voix pressante — — Viens ! dit l'ondine. Rejoins ton grand-père, rejoins ton père et les frères de ton père ! Ils vivent heureux dans mon palais d'eau, et l'on n'y attend plus que toi ! Viens ! Il y a dans l'eau des musiques extraordinaires, des fleurs et des jardins. Viens !

Ton admiratif — « Quelle âme, songe Amédée. Mon ondine est poète ! »
Et Amédée se penche pour la voir encore, entendre ses paroles du fond de l'eau.

Voix pressante — — Viens ! appelle l'ondine. Tu ne mourras jamais ! Comme l'eau qui coule, comme l'eau qui roule, tu vivras !
Et au moment où l'ondine disparaît tout à fait dans les remous de l'eau, une grande vague à nouveau s'élève et balaye la rive, emportant Amédée.

Au bord du Fier, l'eau ruisselle sur une grosse pierre où rêvait le dernier des Ramoz.

Le Seigneur des sources

Adapté d'un conte arménien.

Le thème du « chauffeur du diable » est très largement répandu en Europe et en Asie. Le héros est un jeune garçon parti chercher fortune. Il rencontre le diable qui lui propose de le prendre à son service. En l'absence du diable, le héros commence sa tâche, puis s'enfuit. Il revient sur Terre en emmenant un objet ou avec un être surnaturel qui lui permet de faire fortune.

Une des originalités de ce conte est l'alliance du père de la fiancée et du héros. En effet, en général le héros doit surmonter trois épreuves avant d'obtenir la main de la princesse qui doit choisir entre son père et son fiancé, entre la condition de jeune fille et la condition de femme.

À partir de 5 ans   15 min   Pays des sources
Désert   Jeune homme
Seigneurs
Jeune fille

LE SEIGNEUR DES SOURCES

Il était une fois une pauvre veuve qui élevait seule son garçon. Hélas, elle avait beau, chaque jour, s'épuiser à cultiver leur petit bout de mauvaise terre, ils mangeaient à peine à leur faim. Leur misère était si grande, qu'un jour, le jeune homme décida d'aller tenter sa chance de par le monde...

– Adieu petite mère, dit-il. Ailleurs, je trouverai bien du travail ! Quand j'aurai gagné un peu d'argent, je viendrai te chercher, et nos malheurs seront finis.

Malgré son chagrin, la mère savait que son garçon avait raison. Elle lui prépara un petit balluchon, et le lendemain matin, le voilà parti...

Mikhaïl marcha pendant des heures et des heures, tout droit, sans trop savoir où il allait. Il montait, puis il descendait, et devant lui s'étendaient toujours des montagnes à perte de vue, sans la moindre maison. Au coucher de soleil, il n'avait encore rencontré personne ! Il s'assit pour manger son unique galette, assez découragé...

C'est alors qu'un troupeau de moutons l'entoura, et un berger vint s'asseoir près de lui.

Ton joyeux — Il fait bon rencontrer quelqu'un dans ce pays, mon garçon ! dit l'homme, tout joyeux. Mais que fais-tu donc par ici ?

— J'ai laissé ma mère dans les montagnes, et je cherche du travail pour nous sortir de la misère, expliqua Mikhaïl.

Voix étonnée — Du travail ? Par ici ? s'exclama le berger. Tu penses peut-être te faire embaucher par les cailloux ou par le vent ! Non, ce pays est bien trop pauvre, autant rentrer tout de suite chez toi ! Ou alors...

Voix triste — Ou alors quoi ? demanda le garçon, que ce discours avait accablé.

— Eh bien, j'ai entendu dire - mais ce n'est peut-être qu'une histoire ! - que là-bas, vers ces montagnes, dans une certaine vallée, se trouve - paraît-il ! - une certaine fontaine où habite le Seigneur des sources... On dit aussi - mais ce n'est peut-être pas vrai ! - qu'il est brave et n'hésite pas à aider les pauvres gens...

Voix enjouée

— Vrai ou pas, j'y vais de ce pas ! dit Mikhaïl en sautant sur ces pieds, tout ragaillardi. De toute façon, c'est ma seule chance !

— Tout doux, petit ! fit le berger. Ce n'est pas la porte à côté ! Avant de filer là-bas, passe donc une nuit au chaud dans ma bergerie ! Nous partagerons un bout de fromage, et nous pourrons bavarder. Cela fait si longtemps que je n'ai vu personne par ici !

Ainsi fut fait : Mikhaïl mangea, bavarda et dormit de bon cœur... Au matin, le berger lui montra un ruisseau qui prenait sa source à la fameuse fontaine, et ils se dirent adieu.

Tout le jour, le garçon marcha par monts et par vaux, plein d'espoir, en suivant le cours du petit ruisseau. Il finit par arriver dans une belle vallée, couverte d'herbe grasse et de fleurs, où voletaient oiseaux et papillons.

Au beau milieu, à la source du ruisseau, une eau scintillante de mille reflets éclaboussait joyeusement la petite fontaine.

Mikhaïl, émerveillé, se pencha pour boire... mais à peine eut-il avalé la première gorgée qu'une tête barbue surgit du fond de l'eau et s'ébroua, en colère :

En colère
Voix tremblante

— Qui ose troubler ma fontaine ? Qui ose me déranger ?

— Ô Seigneur des sources, pardonne-moi ! répondit Mikhaïl en tremblant de tout son corps. Je suis venu vers ta fontaine, car on m'a dit que tu es bon, et que tu aides volontiers les pauvres gens. Tu es mon seul espoir !

À ces mots, le Seigneur se radoucit, et sa barbe s'éclaira d'un bon sourire :

Une tête barbue surgit du fond de l'eau.

— Dis-moi vite ce que je peux faire pour toi, mon garçon. Et d'abord, qui es-tu ?

Sa voix était si gentille que Mikhaïl cessa de trembler. Il raconta toute son histoire, et, pour finir, supplia le Seigneur de le prendre à son service.

— Ma foi, le travail ne manque pas, par ici, et tu m'as tout l'air d'un brave gaillard ! D'accord pour t'engager, mon garçon, mais à une condition : pendant trois ans et un jour, tu ne quitteras pas mon empire, même pour aller voir ta mère. Tu dois me le promettre !

« Trois années sans donner de nouvelles à ma pauvre mère ! » songea Mikhaïl, le cœur serré. Mais il n'avait pas le choix...

Ton grave — Je vous le promets ! répondit-il gravement.

Voix forte — Dans ce cas, suis-moi ! dit le Seigneur, tout en attrapant fermement le jeune homme par la main.

Et, vlouf ! il l'entraîna... dans la fontaine !

Un instant plus tard, sans être plus mouillés que s'ils avaient tranquillement passé un pont, ils ressortaient tous deux de l'autre côté de l'eau.

Mikhaïl se frotta les yeux, époustouflé. Devant lui se tenait un palais de cristal, décoré de perles et de pierres précieuses, étincelant de lumière. Tout autour, des arbres extraordinaires, sur lesquels chantaient des oiseaux multicolores. Mais le chant le plus merveilleux, c'était celui de l'eau : il y en avait partout ! Des sources, des puits, des fontaines, des cascades, des ruisseaux, des canaux, des torrents, des lacs !

— Voilà mon domaine, dit le Seigneur des sources. Sache qu'il n'y a pas une goutte d'eau sur Terre dont je ne sois pas responsable ! Je dois veiller jour après jour à ce que l'eau du monde soit abondante, pure et limpide, afin que personne n'en manque jamais ! C'est un travail gigantesque... et tu vas m'aider !

Tout en lui faisant visiter son royaume, il expliqua à Mikhaïl ce qu'il aurait à faire chaque jour :
- nettoyer les sources pour que l'eau jaillisse librement ;
- ouvrir et fermer les fontaines et les jets d'eau ;
- vérifier les digues, les canaux, pour que l'eau circule bien ;
- veiller sans cesse à la pureté de l'eau.
– J'espère que tu sauras te débrouiller tout seul pendant mes absences, ajouta-t-il, car je dois parcourir régulièrement le monde entier pour m'assurer que tout va bien !
Tout en parlant, ils étaient revenus près du palais, dans une petite cour entourée de colonnes en pierres vert clair. Au milieu se dressait une fontaine tout en argent, et un pommier d'or aux fruits de topaze. Une bride d'argent était suspendue à la plus haute branche du pommier.
Le Seigneur des sources arrêta Mikhaïl devant la fontaine, l'air solennel :

Voix solennelle

– Il ne me reste qu'une seule chose à te dire, mon garçon : quoi qu'il arrive, ne touche jamais à cette fontaine, à ce pommier et à cette bride ! Et ne cherche pas à savoir pourquoi : c'est mon secret. Je te le dirai peut-être un jour, peut-être jamais. En attendant, occupe-toi seulement de bien me servir, et toi et ta mère vous oublierez la misère. Mais si tu me trahis, gare à toi !
Mikhaïl regardait la fontaine, impressionné par cet avertissement, quand il aperçut une ravissante demoiselle qui venait vers lui :
– Bienvenue au royaume de l'eau, jeune homme, lui dit-elle avec un sourire enchanteur. Je suis la fille du Seigneur des sources, et je suis contente que tu viennes pour nous aider. Désormais, quand mon père s'absentera, je ne serai pas toute seule pour m'occuper de tout, et la vie sera bien plus gaie !
À dire vrai, c'était aussi l'avis de Mikhaïl, qui regardait les yeux bleus de la demoiselle avec un ravissement sans limite...

La fille du seigneur des sources.

Ainsi commença la vie de Mikhaïl au royaume des sources.

Le lendemain, le pauvre garçon des montagnes, habillé de neuf, bien nourri et tout joyeux, se mit au travail dès l'aube. Très vite, il devint expert en fontaines, canaux et ruisseaux, et jamais l'eau du royaume n'avait aussi bien circulé dans le monde. Le Seigneur des sources faisait ses tournées le cœur tranquille, sûr que tout serait bien fait en son absence.

Les semaines et les mois passant, on vit de plus en plus souvent Mikhaïl et la jeune fille bavarder entre deux inspections, se promener parmi les rivières et les fontaines, ou admirer ensemble le travail accompli.

Malgré ses voyages fréquents, le Seigneur avait bien remarqué que les deux jeunes gens s'aimaient. Et, ma foi, il n'en était pas mécontent...

Un soir, vers la troisième année, Mikhaïl vit son amie pleurer, alors qu'ils étaient tous deux en train de rêver à leur avenir.

– Pourquoi es-tu si triste, tout à coup ? demanda-t-il, très inquiet.

Voix triste

– Hélas, répondit-elle, je ne t'ai rien dit jusqu'à présent, mais je dois aujourd'hui t'avouer ce qui me tourmente. Ta troisième année d'engagement est presque achevée, et mon père veut t'emmener avec lui visiter les sources du monde. Car il sait que nous nous aimons, et il veut te transmettre tout ce qu'il sait, afin qu'un jour tu le remplaces...

– Eh bien, s'exclama le jeune homme, n'est-ce pas un merveilleux projet ? Ainsi je resterai toujours auprès de toi que j'aime par-dessus tout !

– Oui, bien sûr... Seulement, vois-tu, je crains terriblement de rester seule ici. Car j'ai peur du Seigneur du désert...

Voix étonnée

– Le Seigneur du désert ? Qui est-ce donc, celui-là ?

– C'est un homme cruel, maître du royaume de la soif et de la mort, le pire ennemi de mon père. Il y a très longtemps, il a voulu s'emparer de toutes les sources du monde, pour les tarir. Après une bataille terrible, mon père l'a banni de son royaume. Hélas, avant de s'enfuir, le maudit seigneur m'a aperçue, et il a menacé avec des jurons effroyables de revenir un jour m'enlever, pour m'emporter dans son royaume de malheur.

Tout aussi inquiet que sa bien-aimée, Mikhaïl parla le jour même au Seigneur des sources, qui lui répondit en ces termes :

– Je connais les craintes de ma fille, mais je veux vous rassurer tous les deux. Le Seigneur du désert a reçu une telle correction lors de ce fameux combat, qu'il n'osera plus jamais montrer seulement le bout de son nez, même à la plus lointaine frontière de mon royaume. Il se terre comme un misérable qu'il est, au milieu de son vilain désert, et il ne se risquera sûrement pas jusqu'à ce palais ! Nous partirons donc tous deux comme convenu, en toute tranquillité, car ma fille chérie ne court aucun danger ici.

Ainsi fut fait. Pendant des jours et des semaines, Mikhaïl découvrit les mystères de l'eau en parcourant la Terre entière. Avec le Seigneur des sources, il apprit à en gouverner le cours, depuis le plus petit ruisselet du bout du monde jusqu'aux fleuves et aux océans, sans oublier les gouttes de pluie et la rosée du matin...

Quand la tournée fut terminée, ils prirent le chemin du royaume des sources. Mais en arrivant devant le palais, leur cœur se glaça : le chant des oiseaux s'était tu, tout comme celui de l'eau, et personne ne vint joyeusement à leur rencontre. La jeune fille avait disparu...

Voix désolée – Hélas ! se lamenta le Seigneur des sources, ma fille avait donc raison ! Le Seigneur du désert a osé profiter de mon absence pour venir jusqu'ici l'enlever ! Mikhaïl, toi seul peux la sauver ! Je suis trop âgé et trop faible, à présent... Mais toi tu es jeune, et tu vaincras ! Viens, je vais te révéler le secret de la fontaine d'or et du pommier d'argent : il t'aidera à venir à bout de tous les périls.

Mikhaïl suivit le Seigneur des sources dans la cour où se tenaient la petite fontaine et le pommier, comme le jour de son arrivée.

Voix solennelle

— Pour acquérir la force d'un géant, il te suffira de boire de l'eau de la fontaine d'argent. Emmène toujours avec toi une pomme de topaze et garde-là précieusement : chaque fois que tu la laisseras tomber par terre, une source jaillira à cet endroit, dont l'eau te redonnera des forces. Prends aussi la bride d'argent, car le Seigneur du désert se transforme parfois en un terrifiant cheval de sable, qui déclenche une tempête mortelle autour de son ennemi. Mais si tu parviens à lui passer cette bride sur la tête, il deviendra immédiatement aussi obéissant qu'un poney craintif ! Te voilà paré, mon garçon. Sauve ma fille et reviens avec elle, je t'en prie. Alors tu l'épouseras et je te remettrai mon empire, comme je le souhaite de tout mon cœur...

La muraille de roches.

Mikhaïl se mit aussitôt en route, la pomme et la bride en poche, ses forces décuplées et son amour plus grand que jamais. Il en eut bien besoin, car il marcha trois années entières avant de voir apparaître une immense étendue de sable et de cailloux : le royaume du désert !

Il mit encore des semaines pour le traverser, et il serait sûrement mort dans cette fournaise sans la précieuse pomme et ses sources miraculeuses !

Enfin, il atteignit le centre du désert : une muraille de roches rouges s'y dressait, entourant le repaire du maudit Seigneur.

« C'est là qu'est enfermée ma bien-aimée ! » songea le jeune

LE SEIGNEUR DES SOURCES

homme. Et il but une dernière fois l'eau de la pomme, avant de s'avancer vers la muraille..

Il n'avait pas fait trois pas que le sable se mit à tourbillonner, et le Seigneur du désert apparut :

Ton moqueur

— Pauvre fou ! ricana-t-il, cela fait des jours que je te surveille, suant et trébuchant dans mon royaume... Puisque tu as réussi à venir jusqu'ici, c'est ici que tu mourras !

Et il se rua sur son ennemi.

Le combat fut terrible. Pendant une nuit entière, le Seigneur se métamorphosa sans cesse en créature de sable, resurgissant partout autour de Mikhaïl. Mais le jeune homme, soutenu par la force de l'eau et la volonté de délivrer sa bien-aimée, l'obligeait chaque fois à battre en retraite. Vers le matin, il était clair que Mikhaïl allait l'emporter. Alors, dans un dernier effort, le Seigneur du désert apparut sous la forme du fameux cheval de sable...

Soulevant le sable sous ses sabots, soufflant le feu par ses naseaux, il déclencha une tempête si effroyable que Mikhaïl crut sa dernière heure venue. Mais il se souvint à temps de la bride d'argent : il la sortit vivement de sa poche et la lança à la tête du cheval. À ce moment précis, la tempête s'apaisa et le terrible animal devint doux comme un agneau : Mikhaïl avait gagné !

Le cheval de sable.

Quand la jeune fille, enchaînée au fond d'une grotte, vit arriver son fiancé, elle fut si heureuse qu'elle eut des larmes de joie.

— Ma bien-aimée, ne pleure plus, lui dit Mikhaïl. Tes malheurs sont finis, le maudit Seigneur est sous mon pouvoir, et je vais te ramener au royaume des sources où ton père nous attend.

Un instant plus tard tous les deux grimpaient sur le cheval de sable qui les attendait docilement dehors. Aussitôt, l'animal s'envola vers le ciel, et c'est ainsi qu'ils rentrèrent au royaume des sources.

Le Seigneur des sources tint sa promesse : Mikhaïl épousa la jeune fille. Mais peu avant le mariage, le jeune homme s'en alla tout seul vers les montagnes, chercher sa vieille mère, qui le croyait mort depuis longtemps.

Et depuis ce jour, ils vivent tous ensemble au royaume des sources, où l'eau chante plus joyeusement que jamais.

CONTES DE LACS ET DE RIVIÈRES

Le Rocher de la Lorelei

Adapté d'une légende rhénane.

Depuis la publication de Godwi ou la Statue de la mère par Clémens Brentano en 1801, la Loreleï est devenue un personnage évoqué dans de nombreuses ballades romantiques.

Lorelei est une magicienne qui attiree les navigateurs et les fait se précipiter contre un rocher très élevé et très dangereux qui surplombe le Rhin. Son nom est lié à celui que reçut, il y a très longtemps, ce même rocher. On se trouve ici en face du cas extrêmement rare d'une légende qui n'est point née de la tradition populaire, mais d'œuvres littéraires. La fascination qu'exerce la nymphe vient de sa beauté ; mais, son amour l'ayant abandonnée, elle ne sait plus aimer et se sent lasse de son pouvoir merveilleux et de la vie.

À partir de 6 ans

4 min

Rhin
Rocher

Nymphe
Jeune homme
Soldats

LE ROCHER DE LA LORELEI

Il y a très, très longtemps, une belle et cruelle nymphe vivait au sommet d'un rocher, dans une boucle du Rhin. Les gens du pays disaient qu'elle portait malheur, et ils évitaient à tout prix de se trouver dans ses parages à la tombée du jour...
Chaque soir, au crépuscule, la Lorelei aux cheveux d'or apparaissait sur son rocher et se mettait à chanter. Le plus souvent, personne n'était là pour la voir ni pour l'entendre, car on savait qu'aucun homme ne pouvait résister à l'enchantement de sa beauté et au charme de sa voix.
Si un marin était assez fou pour naviguer sur le Rhin à cette heure, le malheureux était à coup sûr envoûté par la Lorelei ! Alors, au lieu de poursuivre sa route, il dirigeait son embarcation tout droit vers le rocher... et un instant plus tard, l'homme et son bateau, broyés sur les récifs, étaient emportés par les flots...

Un beau jour, le fils du comte palatin, Ronald, jura qu'il vaincrait le charme de la Lorelei :

Fanfaronnant — Je grimperai sur le rocher, j'enlèverai la nymphe et je l'épouserai ! fanfaronna-t-il.

Le soir même, un pêcheur - terrorisé mais grassement payé - conduisit Ronald dans sa barque, jusqu'au fameux rocher.
Au crépuscule, ils aperçurent la silhouette de la nymphe secouant sa chevelure, tout là-haut... et le jeune homme entendit la voix merveilleuse, qui riait et chantait.

Ton impatient — Plus vite ! Rame, que diable ! cria-t-il au pêcheur. Elle va disparaître avant que j'arrive !

Mais le brave homme n'entendait pas mettre sa vie en danger, et il avançait prudemment.

Ton impatient — Plus vite, bourrique, presse-toi donc ! hurlait Ronald.

LE ROCHER DE LA LORELEI

Et comme le pêcheur n'en faisait rien, il plongea dans les flots et nagea furieusement vers le bord...

Hélas, les tourbillons du courant le précipitèrent contre le rocher dans un fracas de vagues terribles, et le fleuve l'emporta comme tant d'autres avant lui.

On entendit toute la nuit le rire moqueur de la nymphe...

Quand il apprit le sort de son fils, le comte palatin, le cœur brisé, ordonna que la Lorelei soit tuée :

En colère — Assez de jeunes gens sont morts pour cette diablesse ! s'emporta-t-il.

Le soir même, quatre vaillants soldats aux âmes endurcies, et fort habiles à l'escalade, se trouvaient au pied du rocher.

Quand la nymphe parut, à la nuit tombée, ils étaient presque au sommet, bien près d'atteindre leur but...

Crier — Nous te précipiterons dans les flots, sorcière ! crièrent-ils pour l'impressionner. C'en sera fini de tes méfaits !

Un instant, la Lorelei sembla effrayée, puis son rire retentit :

Ricaner — Pauvres innocents ! Le Rhin est mon père, il ne vous laissera pas me faire du mal ! Il me protégera !

À ces mots, elle saisit les perles ornant sa chevelure et arracha les pierres précieuses de son collier. Puis, se penchant vers le fleuve, elle jeta ces joyaux dans l'eau tourbillonnante.

Voix suppliante — Père, Père ! appela-t-elle. Sauve-moi ! Eaux du Rhin, portez ces pierres à mon père, dites-lui le péril où je suis ! Qu'il envoie ses chevaux d'écume pour m'arracher à mes ennemis !

Alors, les flots du Rhin rugirent et grondèrent. Ils s'élevèrent en deux immenses chevaux blancs et balayèrent le sommet du rocher, emportant avec eux la Lorelei...

La Lorelei.

Jamais plus on n'entendit sa voix.

Les quatre soldats dirent au comte palatin que la nymphe était partie, et tous les gens du pays se réjouirent.

Seul le comte, en son palais, continua de pleurer son fils perdu à jamais...

Histoire du Niagara

Adapté d'une légende des Indiens d'Amérique du Nord.
Le thème du géant ou de l'ogre qui vient en aide au héros se retrouve dans de nombreux contes relevés en Irlande, en Amérique du Nord, en Inde, en Afrique, dans les Antilles, chez les Inuit.

À partir de 5 ans

7 min

Chutes du Niagara

Jeune fille
Avare
Géant

Il était une fois, près du fleuve Niagara, une jeune fille indienne si belle, que tous les plus braves, les plus beaux et les plus forts jeunes gens des alentours rêvaient de l'épouser. Et beaucoup d'entre eux l'avait demandée à ses parents ! Malheureusement, ceux-ci aimaient bien plus l'argent que leur fille : ils la donnèrent en mariage à un vieux grigou plein de sous, contre une bonne poignée de pièces d'argent.

La jeune fille si joyeuse devint une malheureuse épouse que son vieillard de mari ne faisait que battre et tourmenter, sans même lui donner assez à manger ! Et pendant qu'elle pleurait dans un coin du wigwam, la tente des Indiens, lui, il comptait et recomptait ses sous !

Plusieurs fois, elle tenta de s'enfuir. Mais il finissait toujours par la rattraper, et, après, c'était encore plus dur...

Ton désespéré

— J'aime mieux mourir tout de suite que de rester encore avec ce vilain pou ! finit par décider la pauvre fille.

Le soir-même, pendant que le vieux hibou ronflait en rêvant de ses chères pièces d'argent, elle alla près du fleuve, où les chasseurs avaient laissé leurs canots pour la nuit. Vite, vite ! elle monta dans le premier trouvé et rama à toutes forces pour s'éloigner du rivage.

Elle monta dans le premier canot.

Bientôt, elle n'eut plus qu'à se laisser aller et faire sa dernière prière au grand esprit : le courant l'emportait à toute vitesse vers des chutes terribles ! Un instant plus tard, le canot tomba comme une pierre dans le précipice d'eau, tandis que la jeune fille, les yeux fermés, se croyait déjà morte...

Au lieu d'éclater en mille morceaux comme prévu, le canot se posa assez doucement, comme sur une grande main.

« Finalement, ça n'est pas désagréable de mourir », songea la jeune fille. Puis elle décida de ne plus penser, en bonne morte.

— Tssst ! Tssst !... Hep !... Oh-oooh ! entendit-elle alors.

Elle ouvrit les yeux tout d'un coup, et sursauta : elle était dans une grande caverne, derrière l'immense rideau de l'eau ! Et du fond de la grotte, un géant haut comme trois érables empilés lui faisait un bon sourire.

— Tssst ! Rame par ici ! lui dit-il.

— Mais je ne peux pas ramer, je suis morte ! répondit-elle.

– Tu n'es pas plus morte que moi, petite feuille ! Je t'ai rattrapée au vol avec ton canot, car le Niagara m'avait prévenu de ton arrivée. Je connais toute ton histoire.

Surprise — – Ah bon ! dit la jeune fille, toute contente d'être vivante. Mais qui es-tu, toi ?

– Je suis Hinun, le bon géant du Niagara. Tu pourras vivre chez moi en toute sécurité, jusqu'à la mort du vieux grigou !

Inutile de dire que cette proposition fut acceptée avec enthousiasme. La jeune fille ne manquait de rien dans la grotte. Quand elle ne s'occupait pas de ranger les affaires du bon géant, elle rêvait en admirant les chutes. Tous les jours, Hinun lui racontait les nouvelles du camp, que le Niagara lui rapportait : comment le vieux crapaud avait cherché son épouse partout, comment il s'était finalement consolé avec ses sous, comment les jeunes gens du camp la regrettaient, tout en disant que c'était bien fait pour le mari, etc., etc.

Cependant, un jour, le géant revint très fâché :

En colère — – Ton mari est un moins que rien du tout ! dit-il. Pour gagner encore plus de pièces d'argent, il vend maintenant à ses frères de l'eau-de-feu qu'il a achetée aux visages pâles ! Pourtant, il sait bien qu'il les empoisonne ! Mais cette fois, il est allé trop loin : je vais m'occuper de lui !

Et avant que la jeune fille ait pu dire quoi que ce soit, Hinun repartit en grommelant.

Le vieux grippe-sou était en train de bichonner ses pièces devant chez lui. Il les aimait tellement qu'il leur parlait comme à des enfants :

avec gourmandise — – Mes chéris-jolis, bientôt, vous aurez plein de petits frères, des centaines et des milliers de petites pièces d'argent toutes neuves, et moi, je serai le plus riche des Indiens !

Mais tandis qu'il chouchoutait ses sous, une terrible tempête se déclencha autour de lui, une tempête qui n'avait rien de naturel : c'était Hinun qui s'approchait. Le vieillard leva le nez :

Avec inquiétude — Qu'est-ce que c'est que ça ? Quelqu'un en veut à mes sous ? dit-il, inquiet.

Il ramassa vite ses sous chéris et s'élança vers son wigwam. Il tomba nez à nez avec le géant.

En colère — Tu vas payer tous tes méfaits, vilain vieux canard ! gronda Hinun.

Ricaner — Ah, ah ! tu crois ça, pauvre petit géant ? ricana le vieux. Tu ne sais donc pas que les mauvais esprits sont avec moi ! Tu vas voir ce que tu vas voir !

Et il se mit à agiter les bras tout en marmonnant des formules maléfiques. Alors son visage devint tout noir, et son corps tout entier se durcit comme de la pierre ! Transformé en statue effrayante, il avança sur le géant. Hinun avait beau lui lancer des flèches, elles se brisaient sur la pierre l'une après l'autre, et le monstre ricanait de plus en plus fort !

Alors le géant tourna les talons et s'enfuit vers le Niagara D'un seul pas, il atteignit un rocher qui surplombait les chutes Le vieux ne tarda pas à le rejoindre, et il se mit à le pousser, de ses bras de pierre, pour le faire tomber. Hinun résistait autant qu'il pouvait, mais l'autre lui faisait perdre l'équilibre..

Soudain, dans un dernier effort, le géant fit un bond de côté. Le vieux brigand, qui poussait de toutes les forces que lui donnaient les mauvais esprits, fut entraîné par son élan... dans le précipice d'eau ! C'était à son tour de tomber comme une pierre ! Mais aucune main secourable ne se tendit pour amortir sa chute, et arrivé en bas, il éclata en mille morceaux !

La jeune femme, qui attendait dans la grotte le retour de Hinun, entendit seulement un fracas de pierre, et les cris perçants des mauvais esprits, très mécontents :

Son corps se durcit.

HISTOIRE DU NIAGARA

<small>Crier</small> — Weê, Weê ! Ouh là là ! Weê ! Un des nôtres est mort ! Ouh là là ! Weê ! Weê ! Le vieux grigou ! Ouh là là ! Il était à nous !

Quand le bon géant revint, la jeune femme lui dit :

— Je sais que tu as vaincu mon vilain pou de mari, et je te remercie. Je n'oublierai jamais tout ce que tu as fait pour moi. Mais dis-moi, gentil géant, est-ce que je pourrais rentrer à la maison, maintenant ?

Hinun posa le canot sur sa main droite, et la tendit simplement vers la jeune femme :

— Installe-toi là, dit-il en souriant, et dans une minute, tu y seras.

Ainsi fut fait. Un instant plus tard, la belle était sur la berge, à deux pas de chez elle.

— Souviens-toi, lui dit encore Hinun, et dis-le à qui veut l'entendre : un tas de cailloux, c'est tout ce qu'il reste de celui qui ne pense qu'à gagner des sous !

Et sur ces mots, le bon géant du Niagara regagna pour toujours sa caverne.

La Fontaine de l'oubli

Adapté d'une légende suisse.

À partir de 6 ans   11 min   Fontaine   Fée / Jeune homme / Princesse

Il était une fois, très haut dans la montagne, une petite source… L'eau sortait d'une fente dans un rocher et formait un joli bassin à ses pieds. C'était une minuscule fontaine de rien du tout, perdue dans la forêt très loin du premier village, et pourtant, tous les gens du pays en avaient entendu parler…

— Il vaut mieux ne pas boire de cette eau-là ! disait l'un.

— Ceux qui en ont bu, ils ont oublié pour toujours qui ils étaient, d'où ils venaient et où ils allaient ! disait l'autre.

— Oui, et ils errent dans la forêt comme des misérables, jusqu'à leur mort ! rajoutait un troisième.

— Malheur à celui qui boit l'eau de la fontaine de l'oubli ! concluait le dernier.
Et personne n'osait s'aventurer près de la petite source, sauf les oiseaux et les animaux de la forêt.
Voici pourquoi...

Il y a très, très longtemps, une fée des eaux habitait cette fontaine. Quand elle était jeune fée, elle était tombée amoureuse d'un chasseur qui s'était égaré dans la montagne, et un petit garçon était né de leur amour. Mais le chasseur avait bientôt abandonné la fée, l'enfant et la fontaine pour retourner dans sa vallée...
Depuis cette trahison, la fée vouait une haine terrible aux humains.
Cependant, elle adorait son fils, et tous deux vécurent heureux, des années durant, dans leur petit monde perdu au fond de la forêt.
Plus il grandissait, plus l'enfant était éblouissant de beauté. La fée s'arrangeait pour que personne ne s'approche jamais de leur repaire secret, car elle craignait par-dessus tout que son fils ne tombe amoureux d'une femme, un jour, et s'en aille avec elle...
Ainsi, à seize ans, le jeune homme n'avait encore jamais rencontré aucun être humain !
Mais vers cette époque, la fée reçut une convocation de la reine des fées, qui l'appelait auprès d'elle pour une journée. Le cœur gros, inquiète de laisser son garçon tout seul, elle dut se mettre en route...

Or, non loin de là, sur un rocher surplombant toute la contrée, se dressait un château fort. Le prince du pays y vivait, avec sa fille unique, à la beauté légendaire. Des jeunes gens venaient de tous les coins du monde pour la demander en mariage :

La Fontaine.

chevaliers, princes, fils de rois et d'empereurs, tous la voulaient pour femme. Mais la jeune fille était aussi orgueilleuse que belle, et voir tous ces messieurs se mettre à genoux pour ses beaux yeux l'amusait beaucoup.

Ton autoritaire — Non, disait-elle à l'un, vous ne me plaisez point.

En hésitant — Ah, disait-elle à l'autre, vous n'êtes pas mal fait, mais vous parlez comme un valet.

Avec dégoût — Voyons, voyons, approchez, disait-elle encore... Pouah, mais vous sentez mauvais !

Et l'un après l'autre, humiliés, les prétendants quittaient le château et retournaient dans leur pays. Cependant, d'autres arrivaient chaque jour et le jeu continuait.

À dire vrai, la demoiselle n'avait pas du tout envie de se marier.

Souvent, pour se distraire de tous ces fâcheux, elle s'en allait faire un tour à cheval, dans la forêt, galopant parfois pendant des heures.

Un jour - justement le jour où la fée s'était absentée - le hasard de sa promenade fit passer la jeune fille près de la fameuse fontaine. Elle s'arrêta, charmée par l'endroit, et se pencha sur le petit bassin pour s'admirer dans l'eau.

C'est alors que le fils de la fée l'aperçut.

En dehors de sa mère, il n'avait jamais vu que des animaux sauvages, et voilà qu'il rencontrait la plus belle jeune fille de la terre ! La fée avait eu beau lui répéter mille fois que les humains étaient des êtres répugnants, il se sentait attiré par la jeune fille comme par un aimant, et son cœur se serrait en la regardant ! Ce qu'il éprouvait était tout le contraire du dégoût : c'était de l'amour...

Quand le jeune homme surgit devant elle, la fille du prince poussa un cri de frayeur. Mais le regard gentil du jeune

LA FONTAINE DE L'OUBLI

homme la rassura bientôt. Et surtout, il était si beau, que pour la première fois de sa vie, elle sentit son cœur battre plus vite. Passé le premier instant de surprise, les deux jeunes gens se mirent à bavarder :

Ton admiratif — Cette fontaine n'a pas souvent l'occasion de refléter un aussi beau visage, dit le jeune homme pour faire un compliment.

Ton admiratif — Et moi, je ne vois pas beaucoup de princes aussi charmants que vous dans mon château ! plaisanta la jeune fille.

Ton admiratif — Tous les arbres de la forêt devraient s'incliner quand ils vous voient passer ! poursuivit le jeune homme.

Ton admiratif — Ils pousseraient à angle droit, s'ils devaient s'incliner devant vous ! répondit la jeune fille.

Et ils rirent aux éclats. Ils parlèrent ainsi pendant un moment, et visiblement, tous les deux étaient amoureux. Pourtant, l'orgueil de la jeune fille prit le dessus quand elle se leva pour s'en aller :

Avec vanité — Tu ne me déplais pas, dit-elle de sa voix de princesse, et j'entends avec plaisir que tu m'aimes. Sache cependant que je suis la fille du seigneur de ce pays, et que j'ai déjà refusé ma main à plus de jeunes gens qu'il n'y a d'arbres dans cette forêt. Toi qui es le plus charmant, prouve-moi que tu es aussi le plus riche et le plus puissant ! Voici mon souhait : débrouille-toi pour que demain, lorsque je reviendrai, se dresse autour de cette petite fontaine un pavillon d'or et d'argent, couvert de perles et de diamants plus étincelants que l'eau de la source... Si tu accomplis cette prouesse, je tiendrai ma promesse : je t'épouserai.

Sur ces mots, elle sauta à cheval et disparut dans la forêt.

Elle sauta à cheval.

Quand la fée rentra de son petit voyage, le soir, elle trouva son fils assis près de la fontaine, l'air profondément malheureux. Il fit à sa mère le récit de sa rencontre avec la jeune fille, et pour finir, lui parla de son exigence.

Voix désolée

— Hélas ! se lamenta la fée. Ce que je craignais le plus au monde est arrivé ! Mon cher fils, cette femme orgueilleuse fera ton malheur si tu réponds à ses caprices ! Je t'en supplie, chasse-la de ton cœur !

Mais il n'y eut rien à faire. Le jeune homme avait tant de chagrin que sa mère promit de l'aider.

Le lendemain, lorsque la fille du prince revint, un pavillon se dressait tout autour de la petite fontaine, plus beau encore qu'elle ne l'avait imaginé. Les diamants et les perles étincelaient sur les murs, et le fond du bassin était couvert de pierres précieuses qui scintillaient sous l'eau de la source.

La jeune fille, émerveillée, entra dans le pavillon où l'attendait le fils de la fée. Mais quand elle vit le jeune homme, tout heureux et plein d'espoir, elle dissimula son émotion, et son maudit orgueil parla pour elle :

Avec vanité

— Décidément, j'avais raison de penser du bien de toi, dit-elle. Pour un début, ce petit ouvrage est assez réussi. Cependant, tu te doutes bien qu'il en faut davantage pour me prouver ton amour. Aujourd'hui encore, plusieurs fils de rois et d'empereurs sont venus se mettre à mes genoux... Bien sûr, je les ai renvoyés, car c'est toi que j'aime. Aussi, si tu accomplis le souhait que voici, c'est promis, je te donnerai ma foi. Vois-tu, cette forêt m'ennuie, avec tous ces arbres à perte de vue. Tâche de la remplacer, d'ici demain, par un grand parc, avec statues de marbre et belles allées, et un petit jardin d'orangers. Je verrai alors si tu m'aimes vraiment !

Et, sautant sur son cheval, elle disparut, laissant le jeune homme plus accablé que jamais.

En colère

— Maudite coquette ! s'exclama la fée quand elle apprit le souhait de la jeune fille. Son orgueil n'a donc pas de limites !

Quand tu lui auras donné son petit jardin, elle voudra encore autre chose, et elle te fera souffrir sans fin !

Mais le garçon, qui aimait trop sa belle, supplia la fée de l'aider encore une fois.

— Mon cher enfant, je vais t'aider, car je ne peux pas supporter de te voir si triste. Mais que cette capricieuse princesse tienne sa promesse, cette fois-ci !

Le jour suivant, la fille du prince eut du mal à retrouver le chemin de la fontaine : la forêt tout entière était devenue un magnifique parc, le plus beau qu'elle eût jamais vu. Enfin, elle parvint au jardin des orangers, près de la source, où le jeune homme l'attendait. Elle était si heureuse, qu'elle lui tendit la main en souriant et dit :

— Ô mon bel ami, comme promis...

Mais elle s'interrompit. Son diable d'orgueil lui fit retirer sa main et elle reprit en changeant de ton :

Avec vanité

— ... Comme promis tu as fait ce merveilleux parc, et je vois bien que tu m'aimes vraiment. Cependant, une fille de prince telle que moi ne peut vivre ailleurs que dans un château, tu en conviendras. Aussi, avant de t'épouser, je te demande de faire construire pour demain, au sommet de cette montagne, un palais digne de moi. Mais ton amour est-il assez grand pour accomplir ce dernier souhait ?

À peine la jeune fille eut-elle dit ces mots cruels que la fée, hors d'elle, déchaîna un orage aussi violent que sa colère : des nuages noirs cachèrent le soleil, le tonnerre gronda et des éclairs foudroyants déchirèrent le ciel. En un instant, le pavillon d'or, le parc, les statues de marbre et le jardin d'orangers disparurent jusqu'au dernier éclat de diamant, et tout redevint comme avant.

Alors l'orage s'éloigna aussi brusquement qu'il avait éclaté, et les deux jeunes gens se retrouvèrent au pied de la petite fontaine. La fée surgit de l'eau, furieuse :

En colère — Je te maudis, femme sans cœur ! dit-elle à la jeune fille. Toi et les tiens, vous ne faites que répandre la souffrance dans le monde ! Tu as trop blessé mon fils, avec ton orgueil insensé ! Pour te punir, je veux que tu oublies jusqu'à ton nom et ton passé ! Tu erreras dans cette forêt, seule et sans mémoire, jusqu'à la fin de tes jours ! Et qu'à jamais que tous ceux qui boiront l'eau de cette source connaissent le même sort !

Rien ne peut aller contre la malédiction d'une fée. Dès cet instant, la fille du prince erra comme une pauvre folle dans les montagnes, où elle mourut bientôt, seule et abandonnée de tous. La fée et son fils s'en furent vivre dans un endroit encore plus reculé et plus secret, où personne ne vint plus jamais troubler leur solitude.

Pendant des années et des années, il arriva que des hommes, passant par hasard près de la source, boivent l'eau maudite et se perdent pour toujours dans la forêt, ayant perdu la mémoire.

Jusqu'à ce qu'un jour, un orage particulièrement violent fasse tomber toute une avalanche de pierres sur la source. Ensevelie, la fontaine de l'oubli disparut à jamais, et fut à jamais... oubliée.

Le Pont de Chuichui

Texte de Moka, publié dans le magazine Toboggan *n° 94 (septembre 1988).*

À partir de 4 ans

4 min

Chine
Village

Jeune fille
Jeune homme
Princesse
Prince

Très loin d'ici, en Chine, un village était construit sur une montagne. Une rivière coulait au fond d'un ravin profond. Il n'y avait qu'un pont de corde. Les enfants avaient peur d'aller à l'école car il fallait marcher sur ce pont. Aussi, le chef du village raconta l'histoire du pont de corde. Et il dit aux enfants :

« Il y a très longtemps, vivait dans le village une jeune fille. Elle s'appelait Chuichui. Elle était belle et douce. Tout le monde l'aimait. Chuichui avait des mains magiques. Elle pouvait tisser les plus merveilleux tissus. Un jour, la fille du

LE PONT DE CHUICHUI

Démon des Glaces descendit du sommet de la montagne. Elle dit à Chuichui :

Voix autoritaire — Fais-moi une robe

Mais Chuichui secoua la tête et répondit :

Voix douce — Tu n'es pas juste, ni bonne ni brave. Tu ne peux pas porter ce que mes mains magiques ont fait. Retourne dans les glaces.

La fille du Démon des Glaces partit. Elle jura de se venger.

Or, dans le village de l'autre côté de la rivière, vivait Lao-Si. Il était fier et fort. Tout le monde l'aimait. Lao-Si était allé à l'école des Mandarins. Un jour, le fils du Démon de la Rivière monta le long de la falaise. Il dit à Lao-Si :

Voix autoritaire — Apprends-moi ce que tu sais.

Mais Lao-Si secoua la tête :

Avec douceur — Tu n'es pas juste, ni bon ni brave. Tu ne peux pas apprendre. Retourne dans la rivière.

Le fils du démon de la Rivière partit. Il jura de se venger. Dans ce temps-là, il n'y avait pas de pont. Le ravin était trop large. La falaise était trop haute et dangereuse

Le ravin.

Un matin, Lao-Si aperçut Chuichui. Chuichui leva les yeux vers lui. Lao-Si aima Chuichui, et Chuichui aima Lao-Si. Mais ils ne pouvaient pas traverser le ravin. Chuichui dit à Lao-Si :

— Mes mains sont magiques. J'achèterai de la corde et je ferai un pont.

Et Chuichui tressa un pont de corde. Au bout de trois mois, le pont était fait. Avec son père et ses frères, Chuichui porta le pont sur la falaise. Ils attachèrent les cordes de leur côté. Lao-Si dit :

— Mon Maître m'a enseigné le langage des oiseaux. Je les appelle. Ils voleront au-dessus de la rivière. Ils porteront le pont jusqu'à moi.

Lao-Si appela, et les oiseaux volèrent au-dessus de la rivière. Le bruit de leurs ailes réveilla le fils du Démon de la Rivière.

Il gronda et regarda le pont. Il vit l'amour de Lao-Si et de Chuichui. Il se leva et dit :

En colère

— Jamais vous ne marcherez sur ce pont. Je vais le détruire.

Et il dit des mots magiques. La rivière devint une mer immense. Le fils du Démon de la Rivière était sûr de sa victoire. Mais le pont de corde était comme le filet du pêcheur. L'eau passa au travers. Lao-Si dit au fils du Démon de la Rivière :

Avec douceur

— Tu n'es pas juste, ni bon, ni brave. Et te voilà puni.

En grondant, le fils du Démon de la Rivière se coucha sous l'eau.

Le bruit des vagues avait réveillé la fille du Démon des Glaces. Elle gronda et regarda le pont. Elle vit l'amour de Lao-Si et de Chuichui. Elle se leva des glaces et dit :

En colère

— Jamais vous ne marcherez sur ce pont. Je vais le détruire !

Et elle dit des mots magiques. Elle prit le sommet de la montagne sur son dos. Elle descendit jusqu'au pont et monta dessus. Mais le pont de corde était comme les lianes de la forêt, solide et souple. Il plia sous le poids. Chuichui dit à la fille du Démon des Glaces.

Voix douce

— Tu n'es pas juste, ni bonne, ni brave. Et te voilà punie.

Et les cordes du pont s'écartèrent. La fille du Démon des Glaces tomba dans la rivière.

Ondine et le Prince

Adapté d'une légende d'Europe centrale.

Les ondines sont des déesses des eaux qui, comme les sirènes, peuvent tomber amoureuses des hommes. Ce conte est une autre version de La Petite Sirène, *légende immortalisée par Andersen.*

À partir de 5 ans

14 min

Château
Lac

Roi
Prince
Seigneur
Ondine
Sorcière

Il était une fois, il y a très longtemps, un prince beau comme un astre et triste comme une pierre. Son vieux père régnait sur un petit royaume de montagnes, de forêts et de rivières, et le jeune homme passait ses journées à rêver au bord d'un lac, non loin du château royal.

Lorsqu'il avait dix-sept ans, le prince avait perdu sa mère, qu'il adorait. Et à peine quelques mois plus tard, le roi s'était remarié avec une toute jeune femme, une belle brune venue on ne sait d'où, et qui semblait l'avoir envoûté. Alors, le prince avait sombré dans la mélancolie.

Un jour du mois de mai, le roi décida d'organiser une grande fête, pour distraire sa jeune épouse. En vérité, il espérait aussi que parmi les invités se trouverait au moins une demoiselle qui plairait au prince et lui rendrait sa gaieté... Car le vieux roi aimait tendrement son fils, et souffrait de le voir si triste.

Le soir venu, grands seigneurs, nobles dames et belles demoiselles se pressaient dans la grande salle du château... Mais le prince, lui, n'était pas là. Plutôt que de rencontrer tout ce beau monde, il était sorti discrètement et s'en était allé tout droit au bord de son cher lac...

Ce que le prince ne savait pas, c'est que dans un coin du lac, dans une maison d'algues et de nénuphars, vivait un vieil Ondin. Il était le seigneur de toutes les créatures aquatiques des environs, depuis les têtards et les grenouilles jusqu'aux fées qui venaient danser la nuit sur les flots. Il vivait dans le lac avec sa fille unique, Ondine, qu'il chérissait par-dessus tout.

Chaque nuit, la belle Ondine montait à la surface, s'asseyait sur la berge et chantait pour la lune et les étoiles. Sa voix était si merveilleuse, que tous les habitants du lac et de ses environs retenaient leur souffle pour mieux l'écouter. Parfois, les fées de la forêt arrivaient, et Ondine, toute contente, dansait avec elles jusqu'à l'aube...

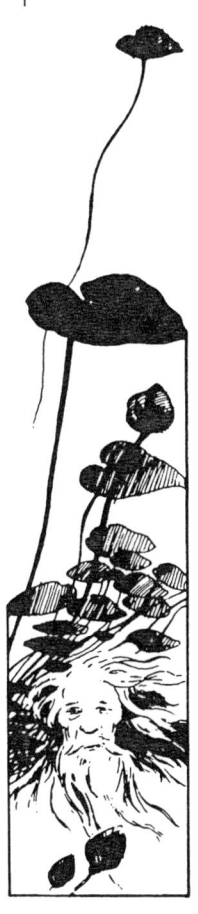

L'Ondin.

Tout cela, le prince l'ignorait, car jusqu'alors il n'était venu dans ces lieux que dans la journée.

Le jour du bal, il arriva juste après le coucher du soleil.

Il s'assit sur son rocher préféré, comme d'habitude, et se mit à méditer tristement sous le clair de lune.

C'est alors que, dans les brumes qui entouraient le lac, un chant merveilleux s'éleva. Le prince crut un instant qu'il rêvait ; mais non, la voix était bien vivante, et semblait même toute proche...

Le prince se leva, et, à pas de loup, partit à la recherche de celle qui chantait ainsi. Il contourna quelques rochers sur la pointe des pieds... il traversa très doucement un petit bosquet de saules... il écarta sans faire de bruit un rideau de roseaux... et il s'arrêta net : au bord de l'eau, était assise la plus belle jeune fille qu'il eût jamais vue ! Tandis qu'elle chantait, ses longs cheveux dorés semblaient danser autour d'elle, ses yeux brillaient comme deux étoiles d'émeraude, et elle semblait vêtue d'habits transparents, comme une fée.

Dès cette seconde, le prince tomba amoureux. En un instant, il oublia sa tristesse et n'eut plus qu'une idée : serrer la belle Ondine dans ses bras et la garder avec lui pour la vie.

Rassemblant son courage, le timide jeune homme fit trois pas en avant. Ondine se tut et sursauta en le voyant. Mais le prince déclara doucement :

Avec douceur

– Ne t'enfuis pas, toi qui es si belle, tu n'as rien à craindre de moi. Écoute-moi, je t'en prie. Tout à l'heure, ta voix m'a enchanté, et quand je t'ai vue, j'ai su que je ne pourrai plus jamais vivre sans toi. Qui que tu sois, veux-tu m'épouser ?

C'était la première fois qu'Ondine voyait un être humain. Pourtant, ce jeune homme ne lui faisait pas vraiment peur. Au contraire, elle se sentait étrangement attirée par lui... Presque malgré elle, elle ouvrait la bouche pour lui dire « oui », quand soudain elle secoua la tête : c'était impossible, voyons ! il la prenait pour une jeune fille, mais elle n'était qu'une créature des eaux !

Et vlouf ! elle plongea dans le lac et disparut en un instant, laissant le prince stupéfait.

Le prince s'échappa tous les soirs suivants du château, pour rejoindre le lac où il espérait revoir sa belle. Mais il ne trouva que les rochers tout gris et les roseaux qui sifflaient dans le vent...

Car Ondine, de son côté, n'osait plus sortir du lac, de crainte de rencontrer à nouveau le jeune homme... Et pourtant, elle ne cessait de penser à lui... jusqu'au moment où elle comprit qu'elle aussi l'aimait.

Alors, Ondine revint chanter à la surface du lac, et revit le prince. Plusieurs soirs de suite, ils passèrent de merveilleux instants à bavarder au clair de lune. Le prince n'avait jamais été aussi heureux. Mais quand il voulait embrasser sa belle, ses bras se refermaient sur le vide, et quand il voulait lui prendre la main, il ne pouvait rien saisir.

Voix désolée

— Mon bien-aimé, soupira Ondine un soir, si je reste une créature de l'eau, nous ne pourrons jamais vivre ensemble. Mon père, le maître du lac, m'a dit un jour que parfois, les ondins peuvent devenir des êtres humains. Je vais lui parler de notre amour : il acceptera peut-être de m'aider ? Attends-moi quelques jours, et j'espère que tu retrouveras ton Ondine transformée en femme...

Sur ces mots, la belle disparut dans l'eau.

Quand l'ondin apprit le souhait de sa fille, il se mit dans une grande colère :

En colère

— Malheureuse ! J'aurais préféré que tu aimes un poisson ou un crapaud, plutôt qu'un être humain ! Sache que pour mon malheur, jadis, j'ai aimé une femme. Ta mère, que tu n'as pas connue, semblait aussi bonne qu'elle était belle. Pourtant, elle nous a abandonnés, toi et moi, pour épouser un homme de son monde ! Après cette triste histoire, j'ai tout fait pour que tu ignores les êtres humains... et voilà que tu tombes amoureuse de l'un d'eux ! Non, non, et non, jamais je ne t'aiderai à le rejoindre !

Mais Ondine supplia tant et tant que son père finit par céder

Ton résigné — Au fond de la forêt habite la sorcière des eaux, qui connaît le secret de la vie humaine. Elle peut transformer les choses et les gens, et saura te donner l'apparence d'une femme. Mais je t'en prie, réfléchis !

C'était tout réfléchi : Ondine dit adieu à son père, et s'en alla tout droit chez la la sorcière. Au milieu d'une grotte au fond de la forêt, elle vit une vieille aux cheveux de serpents, qui lui parla d'une vilaine voix de corbeau :

Voix chevrotante — Ne dis rien, la belle, je sais pourquoi tu viens. Ainsi, tu veux t'en aller chez les humains ? Tu veux un cœur qui batte et du sang bien chaud ? Tu veux être la femme du prince ? Ce sont là, pourtant, de bien petites choses au regard de la vie d'une ondine, libre et heureuse dans les eaux. Hé, hé ! Mais si tu le veux vraiment, je peux te donner tout cela, ma jolie.

Ton impatient — Que faut-il faire, alors ? s'impatienta Ondine. Dites-le-moi, je suis prête !

Voix chevrotante — Bien, bien, comme tu voudras. D'abord, en échange de ce sortilège, tu me donneras ton âme, tes habits transparents d'ondine et ta voix si merveilleuse. Tu iras chez ton prince muette et dépourvue de tes attraits féeriques. Ainsi, tu verras bien s'il t'aime vraiment... Mais attention : si jamais le prince te rejette, s'il renie votre amour, tu seras condamnée à errer dans la forêt, sous la forme d'un feu follet. Le seul moyen pour toi de redevenir une ondine, ce serait de te venger en tuant le prince. Acceptes-tu ces conditions ?

— J'accepte tout, dit Ondine, presse-toi de faire ton travail.

Aussitôt la sorcière, tout en marmonnant, prépara dans son chaudron une mixture d'herbes magiques, arrosée de diverses liqueurs de perlimpinpin. Ondine, immobile, attendit patiemment qu'elle ait fini. Alors sans dire un mot, elle avala le vilain breuvage... et perdit conscience.

ONDINE ET LE PRINCE

Lorsqu'Ondine se réveilla, elle était au bord du lac et le prince était penché sur elle. Pour la première fois, elle se blottit dans ses bras, et il l'emporta vers le château royal.

Le roi ne fit pas mauvais accueil à l'étrange fiancée du prince. Il savait que, grâce à elle, son fils était à nouveau heureux. Mais les gens de son entourage évitaient tous la belle muette, comme si elle n'était pas des leurs. Seul le prince lui parlait... et pour Ondine, c'était tout ce qui comptait.

Une personne, en particulier, voyait d'un très mauvais œil l'arrivée de la jeune fille : c'était la reine. Car cette femme était secrètement amoureuse du prince, et elle n'avait épousé le père que dans l'espoir de pouvoir, après sa mort, épouser le fils.

La sorcière des eaux.

Quand elle apprit que le prince allait se marier, la reine décida d'agir. Elle prépara en cachette deux breuvages, dont la recette venait de son pays lointain. Le premier s'appelait « mort certaine », et le second « amour foudroyant ».

Le soir même, au dîner, elle servit le premier au roi...

Trois jours plus tard, le roi mourut dans son sommeil. Il était si vieux que personne ne s'en étonna. Après un mois de deuil, selon l'usage, on prépara une grande fête en l'honneur du jeune prince qui montait sur le trône.

Au cours du festin, la reine tendit une pleine coupe d'or au jeune homme :

– Buvons à votre règne, Majesté ! lui dit-elle avec un sourire. Qu'il soit prospère et de longue durée, pour le plus grand bonheur de tous !

À cet instant précis, Ondine était assise à la droite de son bien-aimé, souriante et heureuse. Le prince leva la coupe d'or et but d'un trait, sans se douter de rien, le second breuvage préparé par la reine...

Aussitôt, il jeta un regard étonné sur Ondine :

ONDINE ET LE PRINCE

Avec froideur

— Que faites-vous à mes côtés ? demanda-t-il d'un ton froid. Cette place est celle de la reine !

Ondine, bouleversée, chercha désespérément le regard de son prince. Mais celui-ci regardait la veuve avec tout l'amour et le respect du monde. Et sans plus se soucier d'Ondine que d'une chaise, il se leva et prit la main de la mauvaise femme.

— Venez, ma bien-aimée, lui dit-il. Reine vous étiez, reine vous resterez, car demain, je vous épouserai !

Le lendemain matin, lorsque le prince sortit des appartements de la veuve, Ondine, plus pâle que jamais, se jeta à ses pieds. Elle ne pouvait dire un mot, mais ses yeux baignés de larmes parlaient pour elle. Le jeune homme, pourtant, ne l'entendit pas :

Ton excédé

— Cessez de m'importuner avec vos bras glacés ! dit-il en la repoussant. Retournez donc à vos nénuphars, c'est là qu'est votre place !

Et il poursuivit son chemin sans un regard pour elle.

Alors, la muette Ondine laissa échapper un cri déchirant. En même temps, son corps devint transparent et bientôt, on ne vit plus qu'un petit feu follet qui erra un instant près du château, puis disparut au loin..

Un feu follet.

Du plus petit têtard jusqu'aux nymphes et aux fées, tout le petit monde des eaux pleura sur le malheur de la pauvre Ondine. Le vieil Ondin était le plus triste de tous : il alla même voir la sorcière, pour la supplier de lui rendre son enfant.

Voix chevrotante

— Nom d'un crapaud ! Tu sais bien qu'un sort est un sort ! répondit la vieille. Je ne peux rien faire, si ta fille ne tue pas elle-même celui qui l'a trahie ! Qu'elle l'entraîne dans les profondeurs du lac, et elle retrouvera sa vie de fée ! Sinon, feu follet à jamais !

ONDINE ET LE PRINCE

Mais l'Ondin eut beau supplier sa fille de se venger, elle refusa :

Voix désolée — Hélas, mon père, je ne peux sacrifier la vie du prince, car je l'aime toujours malgré moi. Pardonne-moi, mais je préfère rester feu follet pour l'éternité que de le faire mourir !

L'Ondin comprit que sa fille ne ferait rien. Il décida alors de la venger lui-même.

Un soir, il se changea en un superbe cheval noir. Il franchit d'un bond le mur du jardin royal, et vint caracoler devant le palais. Au même moment, le jeune roi et son épouse, sur la terrasse, admiraient le soleil couchant.

Ton admiratif — Quel bel animal ! s'exclama le roi. Je n'ai jamais vu un aussi magnifique cheval ! Mais d'où peut-il bien venir ?

— Qu'importe ! répondit la reine. Essaie donc de l'attraper, il est si beau !

C'était plus facile à dire qu'à faire ! Le roi s'avança vers l'animal ; le cheval s'éloigna de quelques pas. Le roi s'avança encore ; le cheval l'attira un peu plus loin. Ce manège dura jusqu'à qu'ils se retrouvent tous deux au fond du jardin, près de la forêt. Alors, l'animal s'immobilisa et laissa monter le roi.

Crier — Hourra ! cria le jeune homme en se tournant vers sa reine. Je l'ai dompté !

À peine avait-il dit ces mots que le cheval bondit en avant, franchit le muret et emporta son cavalier au grand galop à travers la forêt...

Quelques instants plus tard, le cheval, qui était entré dans le lac, s'arrêta au beau milieu et se cabra pour faire tomber le roi. Reprenant sa forme d'Ondin, le maître des eaux entraîna le traître dans les profondeurs...

Cependant la méchante reine, inquiète, partit à la recherche de son cher époux. Elle traversa le jardin : personne ! Elle traversa la forêt : personne ! Elle arriva au bord du lac : personne !

Comme elle allait rebrousser chemin, les fées des eaux la virent et accoururent en criant :

Crier
— Regardez-la, cette mauvaise ! C'est elle qui a fait le malheur de notre Ondine ! Ne la laissons pas s'en aller ! Faisons-lui notre ronde !

Et les fées des eaux, qui peuvent être très méchantes quand elles sont en colère, entraînèrent la reine dans une ronde infernale, l'obligeant à danser, danser encore et encore, jusqu'à sa mort !

Cependant, comme l'a dit la sorcière, un sort est un sort. Malgré la mort du prince et de la reine, Ondine resta feu follet pour l'éternité, et l'on dit qu'elle erre encore au dessus-du lac, tremblante et fragile, semblant chercher son bien-aimé...

Flocons d'Étoiles

Comme des flocons d'argent
Les étoiles, doucement,
Plongent tête la première
Dans le fond de la rivière...

– Rivière, dis, que fais-tu
Des étoiles disparues ?
– J'en tisse des capuchons
Pour tous les petits poissons !

Texte de Claude Clément,
publié dans le magazine *Toupie,*
n° 44 (mai 1989).

Compte et raconte

Index alphabétique des titres

Pour savoir combien de fois vous aurez raconté chaque histoire, mettez une croix dans les cases concernées.

Antilope trompée par Escargot	154
Après la pluie	244
Arbre creux (l')	23
Baba Yaga et la belle-fille	30
Berger et la fileuse de nuages (le)	277
Chanson d'automne	247
Chinguebis et le vent du nord	217
Colères d'Encelade (les)	90
Comment Balu-le-poisson pensa	117
Comment rater la soupe à la crevette	145
Cornes d'abondance (les)	132
D'où viennent les noix de coco ?	313
Dans les bois	37
Énorme ver (l')	166
Faiseur de pluie (le)	214
Feu et le léopard (le)	212
Fiançailles du gel (les)	228
Fille au cœur de glace (la)	93
Fleuve amoureux (le)	330
Flocons d'étoiles	375
Fontaine de l'oubli (la)	356
Fraises (les)	300
Frêne (le)	305
Garçon-poisson de Naples (le)	73
Géant de feu, Nuage Blanc et Neige (le)	240
Géants de la terre (les)	234
Gougourhgah, l'oiseau qui appelle le soleil	265
Gros-Yeux	12

Histoire du Niagara		351
Hiver et l'été (l')		246
Île d'Orado (l')		103
Île disparue (l')		181
Île magique (l')		185
Îles englouties (les)		193
J'ai un peu de soleil		294
Jeune fille au portrait (la)		53
Lait d'Héra (le)		269
Loutre et les indiens (la)		159
Lune dans le puits (la)		250
Lune perfide (la)		273
Marine		88
Nana et le dieu des serpents		284
Nymphe de la mer (la)		57
Ondine et le prince		366
Paon (le)		137
Pêche de Maui (la)		174
Pêcheur et le dauphin (le)		45
Petit nuage qui ne fait pas la pluie		221
Petite Ombre et les poneys		139
Phaéton, tête brûlée		259
Pissenlit (le)		296
Pont de Chuichui (le)		363
Popocatepelt et Citlaltepelt		107
Pourquoi les chouettes font-elles "Hou... hou... hou..."		114
Pourquoi les hirondelles font le printemps		127
Prince soleil (le)		253
Requin-roi (le)		123
Rhinocéros et sa peau (le)		150
Rocher de la Lorelei (le)		347
Rocher du diable (le)		98
Roi des mers et la belle Thérèse (le)		76

Roi du lac (le)	320
Rondeau	245
Seigneur des sources (le)	337
Sept enfants oubliés	289
Serpent arc-en-ciel (le)	206
Soleil, le froid et le vent (le)	208
Tongans aux îles Fidji (les)	197
Trois nœuds (les)	40
Trois vagues (les)	63
Tout petit jardin secret (un)	308
Vent, ouragan et vent glacé	224
Vieil homme de la fôret (le)	20
Ville qui disparut (la)	84
Voix de Tombelaine (la)	67
Voués au fier (les)	333

Par ordre d'apparition

Index des personnages

Animaux
    Comment rater la soupe à la crevette   145
    Le vieil homme de la forêt   20

Antilope
    Antilope trompée par Escargot   154

Arbre(s)
    Comment rater la soupe à la crevette   145
    Le frêne   305

Athéna
    Les colères d'Encelade   90

Avare
    Histoire du Niagara   351
    L'île d'Orado   103

Berger
    Le berger et la fileuse de nuages   277

Brume
    Le petit nuage qui ne fait pas la pluie   221

Capitaine
    Les trois vagues   63

Chasseur
    La loutre et les Indiens   159
    Le vieil homme de la forêt   20

Crabe
    Comment Balu-le-poisson pensa   117

Créateur
    Pourquoi les hirondelles font le printemps   127

Dauphin
    Le pêcheur et le dauphin   45

Déesse
    Nana et le dieu des serpents   284

Diable
    Le rocher du diable   98
    La ville qui disparut   84

Dieu(x)
    Le fleuve amoureux   330
    Nana et le dieu des serpents   284
    La pêche de Maui   174

Écureuil
    L'arbre creux   23

Émeu
    Gougourhgah, l'oiseau qui appelle le soleil   265

Encelade
    Les colères d'Encelade   90

Enfants
    La lune perfide   273
    Le roi du lac   320
    Un tout petit jardin secret   308

Ennemis
    Popocatepelt et Citlaltepelt   107

Ermite
    Le rocher du diable   98

Escargot
    Antilope trompée par Escargot   154

Esprit
    Gougourhgah, l'oiseau qui appelle le soleil   265
    Petite ombre et les poneys   139
    Le requin-roi   123

Fée
    La fontaine de l'oubli   356

Fermiers
    La lune dans le puits   250

Feu
    Le feu et le léopard   212

Fillette
    L'arbre creux 23
Frères
    Gros yeux 12
    La pêche de Maui 174
    Le Prince Soleil 253
    Sept enfants oubliés 289
    Vent, Ouragan et vent glacé 224
Froid
    Le soleil, le froid et le vent 208
Garçons
    Les cornes d'abondance 132
    Petite Ombre et les poneys 139
Géant(s)
    Les colères d'Encelade 90
    Le géant de feu, Nuage blanc et Neige 240
    Les géants de la Terre 234
    Histoire du Niagara 351
    La voix de Tombelaine 67
Gel
    Les fiançailles du gel 228
Goéland
    L'île disparue 181
Grand-mère
    Les voués au Fier 333
Héra
    Le lait d'Héra 269
Hercule
    Le lait d'Héra 269
Hirondelles
    Pourquoi les hirondelles font le printemps ? 127
Homme(s)
    Gougourhgah, l'oiseau qui appelle le soleil 265
    Pourquoi les hirondelles font le printemps ? 127

Jeune fille
- Baba Yaga et la belle-fille — 30
- D'où viennent les noix de coco ? — 313
- La fille au cœur de glace — 93
- Histoire du Niagara — 351
- La jeune fille au portrait — 53
- La nymphe de la mer — 57
- Le pont de Chuichui — 363
- Le Prince Soleil — 253
- Le roi des mers et la belle Thérèse — 76
- Le seigneur des sources — 337

Jeune homme
- Comment rater la soupe à la crevette ? — 145
- La fontaine de l'oubli — 356
- Le garçon-poisson de Naples — 73
- Les îles englouties — 193
- La loutre et les Indiens — 159
- La pêche de Maui — 174
- Le pont de Chuichui — 363
- Le rhinocéros et sa peau — 150
- Le rocher de la Loreleï — 345
- Le seigneur des sources — 337

Jumeaux
- Les géants de la Terre — 234

Léopard
- Le feu et le léopard — 212

Loutre
- La loutre et les Indiens — 159

Lune
- La lune dans le puits — 250
- La lune perfide — 273

Lutins
- Les îles englouties — 193

Magicien
- La pêche de Maui — 174

Marâtre
- Baba Yaga et la belle-fille — 30

Marin
    L'île disparue   181

Mère
    La fille au cœur de glace   93
    Les fraises   300

Mousse
    Les trois vagues   63

Neige
    Le géant de feu, Nuage blanc et Neige   240

Nuage
    Le géant de feu, Nuage blanc et Neige   240
    Le petit nuage qui ne fait pas la pluie   221

Nymphe
    Le fleuve amoureux   330
    La nymphe de la mer   57
    Le rocher de la Loreleï   347

Oiseaux
    Pourquoi les chouettes font-elles « Hou... hou.. hou... »   114

Ondine
    Ondine et le prince   366
    Les voués au Fier   333

Ours
    Pourquoi les chouettes font-elles « Hou... hou... hou.. »   114

Paon(s)
    Le paon   137

Paysan
    Les fiançailles du gel   228
    Le soleil, le froid et le vent   208

Pêcheur(s)
    Chinguebis et le vent du Nord   217
    L'île magique   185
    La jeune fille au portrait   53
    Le pêcheur et le dauphin   45
    Le roi des mers et la belle Thérèse   76
    Les Tongans aux îles Fidji   197
    Les trois nœuds   40

Pélican
    Comment Balu-le-poisson pensa   117

Phaéton
    Phaéton, tête brûlée   259

Pieuvre
    Le requin-roi   123

Pissenlit
    Le Pissenlit   296
    Un tout petit jardin secret   308

Poisson(s)
    Comment Balu-le-poisson pensa   117

Prince
    Ondine et le Prince   366
    Le pont de Chuichui   363
    Le Prince Soleil   253
    La voix de Tombelaine   67

Princesse
    Le berger et la fileuse de nuages   277
    La fontaine de l'oubli   356
    Gros yeux   12
    Le pêcheur et le dauphin   45
    Le pont de Chuichui   363
    Popocatepelt et Citlaltepelt   107
    La ville qui disparut   84
    La voix de Tombelaine   67

Reine
    Les trois nœuds   40

Requin
    Le requin-roi   123

Rhinocéros
    Le rhinocéros et sa peau   150

Roi
    D'où viennent les noix de coco ?   313
    Le garçon-poisson de Naples   73
    Gros yeux   12
    Ondine et le Prince   366
    Le pêcheur et le dauphin   45

Popocatepelt et Citlaltepelt	107
Le roi des mers et la belle Thérèse	76
Le roi du lac	320
Les Tongans aux îles Fidji	197
Les trois nœuds	40
Vent, Ouragan et Vent glacé	224
La ville qui disparut	84
La voix de Tombelaine	67

Seigneur

L'énorme ver	166
La fille au cœur de glace	93
Ondine et le prince	366
Le seigneur des sources	337

Serpent

Le serpent arc-en-ciel	206

Sœurs

Les fiançailles du Gel	228
Les fraises	300
Le roi du lac	320

Soldats

Popocatepelt et Citlaltepelt	107
Le rocher de la Loreleï	347

Soleil

Le géant de feu, Nuage blanc et Neige	240
Le lune perfide	273
Phaéton, tête brÛlée	259
Le soleil, le froid et le vent	208

Sorcier

L'arbre creux	23
Le faiseur de pluie	214
La loutre et les Indiens	159
Le Serpent arc-en-ciel	206

Sorcière

Baba Yaga et la belle-fille	30
Ondine et le Prince	366
Les trois vagues	63

Taureau

Les cornes d'abondance	132

Tortue
　Les Tongans aux îles Fidji　　　　　　　　　　197
Vache
　Le berger et la fileuse de nuages　　　　　　　277
Valet
　L'île d'Orado　　　　　　　　　　　　　　　103
Vent
　Chinguebis et le vent du Nord　　　　　　　　217
　Le géant de feu, Nuage blanc et Neige　　　　240
　Le pissenlit　　　　　　　　　　　　　　　　296
　Le soleil, le froid et le vent　　　　　　　　　208
Ver
　L'énorme ver　　　　　　　　　　　　　　　166
Veuve
　La nymphe de la mer　　　　　　　　　　　　57
Vieil homme
　L'île magique　　　　　　　　　　　　　　　185
　Le pissenlit　　　　　　　　　　　　　　　　296
　Le vieil homme de la forêt　　　　　　　　　　20
Vieille dame
　Comment rater la soupe à la crevette　　　　　145
Villageois
　Les cornes d'abondance　　　　　　　　　　　132
　Le faiseur de pluie　　　　　　　　　　　　　214
　Le rocher du diable　　　　　　　　　　　　　98
Zeus
　Les colères d'Encelade　　　　　　　　　　　　90
　Le lait d'Héra　　　　　　　　　　　　　　　265
　Phaéton, tête brûlée　　　　　　　　　　　　259

Montre en main

Index en fonction du temps de lecture

1 minute
    Le paon   137

2 minutes
    Le feu et le léopard   212

3 minutes
    Les colères d'Encelade   90
    Le lune dans le puits   250
    Le petit nuage qui ne fait pas la pluie   221
    Le serpent arc-en-ciel   206

4 minutes
    Le faiseur de pluie   214
    Le fleuve amoureux   330
    Le frêne   305
    Le garçon-poisson de Naples   73
    le géant de feu, Nuage blanc et Neige   240
    Le lait d'Héra   269
    Le pont de Chuichui   363
    Pourquoi les chouettes font-elles « Hou... hou... hou... »   114
    Le rocher de la Lorelei   347
    Le soleil, le froid et le vent   208
    Le vieil homme de la forêt   20

5 minutes
    Chinguebis et le vent du Nord   217
    Gougourhgah, l'oiseau qui appelle le soleil   265
    L'île disparue   181
    L'île d'Orado   103
    Les îles englouties   193
    La lune perfide   273
    Le pissenlit   296
    Popocatepelt et Citlaltepelt   107

Le requin-roi	123
Le rhinocéros et sa peau	150
Les trois vagues	63
Vent, Ouragan et Vent glacé	224
La ville qui disparut	84

6 minutes

Antilope trompée par Escargot	154
D'où viennent les noix de coco ?	313
La jeune fille au portrait	53
Nana et le dieu des serpents	284
Le rocher du diable	98
Sept enfants oubliés	289
Les voués au Fier	333

7 minutes

Comment rater la soupe à la crevette ?	145
Les cornes d'abondance	133
La fille au cœur de glace	93
Les fraises	300
Histoire du Niagara	351
Phaéton, tête brûlée	259.
Pourquoi les hirondelles font le printemps	127
Un tout petit jardin secret	308

8 minutes

Comment Balu-le-poisson pensa	117
L'énorme ver	166
Les fiançailles du Gel	228
Les géants de la Terre	234
Petite ombre et les poneys	139
Le Prince Soleil	253

9 minutes

Le berger et la fileuse de nuages	277
La loutre et les Indiens	159
La nymphe de la mer	57
Les trois nœuds	40
La voix de Tombelaine	67

10 minutes
    La pêche de Maui   174

11 minutes
    L'arbre creux   23
    Baba Yaga et la belle-fille   30
    La fontaine de l'oubli   356

12 minutes
    Gros yeux   12
    L'île magique   185
    Le pêcheur et le dauphin   45
    Le roi des mers et la belle Thérèse   76
    Les Tongans aux îles Fidji   197

13 minutes
    Le roi du lac   320

14 minutes
    Ondine et le prince   366

15 minutes
    Le seigneur des sources   337

Du plus petit au plus grand

Index en fonction de l'âge

2 ans
Antilope trompée par Escargot	154
Le petit nuage qui ne fait pas la pluie	221

3 ans
Comment Balu-le-poisson pensa	117
Comment rater la soupe à la crevette	145
Le feu et le léopard	212
La lune dans le puits	250
Le paon	137
Le rhinocéros et sa peau	150
Le soleil, le froid et le vent	208
Le vieil homme de la forêt	20

4 ans
Baba Yaga et la belle-fille	30
Les cornes d'abondance	132
Le faiseur de pluie	214
Le frêne	305
Les îles englouties	193
La lune perfide	273
La nymphe de la mer	57
Le pissenlit	296
Le pont de Chuichui	363
Pourquoi les chouettes font-elles « Hou... hou... hou... »	114
Sept enfants oubliés	289
Le serpent arc-en-ciel	206
Les trois nœuds	40
Les trois vagues	63
Vent, Ouragan et Vent glacé	224

5 ans
L'arbre creux	23
Le berger et la fileuse de nuages	277
Chinguebis et le vent du Nord	217

D'où viennent les noix de coco ?	313
L'énorme ver	166
Les fiançailles du Gel	228
Le géant de feu, Nuage blanc et Neige	240
Gougourhgah, l'oiseau qui appelle le soleil	265
Gros yeux	12
Histoire du Niagara	351
L'île magique	185
La loutre et les Indiens	159
Ondine et le prince	366
Le Prince Soleil	253
Le requin-roi	123
Le roi des mers et la belle Thérèse	76
Le roi du lac	320
Le seigneur des sources	337

6 ans

La fontaine de l'oubli	356
Les fraises	300
La jeune fille au portrait	53
Le pêcheur et le dauphin	45
Petite ombre et les poneys	139
Pourquoi les hirondelles font le printemps	127
Le rocher de la Loreleï	347
Le rocher du diable	98
Un tout petit jardin secret	308
La voix de Tombelaine	67
les voués au Fier	333

7 ans

Le fleuve amoureux	330
Le garçon-poisson de Naples	73
les géants de la Terre	234
L'île disparue	181
L'île d'Orado	103
Nana et le dieu des serpents	284
La pêche de Maui	174
Phaéton, tête brûlée	259

Les Tongans aux îles Fidjïi	197
La ville qui disparut	84

8 ans

Les colères d'Encelade	90
La fille au cœur de glace	93
Le lait d'Héra	269
Popocatepelt et Citlaltepelt	107

Liste des contes publiés dans *Mille ans de contes* tome I

Démons et merveilles (contes merveilleux)
- La reine des abeilles
- Le petit Chaperon rouge
- Frérot et soeurette
- La Belle au bois dormant
- Barbe-Bleue
- Le trésor des Trolls
- Ali Baba et les quarante voleurs
- Les lutins cordonniers
- Le roi des corbeaux
- Blanche Neige
- Pierre le paresseux et le roi des Trolls
- La princesse grenouille
- Cendrillon
- Jack et le haricot magique
- Jean de l'ours
- La reine des neiges

Du coq à l'âne (histoire d'animaux)
- Les trois petits cochons
- La dent d'Elsa
- Le petit chat désobéissant
- L'oeuf bleu
- Renart et les marchands de poissons
- Va-t'en gros loup méchant
- Comment le lièvre devint blanc
- Les trois petits magiciens
- Les musiciens de Brême
- Un bisou pour Oussenou
- La pêche à la queue
- La petite chèvre menteuse
- Le koala et l'émeu
- Une souris jamais contente
- Le canard et la panthère
- Renard parrain
- Le loup, la chèvre et la télé
- Un ami pour le chat
- Le lièvre et le hérisson

Histoires à croquer (ogres et sorcières)
  Le petit Poucet
  L'ogre et la bête inconnue
  Histoire d'ogre
  La sorcière du placard aux balais
  Pour l'amour de Bilouba
  Le vaillant petit tailleur
  La sorcière Kipeutou

Quand les dieux n'étaient pas encore tombés sur la tête (mythologie)
  Jason et la toison d'or
  Thésée et le Minotaure
  L'apprenti magicien
  Ulysse et le Cyclope
  Les travaux d'Héraclès

Vous avez dit bizarre ? (ruses et énigmes)
  Le trou dans l'eau
  L'alibi n'était pas en béton
  L'énigme du Sphinx
  Le prix de la fumée
  La devinette du roi
  La vieille femme bavarde et le trésor
  Le vase au fond du lac
  Enigmes et devinettes

Souriez maintenant (histoires drôles)
  Le coq et la poule en voyage
  La petite Ida s'en mêle
  Nasreddin ne veut pas prêter son âne
  Jean le sot va au moulin
  Le plus grand chagrin
  Le chien et l'ambassadeur
  Le mari à la maison
  Histoires pour rire

N'oublie pas mon petit soulier (histoires de Noël)
  Petit Noël
  Les trolls de Noël
  Le Père Noël et mon papa
  Le Noël de renard
  Le scooter du Père Noël
  Petit Jean et l'oie de Noël
  Baba Noël

Histoires à dormir debout (fantômes et revenants)
    La légende du maïs
    Le compagnon de route
    La mort pour marraine
    Le festin des morts
    La nuit dans le château hanté

A quoi ça rime ? (comptines et poésies)
    Jouez petites mains
    Comptez, contez, chantez !
    Vire-langue
    Randonnées

Liste des contes publiés dans *Mille ans de contes* tome 2

Démons et merveilles (contes merveilleux)
- Les fées
- Le collier de coquillages
- Cendrillon
- Mâtdecocagne, Grosbedon et Mirasse
- La petite sirène
- L'oie d'or
- La lampe d'Aladdin
- Tom Pouce
- Riquet à la Houppe
- Les trois langages
- Le griffon
- La gardeuse d'oies
- Peau d'Ane

Du coq à l'âne (histoires d'animaux)
- Le rat et le lion reconnaissant
- La petite poule rousse
- Les souris
- Le vilain petit canard
- Le signe de la sagesse
- Macaron, le petit mouton
- Le loup, le renard et la petite chèvre Blanchette
- La lune dans l'eau
- Le joueur de flûte de Hamelin
- Renart et les jambons
- L'heureuse famille
- Le lion et le vieux lièvre
- Le coq qui voulait voir le monde
- Le chanteur et le dauphin
- Le secret des oeufs de Pâques
- Le bûcheron, l'ours, le loup et le lièvre
- Les aventures de Moustacha
- Tirenard qui croque la lune
- Boucle d'Or et les trois ours
- Le petit lapin qui voulait être roi
- La chèvre de monsieur Seguin

Histoires à croquer (ogres et sorcières)
- Mélita, mauvaise sorcière

　　　　Hänsel et Gretel
　　　　Abracabondébara
　　　　Raphaël et les trois sorcières
　　　　Le briquet
　　　　La sorcière baby-sitter
　　　　Bric-à-Brac contre Tricotine
　　　　Une sorcière pas comme les autres

Quand les dieux n'étaient pas encore tombés sur la tête (mythologie)
　　　　Dédale et Icare
　　　　Orphée
　　　　L'enlèvement de Sita
　　　　Narcisse
　　　　Le cheval de Troie
　　　　Atalante et les pommes d'or
　　　　Pandore
　　　　La fondation de Rome
　　　　Tantale

Vous avez dit bizarre ? (ruses et énigmes)
　　　　Le tsar et le moujik
　　　　Jules Latruelle fait ses comptes
　　　　La toilette du chat
　　　　Le paysan bon avocat
　　　　Le bouffon du roi
　　　　Le maître voleur
　　　　L'avare et les étoiles
　　　　Renart et Chantecler
　　　　La petite rusée
　　　　Enigmes et devinettes

Souriez maintenant (histoires drôles)
　　　　Le chien de garde
　　　　Le papa distrait
　　　　Les oeufs durs
　　　　Qui donnera sa nourriture à l'âne ?
　　　　La maman qui ne savait pas raconter une histoire
　　　　Salmigondin le petit génie
　　　　Le brave Moitié-de-poulet et son roi
　　　　La vieille dame et le guérisseur
　　　　Chichibio le cuisinier et la grue
　　　　Papa devient chèvre
　　　　Histoires pour rire

N'oublie pas mon petit soulier (histoires de Noël)
　　　　Le Bère Noël a un gros rhube

             Zoé est insupportable
             Le premier Noël du petit renne blanc
             Noursi, le nounours noir
             Krakonoche et la marchande de tissus
             Le Noël de Tacotin le petit lutin
             Les baobabs ornés de violettes et de fraises des bois, c'est bien mieux
             Le petit sapin
             Cache-cache Père Noël !

   Histoires à dormir debout (fantômes et revenants)
             Le moulin ensorcelé
             La nuit dans le cimetière
             La peur
             Le violon, le jeu de cartes et le sac
             Blaise et la Femme Rouge

   A quoi ça rime ? (comptines et poésies)
             Jouez, petites mains !
             Comptez, contez, chantez !
             Jeu verbal et vire-langue
             Randonnées

Bibliographie

Recueils pour la jeunesse

Andersen, Contes, Gründ, 1979

Aulnoy Marie-Catherine, la Chatte blanche, Larousse, Classiques junior, 1986.

Aymé Marcel, *les Contes bleus du chat perché*, Gallimard, Folio junior, 1987. *les Contes rouges du chat perché*, Gallimard, Folio junior, 1979.

Leprince de Beaumont Jeanne-Marie, *la Belle et la bête et autres contes*, Le livre de poche jeunesse, 1979.

Contes des mille et une nuits, traduction d'Antoine Galland, Hachette jeunesse, 1986.

Grimm Jacob, *Contes*, Hatier, 1988

Grimm Jacob, *les Contes de Grimm*, Gründ, 1979.

Gripari Pierre, *Contes de la rue Broca*, Editions de la Table Ronde, 1967

Homère, *L'Illiade*, Gallimard, Mille soleils, 1985. *L'Odyssée*, Gallimard, Mille soleils or, 1982.

Perrault Charles, *Contes de ma mère l'Oye*, Gallimard, Folio junior, 1982.

Soupault Philippe, *Histoires merveilleuses des cinq continents*, Seghers, 1985.

Etudes sur les contes et recueils pour les adultes

Afanassiev, *Contes russes*, Maisonneuve et Larose, Collection Les Littératures de toutes les nations, 1978.

Andersen Hans Christian, *Contes*, Mercure de France (édition intégrale), 1988

Bettelheim Bruno, *Psychanalyse des contes de fée*, Hachette, Collection pluriel, 1979.

Delarue Paul, *le Conte populaire français*, catalogue raisonné des versions de France et des pays de langue française d'outre-mer, Maisonneuve et Larose, 1985. Tome 1 : contes merveilleux. Delarue Paul et Ténèze Marie-Louise, *le Conte populaire français*, Maisonneuve et Larose, 1985. Tome II : contes merveilleux.

Ténèze Marie-Louise, *le Conte populaire français*, Maisonneuve et Larose, 1985. Tome III contes d'animaux. Tome IV · contes religieux

Fabre Daniel et Lacroix Jacques, *la Tradition orale du conte occitan*, P.U.F., 1975

Grimm Jacob, *les Contes*, Flammarion (édition intégrale),1962.

Homère, *l'Illiade, l'Odyssée*, Gallimard, Bibliothèque de la Pléiade, 1955.

Perrault Charles, *Contes*, Garnier, Classiques Garnier, 1987.

Propp Vladimir, *Morphologie du conte*, Seuil, Collection Points, 1970.

Soriano Marc, *les Contes de Perrault, culture savante et traditions populaires*, Gallimard, 1977.

Von Franz Marie-Louise, *l'interprétation des contes de fée*, La Fontaine de Pierre, 1980.

Collections de contes

Les Littératures populaires de toutes les nations, Maisonneuve et Larose.

Contes merveilleux des provinces de France, publiés sous le patronage du musée national des Arts et Traditions populaires, Editions Erasme.

Récits et contes populaires, Gallimard.

Contes et légendes, Nathan (séries *Antiquité, Provinces de France, Monde*).

Contes et légendes de tous pays, Gründ.

Musicographie

Tibor Arsani : *le Petit tailleur*.

Bela Bartok : *le Prince des bois*.

Giam Carlo Menotti : *Amahl et les visiteurs du soir*.

Paul Dukas : *l'Apprenti sorcier*.

Edvard Grieg : *Peer Gynt*.

Francis Poulenc : *Histoire de Babar*.

Serge Prokofiev : *l'Amour des trois oranges* (suite pour orchestre). *Pierre et le loup. Cendrillon*.

Maurice Ravel : *les Contes de ma mère l'Oye. L'Enfant et les sortilèges*.

Nikolaï Rimsky-Korsakov : *Sheherazade*.

Richard Strauss : *les Equipées de Till l'espiègle*.

Igor Stravinsky : *Renard. L'Histoire du soldat. Petrouchka. L'Oiseau de feu. Pulcinella. Le Baiser de la fée*.

Piotr Tchaïkovsky : *la Belle au bois dormant. Casse-noisette*.